U0095899

道德经

〔春秋〕老子 著

黎福安 译注

SPM 南方传媒　广东人民出版社

·广州·

图书在版编目（CIP）数据

道德经 /（春秋）老子著；黎福安译注． —— 广州：广东人民出版社，
2023.5（2024.3重印）

ISBN 978-7-218-16511-0

Ⅰ．①道… Ⅱ．①老… ②黎… Ⅲ．①《道德经》—译文 ②《道
德经》—注释 Ⅳ．①B223.1

中国国家版本馆CIP数据核字（2023）第058420号

DAODEJING

道德经

[春秋] 老子 著 黎福安 译注

版权所有 翻印必究

出 版 人：肖风华

责任编辑：范先鋆
责任技编：吴彦斌 马 健

出版发行：广东人民出版社
地 址：广州市越秀区大沙头四马路10号（邮政编码：510199）
电 话：（020）85716809（总编室）
传 真：（020）83289585
网 址：http://www.gdpph.com
印 刷：北京通州皇家印刷厂
开 本：880毫米 × 1230毫米 1/32
印 张：13 字 数：245千
版 次：2023年5月第1版
印 次：2024年3月第3次印刷
定 价：49.80元

如发现印装质量问题，影响阅读，请与出版社（020-87712513）联系调换。
售书热线：（020）87717307

天地不仁，以万物为刍狗；
圣人不仁，以百姓为刍狗。

［明］张路 《老子骑牛图》 台北故宫博物院藏

前　言

　　《道德经》，又称《老子》《老子五千言》《道德真经》，是中国古代最重要的经典之一，也是道家哲学的首部经典。然而，早在西汉以前，《道德经》的地位并不高，经典就更谈不上了。但是，在经历了秦统一六国还未来得及休养生息时，历史的车轮又急急陷入了楚汉之争，故西汉建立后，不得不采用"黄老之学"（"黄"指黄帝，"老"指老子，道家学派分支，尚阳的黄老之学，与尚阴的老庄之学相对），在全国范围内推行"轻徭薄赋，休养生息"的政策。在这种时代大背景下，老子所提倡的"无为"思想，便得到了西汉统治者的青睐，一跃再次成为显学（战国时为田齐政权官学）。我们后世所言《道德经》的"传世本"，即定型于这一时期。

　　那么，老子又是谁呢？关于他的传说数不胜数，现在普遍认为的是，老子姓李，名耳，字伯阳，谥号"聃"，故又称"老聃"，出生地为楚国苦县厉乡曲仁里。生活于春秋时期，曾任周朝守藏室之史（相当于周朝的国家图书馆馆长），据说孔子还曾向他求过学。到了春秋末年，天下已显大乱之象，老子便弃官归隐，骑着一头板角青牛（或为传说中的兕）西行，过函谷关时，守关长官尹喜得知老子要远遁西去，就纠缠于他，让其留下著作才肯放他出关。老子无奈，只好提笔写下了五千言，作为自己的"通关文牒"，顺利出关后升仙入了天界，这就是《道德经》创作背景较流行的一种说法。

"道"是全书的核心，不管是"传世本"（"道经"在前，"德经"在后），还是"帛书本"（"德经"在前，"道经"在后），这是毫无疑义的。那么，什么是"道"呢？所谓答案的魅力开始散发着光芒了，这也是《道德经》最让人着迷的地方。迄今为止，解读、注释和阐释过《道德经》的版本合起来已不下千个，但每个版本皆因注者或解者的不同，而对于"道"的理解也千差万别，却又"似乎都有理"，于是就形成了"一千个读者就有一千种'道'"的奇妙现象。老子之"道"是一个超经验的存在，也是理解老子思想的核心概念，它不死不灭，取之不尽，用之不竭。但是，这在今天来说，"超经验的存在"已被证明是不存在的，对于接受了唯物辩证思想教育的当下读者而言，理解这一点其实并不难。难点在于我们为什么已知其局限性却还要研读它呢？其一，《道德经》影响了中国人的哲学观达两千五百年之久，读了它才能更清晰地了解我们自己观念中的许多源流，提高自我认知能力；其二，《道德经》中某些朴素哲学观依然有很大的启发作用，能助力我们思考，提高社会认知能力。所以，读一读《道德经》是有好处的。

　　本书以"传世本"《道德经》为底本，除了对原典进行必要的校订和句读外，我们还做了以下几项工作：其一，添加注释和译文，但这也仅是便利普通读者借此"法门"一窥"道"之玄妙的粗略手段。其二，全本收录了黄元吉的《道德经讲义》，设置为"阐说"部分，便于读者理解道家之"道"和道教之"道"的微妙关系。黄裳，字元吉，江西丰城（今江西省丰城市）人，清代道学大师，创立了著名的丹道修炼流派"天府乐育堂"，注重入世修行，以道家为主导，融三教思想精华于一身，是近代道教代表性人物，被尊为"黄元吉祖师"。其三，增加王弼的《道德经注》，设置为"拓展阅读"部分，之所以增加这一部分，既有该文本源自一个"古老版本"的考虑，也有出于"流传甚广"的考虑，而且王弼的注释在历史上影响很大，对于今天的读者理解老子思想亦有一定帮助和启发。

目　录

上篇　道经

下篇　德经

上篇　道经

第一章　众妙之门

道①，可道，非常②道；名③，可名，非常名。无，名天地之始；有，名万物之母。故常无④，欲以观其妙；常有⑤，欲以观其徼⑥。此两者，同出⑦而异名，同谓之玄⑧。玄之又玄，众妙之门⑨。

【注释】

① 道：名词。"道"在《道德经》中属于老子的专属概念，代表着老子所认为的世间一切事物的本原、规律、实质，是一个超经验的存在。全书出现70多次。唯"可道"之"道"是动词，暂且作"指导"一类解，全书仅此一孤例，也有人将此"道"解释为"言说、阐述"意，恐不妥，因为"道"含"言说、阐述"意是直到后世才出现的。

②常：恒定不变。

③名：名词，指世间一切事物（未命名之先）。但后面的"可名"之"名"为动词，指阐说、解释、命名。因未名之先既有万物，客观存在，只是无人之认知；被人认知后，才有人之命名，万物因此被归类，便有了后来的文明。故老子只是借"名"来指事，以方便解说他认为的"道"。

④无：无形之物，时刻变化，故无定形。

⑤有：有形之物，相对恒定，故曰有形。

⑥徼（jiào）：边界，引申为极限、临界点。

⑦出：属于。

⑧玄：本义为深黑色，因不能透过它看到其他东西，显得一片混沌，故被老子用来形容"道"的奥妙精微。

⑨众妙之门：一切玄妙与规律的源头。

【译文】

"道"（规律／本源）是可以用来指导人们的，但"道"（规律／本源）并非恒定不变的；"名"（未名之先）是可以进行各种命名的，但"名"（命名之后）也非恒定不变的。无，是天地万物的本来（无人之认知以前，客观存在的世界）；有，世间万名的开始（有人之认知之后，主观认知的世界）。因此，我们要观察经常变化的，以了解其奥妙所在；我们要观察相对保持不变的，以掌握其变化的临界点。妙和徼这二者，就像一个东西的两面，都是"道"的奥妙精微所在。奥妙精微啊奥妙精微，这就是一切事物的精妙所在。

【阐说】黄元吉《道德经讲义》

朱子云："道，犹路也，人人之所共由也。"其实生天、生地、生人、生物，公共之理，故谓之道。天地未判以前，此道悬于太空；天地既辟以后，此道寄诸天壤。是道也，何道也？先天地而长存，后天地而不敝。生于天地之先，混于虚无之内，无可见，亦无可闻。故太上曰：以言夫道，费而且隐，实无可道；所可道者，皆道之发见耳，非真常之道也。以言其名，虚而无物，实无可名；所可名者，皆道之糟粕耳，非真常之名也。人不知道，曷观之《诗》乎，曰："上天之载，无声无臭，道不可有言矣！"又曰："维天之命，于穆不已，道不可无称矣。"须知至无之内，有至有者存；至虚之中，有至实者在。道真不可以方所形容也。太上慈悲渡世，广为说法，曰：鸿蒙未兆之先，原是浑浑沦沦，绝无半点形象——虽曰无名，而天地人物咸毓个中。此所以为天地之始也。及其静之既久，气机一动，则有可名，而氤氤氲氲，一段太和元气，流行宇宙，养育群生。此所以为万物之母也。始者，天地未开之前，一团元气在抱也；母者，天地既辟之后，一气化生万物是也。

学人下手之初，别无他术，惟一心端坐，万念胥捐，垂帘观照。心之下，肾之上，仿佛有个虚无窟子。神神相照，息息常归，任其一往一来，但以神气两者凝注中宫为主。不顷刻间，神气打成一片矣。于是听其混混沌沌，不起一明觉心。久之，恍恍惚惚，入于无何有之乡焉。斯时也，不知神之入气，气之归神，浑然一无人无我、何地何天景象，而又非昏聩也——若使昏聩，适成枯木死灰。修士至此，当灭动心，不灭照心。惟是智而若愚，慧而不用。于无知无觉之际，忽然一觉而动，即太极开基。须知此一觉中，自自然然，不由感附，才是我本来真觉。

道家为之玄关妙窍，只在一呼一吸之间。其吸而入也，则为阴、为静、为无；其呼而出也，则为阳、为动、为有。即此一息之微，亦有妙窍。人欲修成正觉，惟此一觉而动之时，有个实实在在、的的确确，无念虑、无渣滓，一个本来人在。故曰：天地有此一觉而生万物，人有此一觉而结金丹。但此一觉，如电光石火，当前则是，转眼即非，所争只毫厘间耳。学者务于平时审得清，临机方把得住。古来大觉如来，亦无非此一觉积累而成也。

修士兴工，不从无欲有欲、观妙观徼下手，又从何处以为本乎？虽然，无与有、妙与徼，无非阴静阳动，一气判为二气，二气仍归一气而已矣。以其静久而动，无中生有，名曰阳生活子时；以其动极复静，有又还无，名曰复命归根，要皆一太极所判之阴阳也。两者虽有异名，而实同出一源——太上为之玄。玄者，深远之谓也。学者欲得玄道，必静之又静，定而又定，其中浑然无事，是为无欲观妙。此一玄也。及气机一动，虽有知，却不生一知之见；虽有动，却又不存一动之想。有一心，无二念，是为有欲观徼，此又一玄也。至于玄之又玄，实为归根之所，非众妙之门而何？所惜者，凡人有此妙徼，不知直养，是以旋开旋闭，不至耗尽而不已。至人于玄关窍开时，一眼觑定，一手拿定，操存涵养，不使须臾或离，所以直造无上根源，而成大觉金仙。

下手工夫，在玄关一窍。太上首章，即将无名有名、观妙观徼指出，足见修道之要，除此一个玄关窍，余无可进步也。故开首四句，说大道根源，实属无形无状，不可思议穷究。惟天地未开之初，混混沌沌，无可端倪，即如人致养于静时也。天地忽辟之际，静极而动，一觉而醒，即人侦气于动，为炼丹之始基。第此倏忽之间，非有智珠慧剑，不能得也。要之，念头起处为玄牝，实为开天辟地、生人育物之端。自古神仙，无不由此一觉而动之机造成。又曰："无欲观妙，有欲观徼。"两者一动一静，互为其根，故同出而异名。凡有形象者，可得而思量卜度。若此妙窍，无而有，有而无，实不可以方所名状。纵舌如悬河，亦不能道其一字，所以谓之玄玄。学者亦不有视为杳冥，毫不穷究一个实际下落。果于此寻出的的确确处，在人视为恍惚，在我实有把凭。久之，着手生春，头头是道矣。

【拓展阅读】王弼《道德经注》

道，可道，非常道；名，可名，非常名。〈可道之道，可名之名，指事造形，非其常也。故不可道，不可名也。〉无，名天地之始；有，名万物之母。〈凡有皆始于无，故"未形""无名"之时则为万物之始；及其"有形""有名"之时，则长之育之，亭之毒之，为其母也。言道以"无形无名"始成万物，"以始以成"而不知其所以，玄之又玄也。〉故常无欲，以观其妙；常有欲，以观其徼。〈妙者，微之极也。万物始于微而后成，始于无而后生。故常无欲空虚，可以观其始物之妙。徼，归终也。凡有之为利，必以无为用。欲之所本，适道而后济。故常有欲，可以观其终物之徼也。〉此两者，同出而异名，同谓之玄。玄之又玄，众妙之门。〈两者，始与母也。同出者，同出于玄也。异名，所施不可同也。在首则谓之始，在终则谓之母。玄者，冥也，默然无有也。始、母之所出也，不可得而名，故不可言同名曰玄。而言同谓之玄者，取于不可得而谓之然也。谓之然，则不可以定乎一玄而已，则是名则失之远矣。故曰"玄之又玄"也。众妙皆从玄而出，故曰"众妙之门"也。〉

第二章　功成弗居

　　天下皆知美^①之为美，斯恶^②已；皆知善^③之为善，斯不善已。故有无相生，难易相成，长短相较，高下相倾，音声^④相和，前后相随。是以圣人^⑤处无为^⑥之事，行不言^⑦之教；万物作^⑧焉而不辞，生而不有，为而不恃^⑨，功成而弗居。夫惟弗居，是以不去^⑩。

【注释】

　　① 美：一切美好的事物。

　　② 恶：一切丑恶的事物。

　　③ 善：正确。

　　④ 音声：单音曰"声"，多声合奏曰"音"。可参看汉代郑玄《礼记·乐记》。

⑤圣人：可成为天下楷模之人。

⑥无为：不妄加干涉，不过度干涉。

⑦不言：不强制。

⑧作：萌芽、兴起。

⑨恃：强加。

⑩去：失去。

【译文】

百姓都知道美好的事物之所以美好，是因为有丑恶事物的存在；也都知道正确的事物之所以能称为正确的，是因为有不正确的事物存在。就像"有"和"无"是相互转化的，"难"和"易"是相辅相成的，"长"和"短"是相互显现的，"高"和"下"是相互充实的，"音"和"声"是相互谐调的，"前"和"后"是相互跟随的（世间之事物无不如此）。因此，圣人用"无为"的思想来看待万事万物，用"不言"的方式来教化众生；任由万事万物自然兴起、衰败，而并不人为地进行过度干预；任其发展而不占有，任其所为而不强加干预，即使最终有所成就也不会自居其功。因为不居其功，故无所谓失去。

【阐说】黄元吉《道德经讲义》

古云："劝君穷取生身处，返本还原是药王。"又曰："穷取生身受命初，莫怪天机都泄尽。"由此观之，足见受命之初，浑然天理，无有瑕疵。彼说美说恶，说善说丑，皆为道之害也。

夫道究何状哉？在儒家曰"隐微"，其中有不睹不闻之要；释家曰"那个"，其中有无善无恶之真；道家曰"玄关"，其中有无思无虑之密。大道根源，端本于此。一经想象，便落窠臼；一经拟议，便堕筌蹄。虽古来神仙，赞叹道妙，曰美曰善，要皆恍惚其象，非实有端倪。盖以为善也，就有恶对；以为美也，就有丑对。又况美在是，恶亦在是；善在是，丑亦在是。此殆后天阴阳，有对待，有胜负、参差，而非先天一元之气也。故太上曰："天下皆知美之为美，斯恶已；皆知善之为善，斯不善已。"是知人不求虚无一气，而第言美之为美、善之为善，是亦舍本而逐末也。

太上特示下手之工，为大众告曰：凡人打坐之始，务将万缘放下，了无一事介于胸中，惟是垂帘塞兑，观照虚无丹田，既凝神又调息，既调息又凝神，如此久之，神气并成一团，顷刻间入于杳冥之地，此无为也；及无之至极，忽然一觉而动，此有为焉。我于此一念从规中起，混混续续、兀兀腾腾，神依气立，气依神行，无知有知，无觉有觉，即玄牝之门立矣。由是恪守规中，凝神象外。一呼一吸，一往一来，务令气气归玄窍，息息任天然。即天地人物之根，圣贤仙佛之本，此最为吾道家秘密天机，不容轻泄者也。

修士行持，与其求之无极，不可捉摸，何若求之阴阳，更有实据？经曰有无相生，不过动而静，静而动，出玄入牝，燮理阴阳者也。难易相成，不过刚而柔，柔而刚，鼎炉琴剑，一烹一温也。长短相形，即出入呼吸，任督往来，前行短、后行长之谓也。高下相倾，即火在上而使之降，水在下而使之升，上下颠倒，坎离之妙用也。音声相和，即神融气畅，百脉流通，不啻鸣鹤呼群，同声相应，不召自来也。前后相随，即子驰于后，午降于前，乾坤交媾，和合一团，依依而不舍也。此数者皆由后天之阴阳，而返乎先天之无极也。圣人知道之本原冲漠无朕，浩荡无痕。其处事也，则以无为为尚，而共仰恭己垂裳之风；其行教也，则以不言为宗，而自寓过化存神之妙。圣人作而万物睹，又何难之有哉？自此耕田凿井，被生成而竟忘其行；开源节流，勤化导而并化其迹。即使功满乾坤，名闻天下，而圣人若耻为虚名，未尝有实绩也。夫岂若《书》云：汝惟不矜不伐，天下莫与争能争功者，尚有弭人争竞之想哉？此殆归于神化之域、淡定之天，一惟自适其乐，而不忘自得之真。古言视富贵如浮云，弃功名如敝屣者，其斯之谓欤？虽然，道成德自立，实至名自归。圣人纵不居功，而天下后世，咸称道不衰。是不言功而功同日月，不言名而名重古今。夫惟弗居，是以不去也。

学者须从虚极静笃中，养出无美无善之真出来，才算修炼有本。其道惟何？玄关窍也！舍此则无生矣。修道者舍此玄关一窍，别无所谓道矣！如以美善为道，亦属后天尘垢。太上以此言警之，望人因流而溯源也。不然，美善之称，亦三代以下之君子，又乌可厚非哉？

《易》曰："一阴一阳之谓道。"是阳非道，阴亦非道，道其在阴阳之间乎！又况道者理也，阴阳者气也。理无气不立，气无理不行。单言道，实无端倪可状，惟即阴阳发见者观之，庶确有实据。此章言无善无美之真，直抉大道根源，望人端本立极，以为修身治世之基。有无易难数句，是教人由有对待之阴阳，返乎真一之气。其中又教人从有无相入处，寻出玄关一窍，为炼丹之本根。至于守中养丹，阳生活子，运转河车，亦无不层层抉破。惟圣人直指其源，故恭己无为，不言而信，虽有生有为，而在己毫无德色。迨至功成告退，视富贵为不足重轻，非圣人孰能与于斯学？学者玩索而有得，非但下手有基，即通天亦有路矣。他注云："天下皆知美善之所以为美善，则自不为恶与不善矣。"此讲亦是。但太上之经，多在源头上说，不落二乘。

【拓展阅读】王弼《道德经注》

天下皆知美之为美，斯恶已；皆知善之为善，斯不善已。故有无相生，难易相成，长短相较，高下相倾，音声相和，前后相随。〈美者，人心之所乐进也；恶者，人心之所恶疾也。美恶，犹喜怒也；善不善，犹是非也。喜怒同根，是非同门，故不可得偏举。此六者，皆陈自然，不可偏举之明数也。〉是以圣人处无为之事，行不言之教；万物作焉而不辞，生而不有，为而不恃，功成而弗居。〈自然已足，为则败也。智慧自备，为则伪也。因物而用，功自彼成，故不居也。〉夫唯弗居，是以不去。〈使功在己，则功不可久也。〉

第三章　圣人之治

　　不尚贤①，使民不争；不贵②难得之货，使民不为盗；不见③可欲④，使民心不乱。是以圣人之治，虚其心⑤，实其腹，弱其志⑥，强其骨。常使民无知无欲，使夫⑦智者不敢为也。为无为，则无不治。

【注释】

　　①贤：贤能与贤名。其实，此处无论老子所指"尚贤"者为"能"为"名"，均是激发人心欲望的东西，故终逃不过"使民争"的社会实际。因为能者会恃其"能"，而名者会恃其"名"，故为达"使民不争"之目的，唯有"不尚贤"。

　　②贵：倾心、偏好。

　　③见：通"现"，显露。

④ 可欲：引起人心欲念之物，如"难得之货""尚贤"等。

⑤ 虚其心：释然其心。虚，净化、释然。心，起心动念（意识层面）。

⑥ 弱其志：削弱其心。弱，削弱、消减。志，心愿所往（行动层面）。

⑦ 夫：虚词，无义。

【译文】

（居上位者）只有不推崇所谓有德有才之人，才能使百姓互不争夺；只有不偏好难得的财货，才能使百姓不去偷盗；只有不炫耀会引起人们贪欲的东西，才能使百姓的心志不被迷惑。所以，圣人治理天下的原则是，净化百姓的心灵，填饱百姓的肚腹，削弱百姓的斗争意志，强健百姓的体魄。要常使百姓没有智巧，没有欲望，更要让那些自恃才智之人不敢妄生事端。圣人按照"无为"的原则办事，如此天下自会归于太平了。

【阐说】黄元吉《道德经讲义》

圣人之治天下也，与其有为，不如无为，尤不知有为而无为。其化民成俗也，与其能感，不如能化，尤不如相安于无事之为得。是以尧舜恭己垂裳，而四方悉昭风动，此如何之化理哉？不过上无心而民自静，上无好而民自正，上无欲而民自定耳。否则，纷纷扰扰，自以为与民兴利除弊，而不知其扰民也实甚。故曰：民本无争也，而上争夺之；民本无贪也，而上贪婪之；民本无思无欲也，而上以奇技、淫巧、鲜衣、美食先导之。欲其不争不贪、无嗜无好也，得乎？苟能修其身，正其心，恬然淡然，毫无事事，不以贤能相尚，则民自安靖而不争矣；不以难得之货为贵，则民重廉耻而不为盗矣。且声色货利之场不一，属于目则无见无欲，己与民各适其自在之天，而虚灵活泼之神，自常应常静而不乱矣。此事岂异人任哉？惟圣人摒除耳目，斩断邪私，抱一以空其心。心空则炼丹有本，由是而采天地灵阳之气，以化阴精，日积月累，自然阴精消灭，而阳气滋长，则实腹以全其形。所谓以道凝身，以术延命，即是超生拔死之法。而且专气致柔，如婴儿之力弱不能持物者然，虽至柔也，而动则刚。观其浩浩渊渊，兀兀腾腾，真可包天地而入日月，贯金石而格鬼神，其气骨自有如是之强壮者。如此性修命立，彼浩然刚大之气，绰绰有余。一切知觉之心，嗜欲之性，不知消归何有？圣人以此修身，即以此治世，在己无知无欲，使民亦无知无欲，不但愚者混混沌沌，上合于穆之天；即聪明才智之儒，平日矜能恃智，惟恐以不逞为忧，至此已淡恬无事，自忘其知识之私，一归浑朴。此能为而不为，非不能也，实不敢也。虽然，人生天地间，不能逃虚空而独超物外，必有人伦日用之道，又乌得不为哉？然顺其自然，行所无事，虽有为，仍无为也。亦犹天不言而自化，四时代宣其教矣；帝无为而自治，百官代理其政矣。为者其迹，不为者其神，是以南面端拱，天下悉庆平成，猗欤盛哉！

　　道本平常，不矜新颖，不尚奇异。如国家尊贤，原是美事，若以此相夸相尚，则贤者固贤，而不肖者亦将饰为贤，甚至贤以否为否，而不肖者又以贤为否，于是争端起矣。彼此互相标榜，迭为党援，而天下自此多事矣。国家理财，亦是常经，而若贵异物、宝远货，则民必梯山航海，冒险履危，不辞跋涉之苦、性命之忧，搜罗而致之朝廷。至求之不得，千方百计，虽奸盗劫夺，所不顾也。至于衣服饮食，亦日用之常，而若食必珍馐，衣求锦绣，见可欲而欲之，奢风何日正也？是以圣人内重外轻，必虚心以养神，实腹以养气，令神气打成一片，流行一身之中，条畅融和，酥绵快乐，而志弱矣。且神静如岳，气顺如泉，而骨强矣。常常抱一，刻刻守中，非独一己无欲无思，即聪明才智之士，亦观感而自化，不敢妄有所为。或曰：有为则纷更致诮，无为则清净贻讥，为不为之间，亦几难矣。讵知顺理而为，非冒昧以为，有为仍与无为等。所以孔子赞舜曰："无为而治者，其舜也欤！"

【拓展阅读】王弼《道德经注》

　　不尚贤，使民不争；不贵难得之货，使民不为盗；不见可欲，使民心不乱。〈贤，犹能也。尚者，嘉之名也。贵者，隆之称也。唯能是任，尚也曷为？唯用是施，贵之何为？尚贤显名，荣过其任，为而常校能相射。贵货过用，贪者竞趣，穿窬探箧，没命而盗。故可欲不见，则心无所乱也。〉是以圣人之治，虚其心，实其腹；弱其志，强其骨。〈心怀智而腹怀食，虚有智而实无知也。骨无知以干，志生事以乱，心虚则志弱也。〉常使民无知无欲，使夫智者不敢为也。〈守其真也。知者谓知为也。〉为无为，则无不治。

第四章　和光同尘

道冲①而用之或不盈②，渊③兮似万物之宗；挫其锐，解其纷，和其光，同其尘，湛④兮似若存。吾不知谁之子，象帝⑤之先⑥。

【注释】

①冲：通"盅"，本义为虚受之皿，后指一切无耳鋬的盛酒器皿。

②盈：满。

③渊：深潭之水。因深潭之水盈而不溢，色黝不见底，似无穷无尽，故被老子借用，喻作"万物之宗"。《说文解字·水部》云："渊，回水也。"《管子·度地》云："水出地而不流，命曰渊水。"

④ 湛：沉没、浸润。

⑤ 帝：天帝。中国本土神话系统中的最高主宰，但随着朝代更迭，"天帝"，所指并不固定，或帝喾，或太一，或昊天，等等。所谓"天帝"也不过是圣人借以说明本质的象之一种，可以理解为某种至高存在。

⑥ 先：无始之始。

【译文】

"道"就像一种无耳鋬的盛酒器皿（无从抓手），但将其运用于我们的实际又无穷无尽，妙不可言；"道"又像深潭中的水，望不穿底里，犹如万物皆宗源于此。"道"消磨了万物的锋芒，化解了万物的纷扰，调和了万物的光辉，混同万物于尘垢，浸润万物于无影无迹，却又切切实实存在于万物之中。我不知道它源自谁，暂且称它为"天帝"的祖先吧！

【阐说】黄元吉《道德经讲义》

帝者，上帝也。先者，无始之始也。

道者何？太和一气，充满乾坤，其量包乎天地，其神贯乎古今，其德暨乎九州万国，胎卵湿化、飞潜动植之类，无在而无不在也。道之大何如也？顾其为体也，空空洞洞，浑无一物，若不见为有余；及其发而为用，冲和在抱，施之此而此宜，措之彼而彼当。《诗》曰："左之左之，无不宜之；右之右之，无不有之。"真若百川朝海，而海不见盈也。不诚为万物之宗旨哉？孔子曰："鬼神之为德，休物无遗。"又曰："语小莫破，语大莫载。"其浩浩渊渊，实有不可穷究者。道之难状如此，后之人又从何而修乎？太上慈悯凡人，乃指其要曰：凡人之不能入道者，皆由才智之士，自恃自恣，任意纵横，于以锢蔽虚灵而不见耳。兹欲修道，须知聪明智慧皆为障道之魔，从此黜聪堕明，屏其耳目之私，悉归混沌，而一切矜才恃智、傲物凌人之锐气，概挫折而无存，则人心死而道心生，知见灭而慧见昭矣。先儒曰：聪明才智之人不足畏，惟沉潜入道、澄心观理者为可畏，斯言不诚然哉？修行人务以沉神汰虑、寡欲清心为主。那知觉思虑之神、恶妄杂伪之念，纷纷扰扰，此念未休，彼念又起，前思未息，后思又来。我必自劝自勉，自宽自解——如乱丝之纠缠，我必寻其头绪而理之；若蔓草之荒芜，我必拔其根株而夷之。如此则纷纭悉解，而天君常泰矣。虽然，此独居习静之功，犹未及于闹处也。苟能静而不能动，犹是无本之学。必静时省察，一到热闹场中，尤要兢兢致慎！凡事让人以先，我处其后，尊人以上，我甘自下，若此则与世无忤，与人无争焉。又况好同恶异，世俗大体皆然。我惟有随波逐流，从其类而和之，虽有光明正大之怀，我决不露其圭角。惟有默识其机，暗持其体，同己者好之，异己者听之。所以鲁人猎较，孔子亦猎较。古圣人当大道未明之时，莫不以此混俗也。又观六祖得衣钵之后，道果虽圆，尚未尽其微妙，由是留形住世，积功了道，隐于四会山中，猎夫与居，恬不为怪，所以得免于难。若非和光同尘，乌能长保其身？由此动静交修，常变有权，则本来一点湛寂虚明之体，自然常常在抱，而又非果在也。若有所在，若有所存，却无所存，一片灵光，闪灼于金庭之下。此道究何道哉？生于天地之先，混于虚无之内，吾不知从何而来、从何而去，究为谁氏之子也？《道德经》曰："有物混成，先天地生。"其斯为大道之玄妙欤！帝之先，有何象？亦不过混沌未开，鸿蒙未判，清空一气而已矣。迨一元方兆，万象回春，道发散于天地人物之间，而无从窥测。修士欲明道体，请于天地将开未开、未开忽开而揣度之，则得道之原，而下手不患无基矣。

太上将道之体画个样子与人看，又教体道者欲修大道，先认道源。欲寻道源，先从自家心性中闲邪存诚，自下学循循修之，久则底于神化之域，方知吾心性中有至道之精，常常不离怀抱也。须从静中寻出端倪，用存养省察之功，以保守天真，不以盛气凌人，不以繁冗乱性，即张子所谓解脱人欲之私也。拨开云雾，洞见青天；轩断葛藤，独露真面。一旦动与人交，不知有光埋光，在尘混尘，或显才智，或炫功能，抑或现烟霞泉石之身，露清致高标之态，历观往古，惹祸招灾，为大道之害者不少。如汉朝党锢之禁，晋时清流之祸，虽缘小人之奸，亦由己不知明哲保身之道也。人能混俗和光，与世同尘，一若灵芝与众草为伍，凤凰偕群鸟并飞，不闻其香而益香，不见其高而愈高。如是藏拙，如是直养，则湛寂真常之道，自恍惚于眉目间，不存而若存，有象而无象。《中庸》云："上天之载，无声无臭，至矣！"非居帝之先而何？

【拓展阅读】王弼《道德经注》

道冲而用之或不盈，渊兮似万物之宗；挫其锐，解其纷，和其光，同其尘，湛兮似或存。吾不知谁之子，象帝之先。〈夫执一家之量者，不能全家；执一国之量者，不能成国；穷力举重，不能为用。故人虽知，万物治也，治而不以二仪之道，则不能赡也。地虽形魄，不法于天则不能全其宁。天虽精象，不法于道则不能保其精。冲而用之，用乃不能穷。满以造实，实来则溢，故冲而用之，又复不盈，其为无穷亦已极矣。形虽大，不能累其体；事虽殷，不能充其量。万物舍此而求主，主其安在乎。不亦渊兮似万物之宗乎？锐挫而无损，纷解而不劳，和光而不污其体，同尘而不渝其真，不亦湛兮似或存乎？地守其形，德不能过其载；天慊其象，德不能过其覆。天地莫能及之，不亦似帝之先乎？帝，天帝也。〉

第五章　天地不仁

天地不仁[1]，以万物为刍狗[2]；圣人不仁，以百姓为刍狗。天地之间，其犹橐籥[3]乎？虚而不屈[4]，动而愈[5]出。多言数[6]穷，不如守中[7]。

【注释】

①仁：指情感或类似人类一样拥有"七情六欲"的羁绊，与儒家所提出的"仁"的思想有本质区别。

②刍狗：用草扎成的狗，古代祭祀道具，常用完即扔掉或烧掉，后比喻无足轻重之物。元代吴澄说："刍狗，缚草为狗之形，祷雨所用也。既祷则弃之，无复有顾惜之意。天地无心于爱物，而任其自生自成；圣人无心于爱民，而任其自作自息，故以刍狗为喻。"

③橐龠（yuè）：古代鼓风吹火的工具。袋囊称橐，送风管称龠。

④屈：穷尽。与后面的"多言数穷"的"穷"字对应。

⑤愈：愈发，更加。

⑥数：屡次。

⑦中：通"冲"，与第四章中的"道冲而用之或不盈"的"冲"同，即"盅"。

【译文】

　　天地是无所谓仁慈与否的，万物对于天地而言，就像刍狗一样无足轻重；圣人也是无所谓仁慈与否的，百姓对于圣人而言，也像刍狗一样无足轻重。天地之间，难道不像一个巨型风箱吗？表面上看，似乎虚无缥缈、一无所有，可它一旦鼓动起来，其生命力又生生不息、绵延不绝。政令繁多又屡屡变更，只会使国家和百姓陷入混乱，不如坚守虚静（行无为之道，这才是顺应了事物的发展规律）。

【阐说】黄元吉《道德经讲义》

　　天地间生生化化，变动不居者，全凭此一元真气主持其间。上柱天，下柱地，中通人物，无有或外者焉。此气之浑浑沦沦、主宰万物、有条不紊者，曰理；此气之浩浩荡荡、弥纶万有、宛转流通者，曰气。理气合一曰仁。故先儒曰："仁者，人欲净尽，天理流行，无一毫人为之伪。"又曰："生生之谓仁。"要之，仁者如木果之有仁，其间生理生气，无不完具。天地生万物，圣人养万民，无非此理此气为之贯通，夫岂区区于事为见耶？故太上设言以明道，曰：向使天地无此一腔生气，惟有春夏秋冬、寒暑温凉之教，以往来运度，则万物无所禀赋，气何由受，形何由成？其视万物也，不啻刍狗之轻，毫不足珍重者然，有日见其消磨而已。又使圣人无此真元心体，惟仗公卿僚寀、文诰法制之颁，以训戒凡民，则草野无由观感，人何以化、家何以足？真是视斯民如刍狗之贱，全不关痛痒者然，有日见其摧残而已。顾何以天地无心，而风云雨露，无物不包含个中？圣人忘言，而辅相裁成，无人不嬉游宇内。足见天地圣人，皆本此一元真气，贯注乎民物之间——虽有剥削，亦有生成；虽有刑威，亦有德化。是天地圣人之不仁，正天地圣人仁之至处。人不知圣，盍观天地：上浮为天，下凝为地，其中空洞了明，浑无事物，不过一开一阖，犹橐之无底，龠之相通，浑浩流转，毫不障碍焉。当其虚而无物也，固随气机之升沉，而不挠不屈；及其动而为声也，亦听人物之变化，而愈出愈奇。以观天地，无异橐龠，圣人又岂外是乎？学者守中抱一，空空无迹，浩浩无垠，藏之愈深，发之愈溥。以视言堂满堂、言室满室者，相隔不啻天渊。彼以言设教，以教有尽，何若宝吾之精，裕吾之气，神游象外，气注规中，而无一肤一发不周流遍及之为得哉！甚矣！守中之学，诚修身之要道也。

此是一元真气，修身在此，治世亦在此。除此以外，所谓制度法则，犹取鱼兔之筌蹄也。鱼兔必假筌蹄而得，谓取鱼兔不用筌蹄，不可，谓筌蹄即鱼兔，亦不可。金丹大道，如采阳补阴，前行短、后行长；玉液小还、金液大还，皆是取鱼兔之筌蹄。若竟视为道源，差毫厘而谬千里矣。惟此元气，无声无臭，无象无形，天地人物公共之生气。学者修炼，必寻得此一件丹头，方不空烧空炼。否则，炼精、炼气、炼神、炼虚，皆属无本之学，一任童而习之，到老犹无成焉。太上教人从守中用功，而消息在橐龠，学人须自探讨！章内"不仁"二字是设词。

【拓展阅读】王弼《道德经注》

天地不仁，以万物为刍狗；〈天地任自然，无为无造，万物自相治理，故不仁也。仁者必造立施化，有恩有为。造立施化，则物失其真。有恩有为，则物不具存。物不具存，则不足以备载矣。地不为兽生刍，而兽食刍；不为人生狗，而人食狗。无为于万物而万物各适其所用，则莫不赡矣。若慧由己树，未足任也。〉圣人不仁，以百姓为刍狗。〈圣人与天地合其德，以百姓比刍狗也。〉天地之间，其犹橐龠乎？虚而不屈，动而愈出。〈橐，排橐也。龠，乐龠也。橐龠之中空洞，无情无为，故虚而不得穷屈、动而不可竭尽也。天地之中，荡然任自然，故不可得而穷，犹若橐龠也。〉多言数穷，不如守中。〈愈为之，则愈失之矣。物树其恶，事错其言，不济、不言、不理，必穷之数也。橐龠而守数中，则无穷尽。弃己任物，则莫不理。若橐龠有意于为声也，则不足以共吹者之求也。〉

第六章　谷神不死

谷神①不死②，是谓玄牝③。玄牝之门④，是谓天地根⑤。绵绵若存，用之不勤⑥。

【注释】

①谷神："道"的别称。高亨说："谷神者，道之别名也。"《尔雅·释言》："谷，生也。"《广雅·释诂》："谷，养也。"谷通"谷"。谷神者，生养之神。但严复在《老子道德经评点》中提出：谷，形容"道"虚空博大，像山谷；神，形容"道"变化无穷，很神奇。

②死：终焉。但"死"仅是事物转化的一个临界点，当它突破了临界点就会转化成别种事物，故又云"不死"。

③玄牝："道"的又一个别称。"牝"的本义是指雌性鸟兽，

因雌性在生物系统中担负着妊娠的重任，故老子借用这一形象比喻"道"之生息不灭。

④ 门：产门。

⑤ 根：本源。

⑥ 勤：尽头、穷竭。

【译文】

萌生天地万物的"道"（谷神）是永恒存在的，就像孕育万物的玄妙母体。玄妙母体的产门，就好比天地的本源。它绵绵不绝，永不止息，看不到，其效用却无穷无尽。

【阐说】黄元吉《道德经讲义》

修炼一事，只缘人自有身后，气质拘于前，物欲蔽于后，犹精金良玉，原无瑕疵，因陷于污泥之中，而金之精者不精，玉之良者不良，所以欲复原形，非用淘汰之力，琢磨之功，不能还乎初质也。太上示人下手之功曰："谷神不死。"何以为谷神？山穴曰谷，言其虚也；变动不拘曰神，言其灵也。不死，即惺惺不昧之谓也。人能养得虚灵不昧之体，以为丹头，则修炼自易；然而无形无影，不可捉摸，必于有声有色者而始得其端倪。古云："要得谷神长不死，须从玄牝立根基。"何以谓之玄？玄即天也。何以谓之牝？牝即地也。天地合而玄牝出，玄牝出而阖辟成，其间一上一下，一往一来，旋循于虚无窟子，即玄牝之门也。孔子曰"乾坤，其易之门"，不诚然乎？第此门也，是阴阳往来之路，天地造化之乡，人物发生之地，得之则生，失之则死。凡人顺用之则为死户，圣人颠倒之则为生门。人欲炼丹以成长生久视之道，舍此玄牝之门，别无他径也。非天地之根而何？修士垂帘观照，混沌无知时，死凡心也。忽焉一觉而动，生道心也。所谓静则为元神，动则为真意。是其中胎息一动，不要死死执著丹田，必于不内不外间，观其升降往来，悠扬活泼，即得真正胎息矣。古人云"出玄入牝"，是出非我本来面目，入亦非我本来面目，惟此一出一入间，中含妙谛，即虚灵也。所谓真阴真阳，形而为真一之气是也。天地之根，岂外此乎？要之，谷神者，太极之理；玄牝者，阴阳之气。其在先天，理气原是合一；其在后天，理气不可并言。修道之人欲寻此妙窍，着不得一躁切心，起不得一忽略念。惟借空洞之玄牝，养虚灵之谷神，不即不离，勿忘勿助，斯得之矣。故曰："绵绵若存，用之不勤。"

　　大道无形，生育天地。大道无名，发育万物。圣人以有而形无，实而形虚，显呈此至隐至微之一物，曰谷神。谷神者，空谷之神，问之若答，应焉如响，即不死也。其在人身，总一虚灵不昧之真。自人丧厥天良，谷神之汩没者，久矣！后之修士，欲得谷神长存、虚灵不昧，以为金丹之本、仙道之根，从空际盘旋，无有把柄；惟从无欲观妙、有欲观徼下手，有无一立，妙徼齐开，而玄牝立焉。故曰："此窍非凡窍，乾坤共合成。名为神气穴，内有坎离精。"总要精气神三者打成一片，方名得有无窍、生死门。否则为凡窍，而无一元真气存乎其中——虚则落顽空，实则拘形迹，皆非虚灵不昧之体。惟此玄牝之门，不虚不实，即虚即实，真有不可名言者。静则无形，动则有象，静不是天地之根，动亦非人物之本，惟动静交关处，乃坎离颠倒之所，日月交关之乡，真所谓天根地窟也。学人到得真玄真牝，一升一降，此间之气，凝而为性，发而为情，所由虚极静笃中生出法相来。知得此窍，神仙大道尽于此矣。其曰"绵绵若存"者，明调养必久，而胎息乃能发动也；曰"用之不勤"者，言抽添有时，而符火不妄加减也。人能顺天地自然之道，则金丹得矣。

【拓展阅读】王弼《道德经注》

谷神不死，是谓玄牝。玄牝之门，是谓天地根。绵绵若存，用之不勤。〈谷神，谷中央无。谷也，无形无影，无逆无违，处卑不动，守静不衰，谷以之成而不见其形，此至物也。处卑而不可得名，故谓天地之根，绵绵若存，用之不勤。门，玄牝之所由也，本其所由，与极同体，故谓之天地之根也。欲言存邪，则不见其形，欲言亡邪，万物以之生。故绵绵若存也，无物不成，用而不劳也。故曰用而不勤也。〉

第七章　天长地久

天长地久。天地所以能长且久者，以其不自生①，故能长生。是以圣人后②其身而身先③，外④其身而身存。非以其无私邪⑤？惟其无私，故能成其私⑥。

【注释】

① 自生：自我生存。

② 后：置自己于某物之后。圣人不为己之私利而谋夺众利，受百姓尊崇，故曰"身先"。

③ 身先：身，自己。先，居上位。

④ 外：置自己于某物之外。圣人置己之私利生死于外，受万世敬仰，故曰"身存"。

⑤ 邪：同"耶"，疑问语气词。

⑥ 私：自己。因为大公者先成就他人，自己便也在这一过程中成就了自己。

【译文】

　　天地是永恒不灭的。天地之所以能永恒不灭，是因为天地不是为了自己的存在而运行的，所以才能够恒久存在。因此，圣人对待名利之事总是谦退不争，反而能获得别人难以企及的高度；圣人将自己的生死名利置之度外，反而能获得永生不灭的历史地位。这不正是他无私的结果吗？因为无私，所以圣人才成就了自己。

【阐说】黄元吉《道德经讲义》

　　天地之气，浑浩流转，历亿万年而不敝者，皆由一元真宰默运其间，天地所以悠久无疆也。即发育万物，长养群黎，而生生不已，天地亦未尝不足，气机所以亘古不磨也。太上曰"天长地久"，不诚然哉！然天地之能长且久者，其故何欤？以其不自生也。设有自生之心，则天地有情，天亦老矣。惟不自有其生，而以众生为生，是众生之生生不息，即天地之生生不息也，故曰长生。世人多昧此生生之理，不求生而求死，不求长生而求速死。陷溺于富贵功名，沉沦于声色货利，时时握算，刻刻经营，不数年而精枯气弱，魄散魂飞，费尽千辛，难享一世。营生反以寻死，可胜浩叹！是以圣人法天效地，不惟势利之场不肯驰逐，即延年益寿之术亦不贪求。惟以大道为先，净扫心田，精修命蒂，举凡一切养身章身之具，在在不暇营谋，一似后其身、外其身者然。卒之，德立而同类莫超其上，名成而后世犹仰其型，非所谓后其身而身先、外其身而身存者乎？视世之自私其身反戕其生者，诚高出万万倍。而圣人究非矫情立异也，自来恬淡是好，清净为怀，不随俗而浮，不依形而立，廓然大公，一似天地之无私者焉。夫人多自私而戚戚于怀，圣无一私而皎皎物外，一片虚灵之象，空洞之神，常照耀而不可稍遏。向使区区以血肉躯、臭皮囊，时刻关心，昼夜系念，又乌能独先而不后、长存而不亡耶？惟其无私，故与天地合撰、日月合明，而能成其私也。后之修道者，欲此身不朽，此神不坏，须用刻苦工夫，摆脱尘垢，久久煅炼，自然干干净净，别有一重天地，另有一番世界，而不与世俗同生死也，何乐如之？

天地不言，全凭一元真气斡旋其间，所以周而复始，生机毫无止息，天地之长久，故历万古而常新也。圣人参天两地，养太和之气，一归浑沌之真，处则为圣功，出即为王道。何世之言修己者，但寻深山枯坐，毫不干一点人事，云治世者，纯用一腔心血，浑身在人物里握算！若此者，各执一偏，各为其私，非无事而寂寂，有事而惺惺者焉。圣人穷则清净无尘，而真形与山河并固；达则人物兼善，而幻身偕爵位俱轻。迨其后，名标宇宙，身独居先，功盖寰区，形存异世，非以其无私耶？学人能去其私，一空色相，永脱尘根，积功则留住人间，飞升则长存天壤。不私其身而卒得长生，转世之为身家计者，不啻云泥之判也。人可不绝外诱之私欤？

【拓展阅读】王弼《道德经注》

天长地久。天地所以能长且久者，以其不自生，故能长生。〈自生则与物争，不自生则物归也。〉是以圣人后其身而身先；外其身而身存。非以其无私邪？惟其无私，故能成其私。〈无私者，无为于身也。身先身存，故曰"能成其私"也。〉

第八章　上善若水

　　上善①若水。水善利万物而不争，处众人之所恶②，故几于③道。居善地，心善渊，与善仁，言善信，政善治，事善能，动善时。夫惟不争，故无尤④。

【注释】

　　①上善：至善，最美好。老子借用水的柔和来比喻"上善"，认为它最接近于"道"，其形象说法还是非常生动的。读者可通过老子所举"水"之一象进行参悟，以领会"道"的奥妙。

　　②恶（wù）：厌恶。众生争名、争利、争上位，厌恶无名、无利、无高位，事事都要争上一争，这与老子所提出的"不争"相悖，故曰"恶"。

③ 几于：接近。

④ 尤：罪过、过失。

【译文】

至善至美者就像水一样。之所以说水有至善至美的特质，是因为水滋养万物又不与万物相争，且始终处于人们不喜欢的位置，故言其最接近于"道"。（而至善至美之人）也像水一样总是居于最下位，他们内心平静如止水，待人诚挚友善，说话恪守信用，行政勤勉善治，理国贤能仁德，行动顺应时势。至善至美之人追求的是与世无争，因为与世无争，故不会有过失，不会有怨恕。

【阐说】黄元吉《道德经讲义》

大道原无他妙，惟是神气合一，还于无极太极，父母生前一点虚灵之气而已矣。人若不事乎道，则神与气两两分开，铅走汞飞，水火所由隔绝也。孟子曰：民非水火不生活。是言也，浅之则为日用之需；深之则为修炼之要。有时以火温水而真阳现，有时以水济火而甘露生。水火之妙，真有不可胜言者。然水火同宫，言水而火可知矣。水性善下，道贵谦卑。是以上善圣人，心平气和，一腔柔顺之意，任万物之生遂，无一不被其泽者焉。究之，功盖天下而不知功，行满万物而不知行。惟顺天地之自然，极万物之得所，而与世无忤，真若水之利济万物，毫无争心。不但此也，万物皆好清而恶浊，好上而恶下；水则

处物以清，自处以浊，待物以上，自待以下。水哉水哉，何与
道大适哉！圣人之性，一同水之性，善柔不善刚，卑下自奉：
众人所不能安者，圣人安之若素；众人所为最厌者，圣人处之
如常。所以于己无恶，于人无争，非有道之圣人，不能如斯。
故曰："处众人之所恶，几于道矣。"夫以道之有于己者，素位
而行，无往不利。即属穷通得失，患难死生，人所不能堪者，
有道之人，总以平等视之。君子论理不论气，言性不言命，惟
反身修德焉耳。虽然，德在一起，修不一途，又岂漫无统宗，
浩浩荡荡，而无所底极哉！必有至善之地，止其所而不迁，方
能潜滋暗长，天真日充，而人欲日灭。《易》曰："艮其背不获
其身，行其庭不见其人。"此即圣人之居善地也。居之安，则资
之深。内观其心，虚而无物，渊渊乎其渊也。外观所与，择人
而交，肫肫乎其仁也。至于发之为言，千金不及一诺，"言善
信"也。施之于政，大惠何如大德，"政善治"也。推之一物、
一事、一动、一静之间，无不头头是道。任人以事，惟期不负
所能。虑善以动，只求动惟厥时。圣人之修身治世如此。此由
"止于至善"，得其所安，而后发皆中节也。惟其在在处处，无
一毫罅漏，无一丝欠缺，又何争之有耶？夫惟不争，而人之感
恩戴德，刻骨铭心者，方且瞻依不志，又有何怨、又有何尤？
虽有恶人，亦相化为善矣。及其至也，无为自然，群相安于不
识不知之天，几忘上善之若水，柔顺而利贞，无往不吉焉。

　　指点上善之心，平平常常，无好无恶，浩浩荡荡，无陂无
偏，极其和柔。是以居上不骄，为下不倍；于己无尤，于人无

怨。顾其所以能至此者，究非世俗之学所能造其巅，亦非无本之学所能建其极也。故太上处众人所恶之后，旋示一善地。究竟此地何地？吾不惜天机泄露之咎，乃为指其真际曰：此个善地，非世人择地而蹈之地，乃所谓心地性地，寸衷寸地是也。得其地，则性命有依；失其地，则神气无主。无主则乱，安能事事咸宜，合内外而一致，处人己而无争哉？然谓其地为有，则多堕于固执；若谓其地竟无，又多落于顽空。此殆有无不立，动静不拘者也。欲修至道，请细参其故，予以多积阴功，广敦善行，庶几上格神天，或得师指，或因神悟，予以会通其地，而始不堕旁门左道，得遂生平志愿也。此地了然，道过半矣。以下曰"心"、曰"言"数语，明在在处处，俱当检点至善，使不先得善地而居。以后所云，无一可几于善者。此真头脑学问，本原工夫。如或昧焉，则持己接物，万事皆瓦裂矣。吾故略泄于此，愿世之有志者，毋自恃才智，妄猜妄度，而不修德回天，惟虚心访道可也。

【拓展阅读】王弼《道德经注》

上善若水。水善利万物而不争，处众人之所恶，〈人恶卑也。〉故几于道。〈道无水有，故曰"几"也。〉居善地，心善渊，与善仁，言善信，正善治，事善能，动善时。夫唯不争，故无尤。〈言人皆应于治道也。〉

第九章　功遂身退

持而盈之^①，不如其已^②；揣^③而梲^④之，不可长保。金玉满堂，莫之能守；富贵而骄，自遗其咎^⑤。功遂身退，天之道^⑥也。

【注释】

① 之：代指容器。

② 已：放弃，停止。

③ 揣：通"捶"，击打。《说文解字》："揣，一曰捶之。"

④ 梲：通"锐"，锋利。

⑤ 咎：祸患。

⑥ 天之道：天道，自然法则。

【译文】

一味追求器皿的盈满，不如适当停止（否则就会溢出了）；一味追求武器的锋芒锐利，必然会加速它的折损（让其锐利不再）。让精金美玉充斥整个屋子，（一旦他人得知）这些精金美玉最终是无法守住的；如果富贵了就无比骄横，这是给自己的人生埋下祸根。假如事情功成圆满了，就要学会隐退和收敛，这与天道法则是相契合的。

【阐说】黄元吉《道德经讲义》

古云："过河须用筏，到岸不须舟。"又曰："未得功时当学法，既得功时当忘法。"斯数语，诚修道之至要也。若修道行功，业已造精微广大之域，犹然兢兢致守，自诩学识高、涵养粹，未免骄心起而躁心生，不有退缩之患，即有悖谬之行。若此者，道何存焉？德何有焉？故太上曰："持而盈之，不如其已；揣而锐之，不可长保。"修行人当精未足之日，不得不千淘万汰，洗出我一点至粹之精，以为长生之本。若取得真阳，朝烹暮炼，先天之精充满一身内外，则身如壁立千寻，意若寒潭秋月。外肾缩如童子，则无漏尽通之境证矣。斯时也，精满于身，不宜再进火符，即当止火不用，且宜无知无识，浑浑沦沦，顿忘乎精盈之境为得。若持盈不已，难免倾丹倒鼎之虞，不如早已之为愈也。当气未充之时，须千烧万炼，运起文武神火，煅炼先天一元真气出来，以为延寿之基；到得凡气炼尽，化为一片纯阳，至大至刚，贯穿乎一身筋骨之内，夭矫如龙，猛力如虎，此何如之精锐也。我当专气致柔，一如婴儿之沕穆无知，庶几长保其气，可至形神俱妙，与道合真。若揣锐不休，难免燎原遍野之虑，安望其长保乎？若是者，犹金玉满堂，莫之能守。一同富贵人家，怙侈灭义，骄奢凌人，如栾氏灭族，范氏家亡，要皆不自戒满除盈，以至横行不轨，自贻其咎。如此征之人事，而天道可知矣。试观当春而温，至夏则暑阳司令，而温和不在矣；至秋而凉，及冬则寒冷乘权，而西风无存矣。物育功成，时行名遂，天地于焉退藏，以蓄阳和之德。倘冬寒而间春温，夏热而杂秋凉，即是天道反常，时节愆期，功成不退，适为乖戾之气，其有害于人者多矣。故曰："功成名遂，身退，天之道也。"夫天且如是，而况于人乎？古来智士良臣，功业烂如，声名灿著，而不知退隐山林，如越之文种，汉之韩信，酿成杀身亡家之祸者不少。是以学道人，当精盈气足之时，不可不忘法忘形，以自败其道也。若未臻斯境者，又乌可舍法舍形哉？

此教学人，修炼大道，做一节丢一节，不可自足自满，怠心起而骄心生，祸不旋踵而至矣。即无渗漏之患，然亦半途而废，无由登彼岸以进于神化之域焉。《悟真》云："未炼还丹须速炼，炼了还须知止足。若也持盈未已心，不免一朝遭殆辱。"足见道无止境，功无穷期，彼满假何为哉？古来修士，多罹杀身亡家之祸，皆由不知韬光养晦、混俗同尘之道也。《丹经》云："修行混俗且和光，圆即圆兮方即方。隐显逆从人莫识，教人怎得见行藏。"是以有道高人，当深藏不露，随时俯仰，庶几不异不同，无好无恶，可以长保其身。否则修德而谤兴，道高而毁来，虽由人之无良，亦自张扬太过。《易》曰："慢藏诲盗，冶容诲淫。"诚自取也，又何怪自满者之招损乎？吾愿后之学者，未进步则依法行持，既深造，当止火不用，庶可免焚身之患欤！

【拓展阅读】王弼《道德经注》

　　持而盈之，不如其已；〈持，谓不失德也。既不失其德，又盈之，势必倾危。故不如其已者，谓乃更不如无德无功者也。〉揣而税之，不可长保。〈既揣末令尖，又锐之令利，势必摧衄，故不可长保也。〉金玉满堂，莫之能守；〈不若其已。〉富贵而骄，自遗其咎。〈不可长保也。〉功成身退，天之道。〈四时更运，功成则移。〉

第十章　营魄抱一

　　载营魄抱一①，能无离乎？抟气②致柔，能婴儿乎？涤除玄览③，能无疵乎？爱民治国，能无为乎？天门开阖④，能无雌⑤乎？明白四达，能无知⑥乎？生之畜⑦之，生而不有，为而不恃，长而不宰，是谓玄德。⑧

【注释】

　　①载营魄抱一：载，助语词，相当于"夫"；营魄，魂魄；抱一，合一。一即道，《说文·一部》："一，惟初太始，道立于一，造分天地，化成万物。"

　　②抟气：集气。抟，同"专"，结聚的意思。

　　③玄览：深入观察。

　　④天门开阖：天门，指人的耳、目、口、鼻等感官；开

阖，动静、变化和运动。河上公注曰："治身，天门谓鼻孔，开谓喘息，阖谓呼吸也。治身当如雌牝，安静柔弱，治国应变，和而不唱也。"

⑤　雌：指柔弱、宁静、谦下。如本书第二十八章："知其雄，守其雌，为天下溪。"

⑥　知：通"智"，指智识。

⑦　畜：畜养、繁殖。

⑧　"生之畜之……是谓玄德"句：此句与第五十一章存在重复，且表述意思前后不连贯，有学者认为可能是错简重出。

【译文】

我们的魂魄可以和"道"合为一体而不分离吗？我们吸纳天地精气后可以像婴儿那般纯净而无所欲求吗？我们清除心中杂念、反省自身时可以做到再无瑕疵吗？我们爱民治国能始终坚持自然无为的规律吗？我们的感官与外界接触时，能始终保持宁静柔顺吗？我们了解天下事理，可以不采用心机手段吗？万物繁衍生长的规律是让万物繁衍生长却不约束占有，助其繁衍生长却从不自恃己功，生长繁盛后也不主宰掌控它们，这就是"道"的体现，又谓之"玄德"。

【阐说】黄元吉《道德经讲义》

此章开口即说炼精化气之道。既得精气有于身，既要一心一德，而不使偶离；离则精气神三宝各分其途，不能会归有极以为炼丹之本。故太上曰："载营魄抱一，能无离乎？"夫营者，血也。血生于心、魄藏于心，其必了照丹田，一心不动，日魂方注于月魄之中，月乃返而为纯乾。此由心阳入于肾阴，神火照夫血水，虽水冷金寒，却被神火烹煎，而油然上升，自蓬勃之不可遏。至人知此玄牝为天地之根，于是一呼一吸间，微阳偶动，即一眼觑定，一手拿住，运一点己汞以迎之，左旋右抽，提回中田，凝聚不散，即载魄而返，抱一而居，不片刻间，而真阳大生，真气大动矣。由是运行河车，由虚危穴起火，引至尾闾，敲九重铁鼓，运三足金蟾，上升于顶，俱要一心专注，不贰不息。及至升上泥丸，牟尼宝珠已得，若不于此温养片刻，则泥丸阴精不化，怎得铅汞融和，化成甘露神水，以润一身百脉？既温养泥丸矣，复引之下重楼、入绛宫，即午退阴符也。但进火之时，法取其刚，非用乾健之力，真金不能自升；退符之候，法取其柔，非以柔顺之德，阳铅依然散漫，不能伏汞成丹。故曰："专气致柔，能如婴儿乎？"其意教人于阴生午后，一心朗照，任其气机下降，如如自如，了了自了，却不加一意、用一力，此即坤卦柔顺利贞，君子修行之道也。至降宫温养，送归土釜，牢牢封固，惟以恬淡处之，冲和安之，一霎时间，气息如无，神机似绝，此致柔也。温养片晌，神气归根，自如炉中火种，久久凝注，不令纷驰，自然真气流行，运转周身，一心安和，四肢酥软，不啻婴儿之体，如絮如缕，有柔弱不堪任物之状，此足征丹凝之象。从此铅汞相投，水火既济，又当洗心涤虑，独修一味真铅。苟心一走作，丹即奔驰，不惟丹无由就，即前取水乡之铅，亦不为我有。《清净经》云："心无其心，物无其物。空无所空，无无亦无，湛然常寂。"又何瑕疵之有？故曰："涤除玄览，能无疵乎？"倘外丹虽得，内照不严，则人欲未净，天理未纯，安得一粒黍珠，虚而成象？到得丹有于身，犹须保精裕气以成圣胎。虽然，其保精也要顺自然，其裕气须随自在。此不保之保胜于保，不裕之裕胜于裕。否则，矜持宝贵，鲜不危焉。夫以丹为先天元气，无有形状，何须作为！若执迹象以求，未免火动后天，而先天大道亡矣。故曰："爱民治国，能无为乎？"民比精也，国喻气也。治世之要，推恩以爱民。立法治国，霸者之欢虞小补，大远乎王者的无为而治。重熙累治，气象所争，在有为无为间耳。治身之道，以精定为民安，以气足为国富。炼己则精定，直养则气足，极之浩然刚大，充塞两间，亦若视为固有之物，平常之端，不矜功能，不逞才智，浑浑沌沌，若并忘为盈满者然，无为也而大为出焉矣。学人到此，精盈气足，养之久久，自然裂顶而出，可以高驾云霞，遨游海岛，视昔之恪守规中、专气致柔者，大有间矣！故曰："天门开阖，能无雌乎？"此言前日调神养胎，不能不守雌也；而今则阳神充壮，脱离凡体，冲开天门，上薄霄汉，诚足乐也，气何壮乎？到此心如明镜，性若止水，明朗朗天，活泼泼地，举凡知觉之识神，化为空洞之元神矣。前知后晓，烛照靡遗，此明明白白，所以四达而不悖也。然常寂而常照，绝无寂照心；常明而常觉，绝无明觉想。殆物来毕照，不啻明镜高悬，无一物能匿者焉。而要皆以无为为本，有为为用。当其阳未生，则积精累气以生之；及其阳已生，则宝精裕气以蓄之。迨其后留形变世，积功累仁，虽生而不夸辅育之功，为而不恃矜持之力，长而不假制伏之劳。一劫此心，万劫此心，真可谓天上主宰，分司造化之权，是以谓之"玄德"。

此将筑基得药、炼己还丹、脱胎得珠，九节功夫，一一说出，要不外虚极静笃，含三抱一，恍惚杳冥为主，自守中以至还丹，皆离不得浑有知于无知，化有为于无为。夫以先天一元真气，隐于虚无，不在见见闻闻之地，人能泯其知觉，去其作为，则一元真气常在。故太上曰：惚兮恍，其中有象；恍兮惚，其中有物；杳兮冥，其中有精。此可知，道生天地，原是浑浑沌沌，无可拟议，惟浑其神智，没其见闻，道即在其中矣。倘起大明觉心，则后天识神应念而起，已非先天元神。故必恍惚中求，杳冥中得，修士其亦知所从事矣。

【拓展阅读】王弼《道德经注》

载营魄抱一，能无离乎？〈载，犹处也。营魄，人之常居处也。一，人之真也。言人能处常居之宅，抱一清神，能常无离乎？则万物自宾矣。〉抟气致柔，能婴儿乎？〈抟，任也。致，极也。言任自然之气。致至柔之和，能若婴儿之无所欲乎？则物全而性得矣。〉涤除玄览，能无疵乎？〈玄，物之极也。言能涤除邪饰，至于极览，能不以物介其明、疵之其神乎？则终与玄同也。〉爱国治民，能无知乎？〈任术以求成，运数以求匿者，智也。玄览无疵，犹绝圣也。治国无以智，犹弃智也。能无以智乎，则民不辟而国治之也。〉天门开阖，能为雌乎？〈天门，天下之所从由也。开阖，治乱之际也，或开或阖，经通于天下，故曰"天门开阖"也。雌应而不倡，因而不为，言天门开阖能为雌乎？则物自宾而处自安矣。〉明白四达，能无为乎？〈言至明四达，无迷无惑，能无以为乎？则物化矣。所谓道常无为，侯王若能守，则万物自化。〉生之，〈不塞其原也。〉畜之。〈不禁其性也。〉生而不有，为而不恃，长而不宰，是谓玄德。〈不塞其原，则物自生，何功之有？不禁其性，则物自济，何为之恃？物自长足，不吾宰成，有德无主，非玄而何？凡言玄德，皆有德而不知其主，出乎幽冥。〉

第十一章　无之为用

三十辐^①共一毂^②，当其无^③，有车之用。埏埴^④以为器，当其无，有器之用。凿户牖^⑤以为室，当其无，有室之用。故有之以为利，无之以为用。

【注释】

①辐：辐条，支撑车轮的木条，多采用栲、栎等质坚木材。古人制作的轮圈是用木块拼接成圆状，继而用金属包裹表面，再楔入铆钉固定，最后用辐条支撑轮圈，这样木制轮子就可以达到纵向受力的效果了。

②毂：车轮中间的圆孔，插入轴木，辐条的中心才有受力点。

③当其无：让其形成适当空间，强调人的能动性，故不言

"无"，而言"当其无"。

④埏（shān）埴：揉捏黏土。

⑤户牖（yǒu）：门和窗。

【译文】

用三十根辐条整合进一根毂的孔中，有了轮圈、辐条、车毂三位一体构成的中空，车子才能发挥运输的作用。揉和陶土做成中空的器皿，器皿才能发挥盛装东西的作用。建屋造房要开凿门窗，使其中空可以穿行，房屋才能发挥居住的作用。所以，某物给人带来"有用"的便利，正是某物"空缺"部分使其发挥了真正的作用。

【阐说】黄元吉《道德经讲义》

夫道，生于鸿蒙之始，混于虚无之中，视不见，听不闻，修之者又从何下手哉？圣人知道之体无形，而道之用有象，于是以有形无、以实形虚，盗其气于混沌之乡，敛其神于杳冥之地，以成真一之大道，永为不死之神仙焉。所谓实而有者何？真阴真阳，同类有情之物是也。所谓虚而无者何？先天大道根源，龙虎二八初弦之气是也。有气而无质，大道彰矣。故曰：阴阳合而先天之气见，阴阳分而后天之器成。《易》曰："形上谓之道，形下谓之气。"是非器无以见道，亦非道无以载器也。太上借喻于车曰：车有辐有毂，辐共三十，以象日月之运行，毂居正中，为众辐所贯；毂空其内，辐凑其外，所以运转而无难。若非其中有空隙处，人何以载，物何以贮乎？故曰：当其无，即车之用。又如陶器然，以水和土，揉土为器，一经冶炼，外实中空。究之凡人利用，不在埏埴之实，而在空洞之虚。如陶侃运甓，非其间虚而无物，安能运转自如？故曰："当其无，即器之用"。再拟诸筑室，必凿户牖其中，而后光明大放。及入此室处，户牖亦觉无庸，务于空间之间，乃堪容膝。虽居有形以为室，必从实际以为居。故曰："当其无，即室之用。"从此三者观之，无非有象以为车、为器、为室；无象以为载、为藏、为居。而凡涉于有象者，即属推行之利矣；凡居于无象者，即裕推行之用矣。故曰：有以为利，无以为用，有有无无，亦互为其根焉耳。要之，道本虚无，非阴阳无以见。气属阴阳，非道无以生。阴阳者，后天地而生，有形状方所，不可为长生之丹。惟求道于阴阳，由阴阳而返太极，则先后混合，大道得矣。后之修丹者，徒服有形之气，不知炼无形之丹，欲其成仙也，不亦南辕而北辙耶！

　　道本无名，强名曰道。道本无修，强名曰修。夫以道之为物，至虚至无，方能至神至圣。试观天地，一气清空，了无一物，及伏之久，而气机一动，阴阳生焉。于是形形色色，莫不斐然有文，灿然成章，充满于四塞之中。谁为造之？谁与生之？何莫非道生一气，一气化为阴阳，而万物于是滋生矣。故曰："道自虚无生一气，便从一气产阴阳。阴阳自是成三姓，三姓重生万化昌。"修行人欲求至道之真，以成仙圣之体，必先以阴阳为利器，后以虚无为本根，而大道得矣。章内三"无"字，指其空处曰无，大约言修炼人，自无而有，自有还无，以至清空一气，而大道方成，其意殆取于此耳。

【拓展阅读】王弼《道德经注》

三十辐共一毂，当其无，有车之用。〈毂所以能统三十辐者，无也。以其无能受物之故，故能以寡统众也。〉埏埴以为器，当其无，有器之用。凿户牖以为室，当其无，有室之用。故有之以为利，无之以为用。〈木、埴、壁之所以成三者，而皆以无为用也。言无者，有之所以为利，皆赖无以为用也。〉

第十二章　圣人为腹

　　五色①令人目盲，五音②令人耳聋，五味③令人口爽，驰骋畋猎④令人心发狂，难得之货令人行妨⑤。是以圣人为腹⑥不为目⑦，故去彼取此。

【注释】

　　①五色：古人以赤、黄、青、白、黑为五色，泛指各种绚丽的色彩。

　　②五音：古人以宫、商、角、徵、羽为五音，泛指各种美妙的音乐。

　　③五味：古人以酸、甘、苦、辛、咸为五味，泛指各种可口的美味。

　　④驰骋畋猎：古代贵族有驰骋畋猎的习惯，后来代指纵情

享乐。

⑤ 妨：妨害、妨碍、偏离正途。

⑥ 腹：肚腹，指温饱。

⑦ 目：眼目，指声色享受。

【译文】

绚丽的色彩往往令人眼花缭乱，美妙的音乐往往令人迷失心智，可口的美味往往令人舌不知味，纵情玩乐往往令人狂放浪荡，稀有之珍品往往令人行为不轨。所以，圣人只追求温饱而不追逐声色欢娱，只会摒弃声色欢娱而保持朴实无华的生活方式。

【阐说】黄元吉《道德经讲义》

世之营营逐逐，驰心于声色货利之场，极目遐观，爽心悦口者，非以此中佳境诚足乐耶？孰知人世之乐，其乐有限；惟吾心之乐，其乐无穷。又况乐之所在，即忧之所在。有益于身者，即有损于心。如五彩之章施也，其色光华，其文灿烂，谁不见之而色喜、望之而神惊？讵知目之所注，神即眩焉。人生精力，能有几何？似此留心物色，纵性怡情，以为美观，未有不气阻神销，胸怀缭乱，而目反为之盲也。故曰"五色令人目盲"，诚至论也。至若丝桐之韵、箫管之声，古圣亦所不废；胡昏庸之子，昵女乐，比歌童，竭一己之精神，取片时之欢乐！究之，曲调未终，铿锵犹在，而耳灵之内蕴者，尽驰于外，而耳反为之聋矣。故曰"五音令人耳聋"，不诚然哉？他如口之于味，甘脂调和，浓淡适节，圣人亦所必需；无如饕餮者流，贪口腹，好滋味，嘉肴满座，异物充厨，虽一箸数金、一餐万费不辞。其亦知利于口者不利于心乎？况人心中有无限至味，不肥腯而自甘，不膏粱而自饱，彼徒资餍饫者，亦只求适口焉耳。故曰"五味令人口爽"，良非虚矣。若夫田猎一事，古帝王原为生民除残去害、乐业安耕起见；后世之人，从禽从兽，于猎于田，专以走狗为事，甚至燎原遍野，纵犬搜山，直使无辜之蛇蝎昆虫受害不少。更有逞残暴以伤物命，专杀害以为生涯，毫不隐痛；卒之天道好还，冥刑不贷，一转瞬间，而祸患随之矣。又况驰骋田猎时，即暴戾性天之时，其身狂，其心亦狂，太上所以有"驰骋田猎令人心发狂"之戒也。再者，异采珍奇，帝王不寓于目，所以风醇俗美，群相安于无事之天。后人以奇异为尚，于是百计经营，千方打算，半生精气尽销磨于货物之中。讵知己之所羡，人亦羡之，以其羡者而独有诸己，此劫夺之风所由日炽也。古云："匹夫无罪，怀璧其罪。"是知藏愈厚，祸弥深，洵不诬矣。即使急力防闲，多方保护，而神天不佑，终亦必亡而已矣。人生性命为重，一旦魄散魂飞，货财安在？何不重内而轻外耶？太上所以有难得之货令人行妨，谆谆为世告也。是以有道高人，虚其心以养性，实其腹以立命；知先天一气，生则随来，死则随去，为吾身不坏之至宝，一心专注于此，而外来一切皆若浮云，所以虚灵不昧，或受人间禋祀，或为天上真宰，至今犹昭然耳目也。试问舜琴牙味，赵璧齐庐，今犹有存焉者乎？早已湮没无闻矣！是知物有尽而道无尽，人有穷而道无穷。人欲长生，须将人物之有限者置之，性命之无形者修之，庶知所轻重也。呜呼！非见大识卓之君子，乌能去彼而取此耶？

教人修身大旨，原与尘世相反。须知世人之所好者，道家之所恶；世人之所贪者，道家之所弃。盖声色货利，百般美好，虽有利于人身，究无利于人心；又况人心一贪，人身即不利焉。惟性命一事，似无形无象，不足为人身贵者。若能去其外诱，充其本然，一心修炼，毫不外求，卒之，功成德备，长生之道在是矣。天下一切宝贵，孰有过于此乎？但恐立志不坚，进道不勇，理欲杂乘，天人迭起，遂难造于其极。愿后之学者，始则闲邪存诚，继则炼铅伏汞，及至返本还原，抱朴归真，又何难上与仙人为伍耶？是以圣人修内不修外，为腹不为目，去彼存此，于以一志凝神，尽性立命，岂不高出尘世之荣华万万倍乎？

【拓展阅读】王弼《道德经注》

五色令人目盲，五音令人耳聋，五味令人口爽，驰骋畋猎令人心发狂，〈爽，差失也，失口之用，故谓之爽。夫耳目口心，皆顺其性也。不以顺性命，反以伤自然，故曰聋、盲、爽、狂也。〉难得之货令人行妨。〈难得之货塞人正路，故令人行妨也。〉是以圣人为腹不为目，故去彼取此。〈为腹者以物养己，为目者以物役己，故圣人不为目也。〉

第十三章　宠辱若惊

宠辱若①惊，贵②大患若身。何谓宠辱若惊？宠为下③，得之若惊，失之若惊，是谓宠辱若惊。何谓贵大患若身？吾所以有大患者，为吾有身；及吾无身，吾有何患？故贵以身为天下，若④可寄天下；爱以身为天下，若可托天下。

【注释】

①若：好像、就像。

②贵：重视、珍视。

③宠为下：受到荣宠是卑下的，因为会引人争宠。

④若：则。与"若可托天下"之"若"同。

【译文】

受荣宠和受侮辱就像受到惊吓一样，重视祸患就像重视自身的生命一样。什么叫受荣宠和受侮辱都像受到惊吓呢？获得荣宠是卑下的，获得荣宠令人感到惊喜，失去荣宠令人惊慌不安，这就叫受荣宠和受侮辱都像受到惊吓。什么叫重视祸患就像重视自身的生命一样呢？我们之所以会有祸患，是因为我们有身体；如果我们没有身体，那我们怎么可能会有祸患呢？所以，若珍视天下百姓就像珍视自己的身体一样，那么天下就可以托付给他；若爱惜天下百姓就像爱惜自己的身体一样，那么天下也可以托付给他。

【阐说】黄元吉《道德经讲义》

孟子曰："守孰为大？守身为大。"《诗》曰："既明且哲，以保其身。"古人于身亦何重哉？夫以此身也，不但自家性命依之而存，即一家之内，无不赖之以生。推而言之，为天地立心，为万物立命，为往圣继绝学，为万世开太平，无非此身为之主宰。虽然，主宰宇宙者此身，而主宰此身者惟道。道不能凭空而独立，必赖人以承之，故曰："身存则道存，身亡则道亡。"大修行人，当大道未成之时，身远尘世，迹循山林，韬光养晦，乐道安贫，耳不闻人声，口不谈时世，足不履红尘，岂徒避祸以全身哉？亦欲安身以立命也。至人世荣宠之事，耻辱之端，皆视为平常故事，毫不足介意者然。虽无端而弓旌下逮，币聘来临，君相隆非常之遇，蓬荜增盖代之辉，人所喜欲狂者，已则淡然弥甚也。倘不幸闻望过隆，戮辱旋及，奸邪肆谗谤之口，身家蒙不白之冤，亦氪惟不诿罪于人，归咎于己而已。古圣人居宠不灭性，受辱不亡身，良有以也。要皆明于保身之道，不以功名富贵养其身，而以仁义道德修其性，所以成万年不坏之躯，为古今所倚赖也。倘一有其身，自私自重，与人争名争利，为己谋食谋衣，逐逐营营，扰扰纷纷，争竞不息，攘夺无休，不旋踵而祸患随之矣。君子所以贵藏器以待时，安身以崇德也。太上见人不能居宠以思畏，弭患于无形，所以有"宠辱若惊""贵大患若身"之慨。何谓"宠辱若惊"？盖以宠为后起之荣，非本来之贵，故曰"宠为下"。但常人之情，营营于得失，故得之若惊，失之若惊，是为"宠辱若惊"。其曰"贵大患若身"者何？殆谓人因有身，所以有患。若吾无身，患从何来？凡人当道未成时，不得不留身以为修炼之具，一到脱壳飞升，有神无身，何祸之可加哉？既留形住世，万缘顿灭，一真内含，虽云游四境，亦来去自如，又何大患之有？世之修士，欲成千万年之神，为千万人之望，造非常之业，建不朽之功，须一言一行，不稍放肆，即贵其身而身存，乃可以为天下所寄命者；一动一静，毫不敢轻，即爱其身而身在，乃可为天下所托赖者。如莘野久耕，而三聘抒忱，慨然以尧舜居民自任；南阳高卧，而几经束帛，俨然以鼎足三分为能。所谓托六尺之孤，寄百里之命，非斯人，其谁与归？彼自私其身而高蹈远引，不思以道济天下，使天下共游于大道之中者，相去亦远矣。

此言人身自有良贵，不待外求，有非势位之荣可比者。人能从此修持，努力不懈，古云"辛苦二三载，快乐千万年"，洵不诬也，有何宠辱之惊，贵患之慨耶？学者大道未得时，必赖此身以为修炼。若区区以衣服饮食、富贵荣华为养身之要，则凡身既重，而先天真身未有不因之而损者。先天真身既损，而后天凡身亦断难久存焉。此凡夫之所以爱其身而竟丧其身也。惟至人知一切事物，皆属幻化之端，有生灭相，不可认以为真，惟我先天元气，才是我生生之本，可以一世，可以百世，可以千万年。若无此个真修，则凡身从何而有？此为人身内之身，存之则生，失之则死，散之则物，凝之则仙，不可一息偶离者也。太上教人兢兢致慎，不敢一事怠忽，不敢一念游移，更不敢与人争强角胜，惟恬淡自适，清净无尘，以自适其天而已。虽未出身加民，而芸芸赤子，早已庆安全于方寸。斯人不出，如苍生何？民之仰望者，深且切矣。所谓不以一己之乐为乐，而以天下之乐为乐；不以一己之忧为忧，而以天下之忧为忧，其寄托为何如哉？

【拓展阅读】王弼《道德经注》

宠辱若惊，贵大患若身。何谓宠辱若惊？宠为下，得之若惊，失之若惊，是谓宠辱若惊。〈宠必有辱，荣必有患，宠辱等，荣患同也。为下，得宠辱荣患若惊，则不足以乱天下也。〉何谓贵大患若身？〈大患，荣宠之属也。生之厚，必入死之地，故谓之大患也。人迷之于荣宠，返之于身，故曰"大患若身"也。〉吾所以有大患者，为吾有身，〈由有其身也。〉及吾无身，

〈归之自然也。〉吾有何患？故贵以身为天下，若可寄天下；〈无物可以易其身，故曰"贵"也。如此乃可以托天下也。〉爱以身为天下，若可托天下。〈无物可以损其身，故曰"爱"也。如此乃可以寄天下也。不以宠辱荣患损易其身，然后乃可以天下付之也。〉

第十四章　无状之状

视之不见名曰夷①，听之不闻名曰希②，搏之不得名曰微③。此三者，不可致诘④，故混而为一⑤。其上不皦，其下不昧⑥。绳绳⑦兮不可名，复归于无物⑧。是谓无状之状，无物之象，是谓惚恍⑨。迎之不见其首，随之不见其后。执古之道，以御今之有⑩。能知古始⑪，是谓道纪⑫。

【注释】

① 夷：无色。

② 希：无声。

③ 微：无形。以上"夷""希""微"都是形容感性认识无法把握的"道"。

④ 致诘：追究清楚。诘，究问、反问。

⑤一：这里指"道"。

⑥昧：阴暗。

⑦绳绳（mǐn）：渺渺、不清楚。

⑧无物：无状之物，指"道"。

⑨惚恍：若有若无。

⑩有：指具体事物。

⑪古始：宇宙开端。

⑫道纪："道"的规律。

【译文】

肉眼看不见的，我们称之为无色；耳朵听不到的，我们称之为无声；双手触摸不到的，我们称之为无形。这无色、无声、无形之物无从追究，因为它们原本就与"道"浑然一体。"道"的上下，既不明亮，也不阴暗。"道"渺渺茫茫不可名状，似有似无。"道"是没有形状的形状，没有具象的形体，所以才说它恍惚。正面迎着它，看不见它的源头；后面跟随它，看不见它的去处。"道"遵循着亘古不变的规律，统御着天下万物的生生灭灭。若能了解宇宙开端，就能掌握"道"的规律了。

【阐说】黄元吉《道德经讲义》

大凡天下事，都要有个统绪，始能提纲挈领，有条不紊，况修道乎？且夫大道之源，即真一之气也；真一之气，即大道之根也。何谓真一之气？《诗》曰："维天之命，于穆不已。"何

谓大道根源？《诗》曰："上天之载，无声无臭。"理气合一，即
道也。修士若认得这个纲纪，寻出这个端倪，以理节情，以义
定性，以虚无一气为根本，长生之道得矣。如以清清朗朗明明
白白为修，吾知道无真际，修亦徒劳也。太上所以状先天大道
曰："视之不见，曰夷；听之不闻，曰希；搏之不得，曰微。"
夫心通窍于目也，目藏神。肾通窍于耳也，耳藏精。脾通窍于
四肢也——四肢属脾，脾属土，土生万物，真气凝焉，即精神
寓焉。若目有所见，耳有所闻，手有所动作，皆后天有形有色
有声有臭之精气神，只可以成形，不可以成道。惟视无所见，
则先天木性也；听无所闻，则先天金情也；搏无所得，则先天
意土也。故曰：后天之水火土，生形者也；先天之金木土，成
仙者也。其曰夷、曰希、曰微者，皆幽深玄远，不可捉摸之
谓，真有不可穷诘者焉。能合五气为一气，混三元为一元，则
真元一气在是，天然主宰亦在是。所以《悟真》云："女子着青
衣（火生水），郎君披素练（水生金）。见之不可用（后天水火
土），用之不可见（先天木金土）。恍惚里相逢（混而为一），杳
冥中有变。霎时火焰飞，真人自出现。"修士知此，即知大道之
源，修道之要矣。若不知始于虚无，执著一身尸秽之气、杂妄
之神，生明觉心，作了照想，吾恐藏蓄未深，发皇安畅？此炼
精炼气炼神之功，所以不离乎混沌焉。既混沌，久之则胎婴长，
阳神生——而其间育胎养神之法，又不可不知，即前章爱民治
国，行无为道是。阳神出入，运行自然，时而神朝于上，则不
知其所自，上所以不皦也。时而神敛于下，则不忽其所藏，下

所以不昧也。由此绵绵密密，继继绳绳，无可名状，亦无所作为，仍还当年父母未生之初，浑然无一物事。《易》曰"洗心退藏于密"，是其旨矣！故云：复归于无物。虽然无物也，而天下万事万物，皆自此无中生来，太上所以有无状之状、无象之象之谓也。然究有何状何象哉？不过恍恍惚惚中偶得之耳。果能恍惚，真元即生，迎其机而导之，殆不见其从何而起，是前不见其首也；随其气而引之，亦不见其从何而终，是后不见其尾也。道之浩浩如此，此不亦大周沙界、细入毫芒者乎？是道也，何道也？乃元始一气，人身官骸真宰也。得之则生，失之则死；完则为人，歉则为物，所发只毫厘间耳。学人得此元始之气，调摄乎五官百骸，则毛发精莹，肌肤细腻，是谓执古之道以御今之有者此也。人能认得此开天辟地，太古未有之元始一气，以为一身纲纪、万事主脑，斯体立而用自行，本正而末自端矣。倘学人不以元始一气为本，欲修正觉，反堕旁门，可悲也夫！

此状道之体，学道人会得此体，方有下手工夫。若真一之气，是先天性命之源，非后天精气神可比。欲见真气，必将性命融成一片，始得真一之气。第此气浑浑沦沦，浩浩荡荡，虽无可象可形，而天下之有象有形者，皆从此无形无象中出，诚为大道纲维，天地人物之根本也。道曰守中，佛曰观空，儒曰慎独，要皆同一功用。故自人视之，若无睹无闻，而自家了照，却又至虚至实，至无至有。所以子思曰："莫见乎隐，莫显乎微。"君子慎独之功，诚无息也。要之，隐微幽独之地，虽有可显可据，而大道根源，只是希夷微妙，无可状而状，无可象而象，极其浑穆。学道人总要于阳之未生，恍惚以待之，于阳之既产，恍惚以迎之，于阳之归炉入鼎，恍惚以保之、养之，绝不起大明觉心，庶几无时无处而不得大道归源焉。前言阳神出现，明天察地，通玄达微，及了悟之候，光明景界，纯任自然，有知若无知，有觉若无觉，况下手之初，可不恍恍惚惚，死人心以生道心乎？

【拓展阅读】王弼《道德经注》

视之不见名曰夷，听之不闻名曰希，搏之不得名曰微。此三者不可致诘，故混而为一。〈无状无象，无声无响，故能无所不通，无所不往，不得而知，更以我耳、目、体，不知为名，故不可致诘，混而为一也。〉其上不皦，其下不昧，绳绳不可名，复归于无物，是谓无状之状、无物之象，〈欲言无邪，而物由以成。欲言有邪，而不见其形。故曰"无状之状，无物之象"也。〉是谓惚恍。〈不可得而定也。〉迎之不见其首，随之不见其后。执古之道，以御今之有。〈有，有其事。〉能知古始，是谓道纪。〈无形无名者，万物之宗也。虽今古不同，时移俗易，故莫不由乎此，以成其治者也。故可执古之道以御今之有，上古虽远，其道存焉。故虽在，今可以知古始也。〉

第十五章　微妙玄通

　　古之善为士①者，微妙玄通，深不可识。夫唯不可识，故强为之容：豫②兮若冬涉川，犹③兮若畏四邻，俨④兮其若客，涣⑤兮若冰之将释，敦⑥兮其若朴，旷⑦兮其若谷，浑⑧兮其若浊。孰能浊以静之徐清？孰能安以久动之徐生？保此道者不欲盈。夫唯不盈，故能蔽不新成⑨。

【注释】

　　①士：得道之人。

　　②豫：小心谨慎貌。这一句都是形容得道之人的。

　　③犹：警惕戒备貌。

　　④俨：庄严肃穆貌。

　　⑤涣：闲庭信步貌。

⑥敦：厚道淳朴貌。

⑦旷：阔大窎远貌。

⑧浑：浑厚包容貌。

⑨蔽不新成：不断更新，生生不息的意思。

【译文】

自古以来的得道者，无不微妙通达，幽深玄远，均不是常人可以理解的。正因为不能理解他们，所以才勉强形容说：他们小心谨慎，就像冬天踩着冰面过河一样；他们警惕戒备，就像时刻戒备邻国会来侵犯一样；他们庄严肃穆，就像准备去别人家赴宴做客一样；他们闲庭信步，就像冰块自在消融一样；他们厚道淳朴，就像未经加工的原材料一样；他们阔大窎远，就像深幽的山谷一样；他们浑厚包容，就像浊水可以容纳万物一样。谁能使浑浊的水平静下来，慢慢沉淀澄清呢？谁能使平静运动起来，慢慢萌发生机呢？保守"道"的人不会追求盈满。因为不追求盈满，所以才能不断更新，生生不息。

【阐说】黄元吉《道德经讲义》

太上前章言道体，此章言体道之人。人与道，是二而一也。道无可见，因人可见。人何能仙？以道而仙。道者何？真一之气也。真一之气，即《中庸》之德也。欲修大道，岂有他哉？文王小心翼翼昭事上帝，孔子足缩缩如有循。人之为道，不外一敬焉耳。人能以敬居心，一念不苟，一事不轻，大道不即此而在乎？虽然，道无奇怪，尤赖有体道者存乎其间，斯道乃不虚悬于天壤。故太上云：古之善为士者，其为物不贰，则其生物不测。何其至微而至妙乎？寂然不动，感而遂通。何其至玄而至通乎？顾其心之浩浩、气之洋洋，不啻江河之深，令人无从测识。故太上曰："夫惟不识，故强为之容。"以明其内之真不可得而测，其外之容有可强而形焉。其心心慎独，在在存诚，如豫之渡河，必俟冰凝而后渡；若犹之夜行，必待风静而后行，最小心也。其整齐严肃，亦如显客之遥临，不敢稍慢；其脱然无所累，夷然无可系，又似冰释为水，杳无形迹可寻；其忠厚存心，仁慈待物，浑如太朴完全，雕琢不事，而浑然无间；其休休有容，谦谦自抑，何异深山穷谷，虚而无物，大而能容耶？其形如此，其性可知。要皆浑天载于无声，顺帝之则而不识。宛若舜居深山，了无异于深山野人者。其浑噩之风，岂昏浊者所得而拟乎？但浑与浊相肖，圣与凡一理。凡人之浊，真浊也；圣人之浊，浑若浊也，实则至浊而至清。然圣不自圣，所以为圣；凡不自凡，竟自为凡。孰能于心之染污者而澄之使静，俟其静久而清光现焉；孰能于性之本安者而涵泳之、扩充之，迨其养之久久，而生之徐徐，采以为药，炼以为丹？保生之道，不诚在是乎？此静以凝神，动以生气，即守中，即阳生活子时也。由此一升一降，收归鼎炉，渐采渐炼，渐炼渐凝，无非一心不二，万缘皆空，保守此阳而已。有而愈者，虚而愈虚。有至虚之心，无持盈之念，是以能返真一之气，得真常之道焉。又曰"能敝不新成"者何？盖以凡事之新成者，其敝必速，兹则敝之无可敝也。敝者其迹，不敝者其神。一真内含，万灵外著，其微妙玄通，固有如是焉耳。

此言体道者之谨慎小心，虽曰道本虚无，而有道高人，自能无形而形，无象而象，若内外一致者然。章内"若"字七句，皆借物以形容道妙，正见微妙玄通，渊深不可测度处。"孰能"以下数句，是言未能成德而求以入道者。浊不易澄，静存则心体自洁；安贵于久，动察则神智不穷。满招损，故不欲盈也；速易敝，故不新成也。吾愿学人，虚而有容，朴而无琢，浑浑灏灏，随在昭诚悫之风，斯人心未有不化为道心、凡气未有不易为真气者。切勿以深莫能测，遂逡巡而不前也！

【拓展阅读】王弼《道德经注》

古之善为士者，微妙玄通，深不可识。夫唯不可识，故强为之容：豫兮若冬涉川，〈冬之涉川，豫然若欲度，若不欲度，其情不可得见之貌也。〉犹兮若畏四邻，〈四邻合攻中央之主，犹然不知所趣向者也。上德之人，其端兆不可睹，意趣不可见，亦犹此也。〉俨兮其若客，涣兮若冰之将释，敦兮其若朴，旷兮其若谷，浑兮其若浊。〈凡此诸若，皆言其容象不可得而形名也。〉孰能浊以静之徐清？孰能安以久动之徐生？〈夫晦以理，物则得明；浊以静，物则得清；安以动，物则得生，此自然之道也。孰能者，言其难也。徐者，详慎也。〉保此道者不欲盈，〈盈必溢也。〉夫唯不盈，故能蔽不新成。〈蔽，覆盖也。〉

第十六章　没身不殆

致虚极①，守静笃②。万物并作③，吾以观其复④。夫物芸芸，各复归其根。归根曰静，静曰复命⑤。复命曰常，知常曰明。不知常，妄作凶。知常容，容乃公，公乃王⑥，王乃天，天乃道，道乃久，没身不殆。

【注释】

① 极：指虚的极致。

② 笃：指静的极致。

③ 作：兴盛。

④ 复：循环往复。

⑤ 复命：回归本来。

⑥ 王（wàng）：君主拥有天下曰王，这里有位极之意。

【译文】

悟道就要使心灵虚寂达之极致，使生活清静且笃定不变。万物一起蓬勃生长，我们可以考察其循环往复的规律。万物虽然纷纭，但最终都各自返归其本来。返归本来就叫作清静，所以清静也就是生命的回归。生命的回归是自然规律，能认识到自然规律就可称为聪明。如果未认识自然规律就轻举妄动，祸患就会降临。能认识自然规律的人一定是无所不包的，因为无所不包，所以会公正；能达公正者，就是王道；王道就是符合自然之"道"，符合自然之"道"才能恒久，就算死去也不会消失。

【阐说】黄元吉《道德经讲义》

人欲修大道，成金仙，历亿万年而不坏，下手之初，不可不得其根本。根本为何？即玄关窍也。夫修真炼道，非止一端，岂区区玄关妙窍可尽其蕴哉？盖天有天根，物有物蒂，人有人源，断未有无始基而能成绝大之功、不朽之业者。试观天地未开以前，固阒寂无闻也；既辟而后，又浩荡无极矣。谓未开为天根乎？茫荡而无着，固不可以为天根。谓已辟为天根乎？发育而无穷，亦不得指为天根。是根究何在哉？盖在将开未开处也。又观人物未生之时，固渺茫而无象也。既育以后，又繁衍而靡涯矣。谓未生为本乎？冥漠而无状，固不得以为人物之本。谓既育为本乎？变化而靡穷，亦不得视为人物之本。是本果何在哉？亦在将生未生之时也。欲修大道，可不知此一窍而妄作胡为乎？太上示人养道求玄之法，曰"至虚极，守静笃，吾以观其复"。此明修士要得玄关，惟有收敛浮华，一归笃实，凝神于虚，养气于静，至虚之极，守静之笃，自然万象咸空，一真在抱。故《易》曰："复，其见天地之心乎。"又邵子云："冬至子之半，天根理极微。一阳初动处，万物未生时。"此时即天理来复，古人喻为活子时也。又曰："一阳初发，杳冥冲醒。"此正万物返本，天地来复之机，先天元始祖气，于此大可观矣。但其机甚微，其气甚迅，当前即是，转念则非，不啻石火电光，俄顷间事耳。请观之草木，当其芸芸有象，枝枝叶叶，一任灿烂成章，艳彩夺目，俱不足为再造之根、复生之本。惟由发而收，转生为杀，收头结果，各归其根，乃与修士丹头或无异也。归根矣，是由动而返静矣。既返于静，依然复诞降嘉种之初，在物为返本，在人为复命，非异事也。一春一秋，物故者新；一生一杀，花开者谢。是知修士复命之道，亦天地二气之对待，为一气之流行，至平至常之道也。能知常道，即明大道。由此进功，庶不差矣。世之旁门左道，既不知大道根源，又不肯洗心涤虑，原始要终，或炼知觉之性，或修形气之命，或采七金八石以为药，或取童男幼女以为丹，本之既无，道从何得？又况狃于一偏，走入邪径，其究至于损身殒命者多矣。是皆由不知道为常道，以至索隐行怪，履险蹈危，而招凶咎也。惟知道属真常，人人皆有，物物俱足，知之不以为喜，得之不以为奇，如水火之于人，一任取携自如，休休乎虚而能容，物我一视，有廓然大公之心焉。至公无私如此，则与王者。民吾同胞，物吾同与，体天地而立极，合万物以同源，不相隔也，斯非与天为一乎？夫天即道，道即天；天外无道，道外无天。惟天为大，惟王则之；惟道独尊，惟天法之。故人则有生而有死，道则长存而敝。虽至飞升脱壳，亦有殒灭之时。然形虽亡而神不亡，身虽没而气不没。《诗》曰"文王在上，于昭于天"，其斯之谓欤？是皆从虚极静笃，而观来复之象，乃能如此莫测也。学者可不探其本而妄作招凶哉？

太上示人本原上工夫，头脑上学问。此处得力，则无处不得力。学者会得此旨，则恪守规中，绵绵不息，从无而有，自有而无，虽一息之瞬，大道之根本具焉；即终食之间，大道之元始存焉。从此一线微机，采之炼之，渐渐至于蓬勃不可遏抑，皆此一阳所积而成也。纵浩气塞乎天地，阳神贯乎斗牛，何莫非一点真气所累而致乎？学人不得这个真气，但以后天形神为炼，不过如九牛之一毛、沧海之一粟耳，何敢与天地并论乎？惟行此道而与天地同体，乃极亿万年不坏。修道者须认真主脑，采取不失其时，可也。

【拓展阅读】王弼《道德经注》

致虚极，守静笃。〈言致虚，物之极笃；守静，物之真正也。〉万物并作，〈动作生长。〉吾以观复。〈以虚静观其反复。凡有起于虚，动起于静，故万物虽并动作，卒复归于虚静，是物之极笃也。〉夫物芸芸，各复归其根。〈各反其所始也。〉归根曰静，静谓复命。复命曰常，〈归根则静，故曰静。静则复命，故曰复命也。复命则得性命之常，故曰常也。〉知常曰明。不知常，妄作凶。〈常之为物，不偏不彰，无皦昧之状、温凉之象，故曰"知常曰明"也。唯此复，乃能包通万物，无所不容。失此以往，则邪入乎分，则物离其分，故曰不知常则妄作凶也。〉知常容，〈无所不包通也。〉容乃公，〈无所不包通，则乃至于荡然公平也。〉公乃王，〈荡然公平，则乃至于无所不周普也。〉王乃天，〈无所不周普，则乃至于同乎天也。〉天乃道，〈与天合德，体道大通，则乃至于穷极虚无也。〉道乃久，〈穷极虚无，得道之常，则乃至于不穷极也。〉没身不殆。〈无之为物，水火不能害，金石不能残。用之于心，则虎兕无所投其爪角，兵戈无所容其锋刃，何危殆之有乎！〉

第十七章　功成事遂

太上①，下②知有之，其次亲而誉之，其次畏之，其次侮之。信不足焉，有不信焉。悠③兮其贵言，功成事遂，百姓皆谓我自然④。

【注释】

① 太上：居上位者，指君王。

② 下：指百姓。

③ 悠：悠闲自在。

④ 自然：本来的样子。

道德经

【译文】

优秀的君王，人们只是知道他；次一等的君王，人们亲近他、称赞他；再次一等的君王，人们便会畏惧他；最次的君王，人们往往会蔑视侮辱他。君王的威信不足，人们就不会相信他。优秀的君王往往是悠闲自在的，他很少发号施令，就算国家大事办成了，人们也只是说："我们本来就是这个样子。"

【阐说】黄元吉《道德经讲义》

太上治身之道，即治世之道，总不外一真而已。真以持己则己修，真以应物则物遂，虽有内外之分，人己之别，而此心之真，则无或异焉。人能至诚无息，则人之感之者亦无息；人或至诚有间，则物之应之者亦有间。盖人同此心，心同此理，修其身而天下自平，丧其真而天下必乱也。自三皇五帝以逮于今，从未有或异者。太上欲人以诚信之道自修，即以诚信之道治人。不见而章，不动而变，无为而成。在己不知有治之道，在人观感熏陶，亦不觉其自化，而不知其所之。此上古之淳风，吾久不得而见矣。故太上曰："太上，下知有之。"以君民熙熙皞皞，共嬉游于光天化日之下。倘非诚信存存，乌有如斯之神化乎？至皇古之休风已邈，太上之郅治无闻，则世风愈降，大道愈乖，有不堪语言见闻者。若去古未远，斯道尚存，天性未漓，真诚尚在，但非太古之笃实，亦为今世之光华。同一治也，一则无心而自化，一则有意以施仁。保民如保赤子，爱民如爱家人。斯时之尊上而敬长者，亦若如响斯应。即感孚不一，德化难齐，亦惟亲之爱之，奖之誉之，绝不加以辞色，俾之怀德畏威。是虽不及乎太上，然亦遵道遵路之可嘉，所谓"大道废，有仁义"者也。是皇降为帝，帝降为王，皆本天德以行王道者也。以后古风愈远，大道愈偷，王降为霸，假以行真，心各一心，见各一见，与帝王之一德感孚者远矣。故礼教犹是，政刑犹是，法制禁令亦犹是，而此心之真伪，则杳不相若焉。惟借才华以经世，凭法度以导民，处置得宜，措施合法，使民望而畏之，不敢犯法违条，即是精明之主，太平之世。等而下之，不堪言矣。恃智巧以驱民，逞奸谋而驭众，以神头鬼面之心，为神出鬼没之治。当其恽恽自雄，嚣嚣自得，未有不以为智过三王、才高五霸，而斯世之百姓，卒惕惕乎中夜各警，其侮民也实甚。斯民虽不敢言，而此心睽违，终无一息之浃洽，所以不旋踵而祸乱随之矣。孔子曰："上好信则民用情。"倘信不足于己，安能见信于民？此上与下所以相欺而相诈也。夫制度文诰条教号令之颁，虽圣人亦所不废，然情伪分焉，感应殊焉。惟帝王以身作则，以信孚民，法立而政行，言出而民信，卒至光被四表，功成事遂，如尧之于变时雍，舜之恭己无为，而百姓皆谓"我自然"。噫！此真信之所及，以视信不足于内者，相判何啻天渊哉？

《道德》一经，原是四通八达，修身在此，治世在此，推之天下万事万物，亦无有出此范围者。即如此章太上二字，言上等之人，抱上等之质，故曰太上。上德清净无为，六根皆定。其次敬爱化民，有感即通。其次威严驭世。其次以智巧导民，所谓术也。而其极妙者，莫如信。信属土，修炼始终，纯以意土为妙用。故太上云"其精甚真，其中有信"，是丹本也。信非他，一诚而已。人能至诚无息，则丹之为丹，即在是矣。但信与伪，相去无几，克念作圣，罔念作狂。人禽界，生死关，所争只一间耳。吾愿后学，寻得真信，以为真常之道，可也。信在何处？即是玄关一窍，人其知之否？

【拓展阅读】王弼《道德经注》

太上，下知有之，〈太上，谓大人也。大人在上，故曰"太上"。大人在上，居无为之事，行不言之教，万物作焉而不为始，故下知有之而已。言从上也。〉其次，亲而誉之，〈不能以无为居事，不言为教，立善行施，使下得亲而誉之也。〉其次，畏之。〈不能复以恩仁令物，而赖威权也。〉其次，侮之。〈不能法以正齐民，而以智治国，下知避之，其令不从，故曰"侮之"也。〉信不足焉，有不信焉。〈夫御体失性，则疾病生；辅物失真，则疵衅作。信不足焉，则有不信，此自然之道也。已处不足，非智之所济也。〉悠兮其贵言，功成事遂，百姓皆谓我自然。〈自然，其端兆不可得而见也，其意趣不可得而睹也，无物可以易其言，言必有应，故曰"悠兮其贵言"也。居无为之事，行不言之教，不以形立物，故功成事遂，而百姓不知其所以然也。〉

第十八章　大道仁义

大道①废，有仁义；智慧出②，有大伪③；六亲④不和，有孝慈⑤；国家昏乱，有忠臣。

【注释】

① 大道：国家制度，指政治层面而言的。

② 出：通"绌"，不足。

③ 伪：伪诈。

④ 六亲：父子、兄弟、夫妇，代指家庭。

⑤ 孝慈：对长辈孝敬曰孝，对晚辈慈爱曰慈。

【译文】

因为国家制度被破坏了，所以才要提倡仁义；一个智慧不足的时代，伪诈现象就会盛行起来；一个家庭出现了纠纷，才能看出每个人的孝慈之心；国家陷入了动乱，才能看出谁才是忠臣。

【阐说】黄元吉《道德经讲义》

尝观上古之世，俗尚敦庞，人皆浑朴，各正其性，定其命，安其俗，乐其业，一如物之任天而动，率性而行，无事假借，不待安排，顺其性之当然，有不知其所以然者。庄子谓臃肿鞅掌之徒，蠢朴劳瘁，动与天随，饶有真意。此所以不识不知，顺帝之则，是何如之化理哉？要不过浑浑沦沦，无思无虑，与大道为一而已矣。无如皇风日降，大道愈衰，为上者于是有仁义之说，兢兢业业，无敢或荒。夫由义居仁，亦圣贤美事，未可厚非；而特拟诸古昔盛时，大道昌明，人心浑噩，不言仁义而仁义自在个中者，固大有间矣。故太上为之叹曰："大道废，有仁义。"由是上与下，慕仁义者窃其名，假仁义者行其诈，虽仁义犹是，而作为坏矣。此岂仁义之不良耶？殆由穿凿日甚，拘于仁、狃于义者为之害耳。然犹曰仁义也，虽不及大道之真，尚未至于大伪也。自此以后，世俗愈乖，人心弥坏，即仁义之传，其所存者亦几希。但见朝野内外，上下君臣，一以智而炫其才，一以慧而施其伎，此来彼往之内，大都尔诈我虞矣。不能一道同风，安望齐家治国？所以父子生嫌，兄弟起衅，甚至夫妇朋友，亲戚乡邻，人各一心，心各一见，几如胡越之不相亲也，何况其他！万一有子能孝，朝廷特为奖之；有父能慈，乡里共为称之。噫！父慈子孝，原是天地之常经，家庭之正轨，又何足表扬哉？乃至三党六亲不知，而忤逆之风日炽，阋墙之衅时闻，所以有能孝能慈者，固不胜郑重而表其居里，以风天下焉。不诚远逊大道隆盛之期，子有孝而不知其为孝，父克慈而并忘其为慈者哉！虽然，即此能孝能慈，亦是因不和而返为和之道。但今之世，好为粉饰，徒事铺张，言慈孝而袭取慈孝之名者，殊难枚举。又况五霸之后，骨肉相摧，君臣交质，无怪乎上有昏庸之主，下有跋扈之臣，而国家自此不靖矣。赖有忠肝义胆者，出而安邦定国，虽成败利钝未可预知，而尽瘁鞠躬，一片孤忠可表。数不可回，以力挽，势不可救，以心全。如诸葛武侯之六出祁山，姜伯约之九伐中原是也。况人臣事主，愿为良臣，不愿为忠臣。幸而国祚承平，同襄补衮之职；不幸而强梁迭起，各展济世之才。世有昏乱，天所以显忠臣也；世有忠臣，天所以维昏乱也。然忠臣出矣，即使昏乱能除，一洗干戈之气，化为礼义之邦，亦不及皇古之无事远矣。呜呼！忠靖之臣，愿终身埋没而不彰。不然，一人获忠臣之名，天下蒙昏乱之祸，不大可痛哉！

此太上感慨世道，伤今思古，欲人返朴还真，上与下同于无知：其德不离，同乎无欲，其道常足；熙熙皥皥，大家相安于无事而不知其所之者。即有仁义智慧、孝子忠臣，一概视为固然，不知其为有，且羞称其为有，此何如之浑朴乎！虽然，此为治世之论，推之修身之法，亦不外是。首句喻言浑沦之俗，太璞未雕，犹童贞之体，不假作为，自成道妙。若一丧其本来之天，则不得不借先天阴阳以返补之。夫阴阳，一仁义也，即"大道废，有仁义"之说。至于审取一身内外两个真消息，凭空以智慧采之温养，此中即不纯正，多杂后天，不能不有伪妄。此又"智慧出，有大伪"之意也。他如采阴补阳，所以和六根之不和，使归于大定，即孝慈之喻也。猛烹急炼，所以靖一身之昏乱，使跻于清明，即"忠臣"之旨也。知此，则道不远矣。此太上明复命归根之学，究有何道哉？不过率其浑然粹然之天而已，修之者亦修此而已。

【拓展阅读】王弼《道德经注》

大道废，有仁义；〈失无为之事，更以施慧立善，道进物也。〉智慧出，有大伪；〈行术用明，以察奸伪；趣睹形见，物知避之。故智慧出则大伪生也。〉六亲不和，有孝慈；国家昏乱，有忠臣。〈甚美之名，生于大恶，所谓美恶同门。六亲，父子、兄弟、夫妇也。若六亲自和，国家自治，则孝慈、忠臣不知其所在矣。鱼相忘于江湖之道，则相濡之德生也。〉

第十九章 绝圣弃智

　　绝圣弃智①，民利百倍；绝仁弃义②，民复孝慈；绝巧弃利③，盗贼无有。此三者④以为文⑤不足，故令有所属：见素⑥抱朴⑦，少私寡欲，绝学无忧。⑧

【注释】

　　① 绝圣弃智：即绝弃圣智。"圣"作"自作聪明"解。

　　② 绝仁弃义：即绝弃仁义。

　　③ 绝巧弃利：即绝弃巧利。

　　④ 三者：指"圣智、仁义、巧利"。因为"圣智、仁义、巧利"正是囿人之桎梏，引人争名夺利、走向迷途的东西，故老子提倡"绝弃"。

　　⑤ 文：法则、条文。

⑥ 素：未经染色的丝，比喻纯洁。

⑦ 朴：未经雕琢的木头，比喻淳朴。

⑧ 绝学：绝弃"圣智、仁义、巧利"之学。此句在今通行本中多归入"第十九章"末句，而在王弼《道德经注》和苏辙《老子解》中则归于"第二十章"首句。

【译文】

绝弃聪明智巧，百姓可得到百倍的好处；绝弃仁义，百姓可恢复孝慈的本性；绝弃巧诈功利，盗贼就会绝迹。圣智、仁义、巧利这三者作为治理社会的规则是远远不够的，还要令人们在思想上有归属感（具体如下）：保持纯洁朴实的本性，减少私利欲念，绝弃圣智、仁义、巧利，以避免滋生忧患之心。

【阐说】黄元吉《道德经讲义》

天下人物之众，贤愚贵贱不等，总不外理气贯通而已。其所以扞隔不通，情暌意阻者，皆由上之人无以为感，下之人无以为化耳。古来至圣之君，顺自然之道，行无为之政，不好事以喜功，不厌事而废政，虽有聪明睿智，一齐收入无为国里，清净乡中，使下观而化，自然亲其亲，长其长，安其俗，乐其业，无一民不复其性，无一物不遂其生者。此上古之世，人皆敦厚，物亦繁衍，其利不诚百倍哉！若至仁之主，素抱慈善之性、恻怛之心，一以济人利物为事。浩浩荡荡，浑浑沦沦，不言是非，不言曲直，而任天以动，率性以行，自然无党无偏，归于大中至正之域。斯民之观感而化者，为子自孝其亲，为父自慈其子。虽有不孝不慈之人，相习成风，旋且与之俱化，此何如隆盛也耶？后世聪明绝顶，敏捷超群之君，而出宰物治世，不知道本无为，顺而导之则易，逆而施之则难。故或喜纷更而扰民，设法兴条，究至国家多难，民不聊生；或好功烈而荒政，穷兵黩武，卒至府库空虚，民不堪命，无怪乎民穷国病，攘窃劫夺之风起，而盗贼公行天下。若是者，皆由至巧之君，不知用巧于无为之天、自在之地，欲富国而贪利，以至国势不振、民风不靖如此也。苟能至巧无巧，如其心以出之，顺其势以导之，正其谊不谋其利，明其道不计其功，君子之德风，小人之德草，自然如水之趋下，火之炎上，有不可遏抑者焉。斯时之民，犹有不顾廉耻，作盗贼、好非为者乎？无有也。此大智若愚，大仁若忍，大巧若拙，后人视之，若有不堪为君，不足为政者然。然而圣德之涵濡，仁恩之感被，智巧之裁成，虽文采不足于外，而质实则多于内也。理欲原不相谋，足于外，自嫌于中，减其文，自饶其实。圣之所以弃智，仁之所以弃义，巧之所以弃利，无非自敦其实，自去其文而已。虽然，下民至愚，恒视上之所为以为去就。如此黜华崇实，自使小民一其心于本原之地而不雕不琢。盖所见者为质实无文之政，斯所抱者皆太朴不凿之真。如此浑完自然，衣服饮食，各安其常；酬酢往来，各率其分。虽气禀有限，难保无私欲之偶萌，然亦少矣寡矣。总之，圣也、仁也、巧也，皆质也；智也、义也、利也，皆文也。绝圣弃智，绝仁弃义，绝巧弃利，皆令文不足，质有余，而各有专属也。民之食德饮和于其中者，又乌有不利益无穷，孝慈日盛，盗窃化为善良耶？此隆盛之治，吾久不得而见之矣。

此喻修养之道，先要存心养性，心性一返于自然，斯后天之精气，亦返于先天之精气。倘未见性明心，徒以后天气质之性、知觉之心为用，则精属凡精，气属凡气，安得有真一之精、真一之气合而成丹乎？修行人，须从本源上寻出一个大本领、真头脑出来作主，于是炼精炼气炼神，在在皆是矣。悟得此旨，不但知太上之经，治世修身，处处一串，即四书五经，无在非丹经矣。他注言在上之人，绝弃圣智，而民只知有利，故趋利者百倍；绝弃仁义，而民不知爱亲，故大反乎孝慈，此不当绝弃者而绝弃之，其弊如此。至于巧利，与圣智仁义相悖，能绝之弃之，盗贼何有？此当绝弃者绝弃之，其效如此。此讲甚高。三者以下，谓治民不必以令，但命令必本于躬行所系属者为要。见素则识定，抱璞则神全，少私寡欲，所谓有天下而不与也，非裕无为之化者，曷克臻此？

【拓展阅读】王弼《道德经注》

绝圣弃智，民利百倍；绝仁弃义，民复孝慈；绝巧弃利，盗贼无有。此三者以为文不足，故令有所属：见素抱朴，少私寡欲。〈圣智，才之善也；仁义，人之善也；巧利，用之善也。而直云绝，文甚不足，不令之有所属，无以见其指。故曰，此三者以为文而未足，故令人有所属，属之于素朴寡欲。〉

第二十章　独异于人

　　唯①之与阿②，相去几何？善之与恶，相去若何？人之所畏，不可不畏。荒③兮，其未央④哉！众人熙熙，如享太牢⑤，如春登台。我独泊兮其未兆。沌沌⑥兮，如婴儿之未孩⑦；儽儽⑧兮，若无所归。众人皆有余，而我独若遗。我愚人之心也哉！俗人昭昭，我独昏昏。俗人察察，我独闷闷。澹兮其若海，飂⑨兮若无止。众人皆有以，而我独顽且鄙。我独异于人，而贵食母⑩。

【注释】

　　① 唯：唯唯诺诺，表示恭敬。

　　② 阿：缓缓而答，代指倨傲。

　　③ 荒：广大、广漠。

④ 未央：未尽、未完，表示一半。

⑤ 太牢：古代祭祀规格，牛、羊、豕三者皆备谓之太牢。

⑥ 沌沌：混沌，蒙昧无知。

⑦ 孩：通"咳"，婴儿的笑声。

⑧ 儽儽（léi）：困顿颓丧。

⑨ 飂（liù）：飘飞。

⑩ 食母：代指"道"。

【译文】

恭维与呵斥，相差有多远呢？美善与丑恶，相差有多少呢？众人所畏惧的，不能不畏惧啊。"道"就像这广漠的荒野，无边无际，没有尽头！众人熙熙攘攘，就像在享受一场盛宴，就像登临春天充满生机的舞台。唯独我浑然不知，好像未曾开化一样。我混混沌沌，如初生婴儿般尚不会嬉笑；我疲惫沮丧，如四处流浪无家可归之人。人人都充盈满溢，唯独我若有所失。我简直就是一个愚笨之人啊！世俗之人个个心如明镜，只有我昏昏然然。世俗之人个个锱铢必较，只有我马虎潦草。"道"就像这大海浩渺无边，又像这海风上下翻飞无行踪。世人皆有一套本领，只有我冥顽不灵无见识。我之所以这样与众不同，是因为我坚守了天地间的大道啊！

【阐说】黄元吉《道德经讲义》

圣人造诣极高，称为绝学。纯是一腔生意，融融泄泄，无虑无思。《诗》曰："上帝临汝，毋贰尔心。"以故素位而行，一任穷通得丧，无入而不自得，故曰"无忧"。此等境界，以常人不学无术者较之，殆不啻天渊之别。然亦所隔不远焉，如应声然，同一应也，唯者之直与阿者之谀，应犹是也。而所以应者，相去究竟有几何哉？自古圣凡之分，不过善恶；而善恶之别，只在敬肆，所争仅一念之间耳，又相去何若哉？盖人心惟危，道心惟微，毫厘之差，千里之谬。人所战兢惕厉，时以为畏者，我亦安可不畏人之所畏哉？是以下手之初，务须收敛神光，一归混沌，于动于静，处变处常，俱如洪荒之世，天地未辟，浩浩荡荡，不啻夜之未央。如此，则中有所主，外物不扰。予以施之事为，措诸政令，自然众人化之，熙熙然。食圣人之德者，如享太牢之荣；游圣人之宇者，如登春台之乐。此岂孤修寂静可比其性量哉？所以功满天下而不知功，行满天下而不知行。众人所喜，我独淡泊恬静，渺无朕兆。如婴儿初胎，孩子未成之时，一团元气浑然在抱，上下升降，运行不息，适与天地流通，杳不知其归宿矣。人有为而我无为，是众人有余地以自容，我竟遗世而独立，迥非众人所能知、所能及也。自人视之，鲜不谓为愚；返而观之，惟觉洗心退藏于密，安其天，定其命，此岂愚人之心哉？不过大智若愚，大巧若拙焉耳。不然，何以使人乐业安居，如此之感而神、化之速也？若此者，皆由太极一团浑沦在抱，沌沌兮如鸡子之未雏，无从见为阴阳，亦且毫无知识。俗人则昭昭然无事不详，我独昏昏然一无所识；俗人则察察然无事不晓，我独闷闷然一无所明。岂真昏而无知、闷而不觉哉？殆晦迹韬光，寓精明于浑厚，日增月益，丹成九转，德极圣人，而成万古不磨之仙也。其大而化也，若天地之晦蒙，万象咸包念内。其妙而神也，若行云流水之无止所，群生悉育个中。由其外而观之，众人皆有用于世，我独愚顽而鄙陋。就其中而言，道则高矣美矣，为超群拔萃，绝世特立之圣人。此所由独异于人，而为人不可及也。盖凡人纷驰于外，失其本来之天，圣人涵养于中，保其固有之性。圣异于凡，皆由后天以返先天故耳。夫后天为情，子气也；先天为性，母气也。由情以归性，一如子之恋母，依依不舍。故曰"贵求食于母"。孟子曰："学问之道无他，求其放心而已矣。"圣狂之分，只在一念，道岂远乎哉？术岂多乎哉？人欲修道，不于冲漠无朕之际求之，又从何处用功？故曰："玄牝玄牝真玄牝；不在心兮不在肾。穷取生身受气初，莫怪天机都泄尽。"生身之初，究何有乎？于此思之，道过半矣。

首言圣人绝学，已得常乐我静，并无忧虑。日用行习，一归混沌之天。不雕不琢，无染无尘，所谓仰之弥高，令人无从测度，真有可望而不可及者。顾功虽如此之极，究其相隔，不过一念敬肆之分。人可畏其高深莫测而却步不前耶？颜子谓"舜何人也，予何人也？有为者亦若是"，洵不诬也。然却非等顽空之学，了无事功表见于世。圣人自明德，以至新民，使群生食德饮和，嬉游于光天化日。斯道也，何道也？至诚尽己性、人性、物性之道。噫！尽性至此，复何学哉？不过食母之气而已。

【拓展阅读】王弼《道德经注》

　　绝学无忧。唯之与阿，相去几何？善之与恶，相去若何？人之所畏，不可不畏。〈下篇，为学者日益，为道者日损。然则学求益所能，而进其智者也。若将无欲而足，何求于益。不知而中，何求于进？夫燕雀有匹，鸠鸽有仇；寒乡之民，必知旃裘。自然已足，益之则忧。故续凫之足，何异截鹤之胫，畏誉而进，何异畏刑？唯诃美恶，相去若何？故人之所畏，吾亦畏焉，未敢恃之以为用也。〉荒兮其未央哉！〈叹与俗相反之远也。〉众人熙熙，如享太牢，如春登台。〈众人迷于美进，惑于荣利，欲进心竞，故熙熙如享太牢、如春登台也。〉我独泊兮其未兆，如婴儿之未孩；〈言我廓然，无形之可名，无兆之可举，如婴儿之未能孩也。〉儽儽兮，若无所归。〈若无所宅。〉众人皆有余，而我独若遗。〈众人无不有怀有志，盈溢胸心，故曰"皆有余"也。我独廓然，无为无欲，若遗失之也。〉我愚人之心也哉！〈绝愚之人，心无所别析，意无所美恶，犹然其情不可睹，我颓然若此也。〉沌沌兮，〈无所别析，不可为名。〉俗人昭昭，〈耀其光也。〉我独若昏。俗人察察，〈分别别析也。〉我独闷闷。澹兮其若海，〈情不可睹。〉飂兮若无止。〈无所系絷。〉众人皆有以，〈以，用也。皆欲有所施用也。〉而我独顽似鄙。〈无所欲为，闷闷昏昏，若无所识，故曰"顽且鄙"也。〉我独异于人，而贵食母。〈食母，生之本也。人者皆弃生民之本，贵末饰之华，故曰"我独欲异于人"。〉

第二十一章　以阅众甫

孔^①德之容，惟道是从。道之为物，惟恍惟惚。惚兮恍兮，其中有象^②；恍兮惚兮，其中有物^③。窈兮冥兮，其中有精；其精甚真，其中有信。自今及古，其名不去，以阅^④众甫^⑤。吾何以知众甫之状哉？以此。

【注释】

① 孔：大。

② 象：影像，表示似有似无，难以被感知的。

③ 物：物体，表示具体某物，容易被感知的。

④ 阅：观察。

⑤ 甫：同"父"，开始、开端。

【译文】

　　高尚的德行，历来与"道"是保持一致的。假如"道"是某物，那它一定是恍恍惚惚不可捉摸的。就是在这种恍恍惚惚中，却暗含了天下万物的影像；还是在这种恍恍惚惚中，又呈现了天下万物的实体。邈远不可见啊，内中却暗含了精气；这种精气是真实存在，确信无疑的。从古至今，"道"从未消失过，只有观察它才能辨别万物的开端。我为什么会知道万物开端的情状呢？原因就在这里。

【阐说】黄元吉《道德经讲义》

　　孔德之容，即玄关窍也。古云："一孔玄关窍，乾坤共合成。中藏神气穴，名为坎离精。"又曰："一孔玄关大道门，造铅结丹此中存。"《契》曰："此两孔穴法，金气亦相胥。"故道曰"玄牝之门"，儒曰"道义之门"，佛曰"不二法门"。总之，皆孔德之器能容，天地人物咸生自个中。无非是空是道、非空非道，即空即道，空与道两不相离。无空则无道，无道亦无空。故曰："唯道是从。"欲求道者，舍此空器何所从哉？但空而无状，即属顽空，学者又从何处采药而炼丹乎？必须虚也而含至实，无也而赅至有，方不为一偏之学。修行人但将万缘放下，静养片晌，观照此窍，惚兮似无，恍兮若有，虚极静笃之中，神机动焉，无象者有象。此离己之性光，木火浮动之象，即微阳生时也。再以此神光偶动之机，含目光而下照，恍兮若有觉，惚兮若无知，其中之阳物动焉，此离光之初交于坎宫者。其时气机微弱，无可采取，惟有二候采牟尼法，调度阴跷之气，相会于气穴之中。调度采取为一候，归炉温养为一候。依法行持，不片晌间，火入水底，水中金生，杳杳冥冥，不知其极，此神气交而坎离之精生也。然真精生时，身如壁立，意若寒灰，自然而然，周身酥软快乐，四肢百体之精气，尽归于玄窍之中。其间大有信在，溶溶似冰泮，浩浩如潮生，非若前此之恍恍若有，惚惚似无，不可指名者也。此个真精，实为真一之精，非后天交感之精可比；亦即为天地人物发生之初，公共一点真精是矣。如冬至之阳，半夜之子，一岁一日之成功，虽不仅此，而气机要皆自此发端。俨若千层台之始于累土，万里行之始于足下一般。此为天地人物生生之本，本源一差，末流何极？以故自古及今，举凡修道之士，皆不离此真气之采，然后有生发之象。遍阅众物初生，无不同此一点真精，成象成形。我又何以知众物之生有同然哉？以此空窍之中，真气积累，久则玄关开而真精生焉。要之，恍是光之密，惚是机之微。离中真阴，是为恍惚中之物；坎中真阳，是为杳冥中之精。学者必知之真，而后行之至也。

此恍兮惚，是性光发越，故云"有象"；惚兮恍，是以性光下照坎宫，而真阳发动，故云"有物"。窈冥之精，乃二五之精，故云甚真。欲得真精，须知真信。真信者，阴阳迭运，不失其候之调，俟其信之初至，的当不易，即行擒伏之功得矣。凡人修炼之初，必要恍惚杳冥，而后人欲净尽，天理常存，凡息自停，真息乃见。此何以故？盖人心太明，知觉易生。若到杳冥，知觉不起，即元性元命打成一片。此个恍惚杳冥，大为修士之要。学人当静定之时，忽然偶生知觉，此时神气凝聚，胎田浑然粹然，自亦不知其所之，此性命返还于无极之天也。虽然外有是理，而丹田中必有融和气机，方为实据。由此一点融和，采之归炉，封固温养，自能发为真阳一气。但行功到此，大有危险。惟有一心内守，了照当中，方能团聚为丹药，可以长生不老。若生一他念，此个元气即已杂后天而不纯矣。若动一淫思，此个气机即驰于外，而真精从此泄漏矣。古人云：泄精一事，不必夫妻交媾，即此一念之动，真精已不守舍，如走丹一般。学人必心与气合，息与神交，常在此腔子里，久之自有无穷趣味生来。然而真难事也；设能识透玄机，亦无难事。起初不过用提掇之法，不许这点真气驰而在下，亦不许这个真气分散六根门头；总是一心皈命，五体投诚，久久自然精满不思色矣。愿学者保守元精，毫不渗漏。始因常行熟道，觉得不易；苟能一忍再忍，不许念头稍动，三两月间，外阳自收摄焉。外阳收摄，然后见身中元气充足，而长生不老之人仙从此得矣，仙又何远乎哉？

【拓展阅读】王弼《道德经注》

孔德之容，惟道是从。〈孔，空也，惟以空为德，然后乃能动作从道。〉道之为物，惟恍惟惚。〈恍惚，无形不系之叹。〉惚兮恍兮，其中有象；恍兮惚兮，其中有物。〈以无形始物，不系成物，万物以始以成，而不知其所以然，故曰"恍兮惚兮，

其中有物"、"惚兮恍兮，其中有象"也。〉窈兮冥兮，其中有
精；〈窈冥，深远之叹，深远不可得而见。然而万物由之，不
可得见，以定其真，故曰"窈兮冥兮，其中有精"也。〉其精甚
真，其中有信。〈信，信验也。物反窈冥，则真精之极得，万物
之性定。故曰"其精甚真，其中有信"也。〉自今及古，其名不
去，〈至真之极，不可得名。无名，则是其名也。自古及今，无
不由此而成，故曰"自古及今，其名不去"也。〉以阅众甫。〈众
甫，物之始也。以无名阅万物始也。〉吾何以知众甫之状哉？以
此。〈此，上之所云也。言吾何以知万物之始于无哉，以此知之
也。〉

第二十二章　圣人抱一

　　曲则全，枉则直，洼则盈，敝则新，少则得，多则惑。是以圣人抱一，为天下式[1]。不自见[2]，故明；不自是，故彰；不自伐[3]，故有功；不自矜[4]，故长。夫唯不争，故天下莫能与之争。古之所谓曲则全者，岂虚言哉！诚全而归之。

【注释】

　　① 式：模式，样式，法式。

　　② 见：通"现"，显露，显现。

　　③ 伐：自夸，夸耀。

　　④ 矜：自恃，自大。

【译文】

委屈方能保全，弯曲方能伸直，低洼方能盈满，破旧方能新生，少得方能多获益，多取反易生迷。所以，圣人坚守"道"之原则作为衡量和管理天下的范式。不固执己见，方能心境澄明；不刚愎自用，方能是非昭彰；不自我夸耀，方能有所进益；不自高自大，方能位居高位。因为不与众人争斗，所以天下便没有人能争得过他。古语云，委屈方能保全，此话怎么会是空话呢？上面所言确实不虚，所以我非常赞同。

【阐说】黄元吉《道德经讲义》

大道之要，必至无而含至有，却至有而实至无，始为性命双修之道。盖以性本无也，无生于有；命本有也，有生于无。若著于虚无，便成顽空；著于实有，又拘名象。纵不流于妄诞不经，亦是一边之学，究难与大道等。修行人必先万缘放下，纤尘不染，于一无所有之中，寻出一点生机出来，以为丹本。古人谓之真阳，又曰真铅，又曰真一之气是也。太上云曲则全，言人身隐微之间，独知独觉之地，有一个浑沦完全、活泼流通之机，由此存之养之，采取烹炼，即可至于丹成仙就。昔人喻冬至一线微阳，至于生生不已。又喻初三一弯新月，渐至十五月圆，无非由曲而全之意也。夫曲，隐也。隐微之处，其机甚微，其成则大，即《中庸》云"曲能有诚"是。要之，一曲之内，莫非理气之元；全体之间，亦是太极之粹，即曲则全，故曰"曲则全"。圣人寻得此曲，兢兢致慎，回环抱伏，如鸡温卵，如龙养珠，一心内守，不许外露。久则浩浩如潮，逆而上伸，一股清刚之气，挺然直上，出乎日月之表，包乎天地之外。坤卦谓坤至柔而动也刚，皆由致曲之余，潜伏土釜，积而至于滔天，勃不可遏，有如是耳。且夫枉而为阴为柔是此气，直而为阳为刚亦此气，虽曰由枉而直，其实即枉即直。自隐曲中洞彻本源之后，其见则易，为守则难。惟优焉游焉，直养其端倪，更卑以下人，谦以自待，庶无躁暴急迫之性，不生邪见，不动凡火，方能养成金丹。由是以神驭气，以气合神，隐显无端，变化莫测，所谓至诚无息，体物无遗，无在而无不在也，何其盈乎？然要必谦乃受益，洼乃为盈也。不然，乌能包涵万有哉？况乎一曲之微，皆吾人本来之物。所谓敝也，敝即故也，《中庸》"温故而知新"是。学人欲得新闻以生新意，非从此故有之物以温之，何能得新？是亦即敝即新也。虽然敝亦无几耳，惟从其少而养之浩然之气，大可以塞天地、贯斗牛。若谓道浩潮弥纶，无在不是，取其多而用之，吾恐理欲杂乘，善恶莫辨，时而守中，时而采药，时而进火退符，著象执名，多多益善，究属无本之学，未得止归，终是一个迷团。无怪乎毕生怀疑莫悟也。圣人抱一以自修，又将施之天下，为天下楷模。使不知一曲之道，实为一贯之道，而偶有所离，偶离则无式，无式则无成，道何赖焉？夫道本天人一理，物我同源，为公共之物。何今之学者每固执己见，谓人莫己若？即此矜骄之念，已觉障敝灵明，而不知酌古准今，取法乎上。《中庸》云："君子之道，黯然自章，小人之道，的然自亡。"诚修士所宜凛凛矣。纵使几于神化，亦属分所宜然，职所当尽，何必炫耀于世，夸大其功！若使自伐，不但为人所厌，即功亦伪而不真。古人功成告退，并不居功之名，宜其功盖天下，为万世师也。至于自修自炼，犹衣之得暖，食之得饱，皆自得之而自乐之，且为人所各有而各足之，何必骄傲满假，自矜其长！虽云智慧日生，聪明日扩，亦是人性所同然，不过我先得之耳，何长之有？若使自矜其长，则长者短矣！人虽至愚，谁甘居后？争端有不从此起耶？君子无所争，故天下莫与争能。古所谓"曲则全"者，诚非虚言也。谓非全受而全归之者欤？此即《中庸》。

其次致曲、曲能有诚之道。曲即隐曲，道曰"玄窍"，佛曰"那个"，儒曰"端倪"。是又非虚而无物也。天地开辟，人物始生，尽从此一点发端，随时皆有动静可见。其静而发端也，不由感触。忽然而觉，觉即曲也。其动而显像也，偶然感孚。突焉而动，动即曲也。要皆从无知无觉时，气机自动，动而忽觉，此乃真动真觉。但其机甚微，为时最速，稍转一念、易一息，即属后天，不可为人物生生之本，亦不可为炼丹之根。吾人受气成形，为人为物，都从此一念分胎，修道之邪正真伪，孰不自此一念发源耶？《周书》曰："罔念作狂，克念作圣。"圣狂一念之分，如此其速，此即一曲之谓也。古人喻为电光石火，又如乘千里骥绝尘而奔。此时须有智珠朗照，方能认得清楚。既识得此个端倪，犹要存养之、扩充之，如孟子所谓火始然，泉始达，浩浩炎炎，自然充塞天地。然扩充之道，又岂有他哉？非枉屈自持，则不能正气常伸。非卑洼自下，则不能天德常圆。惟守吾身故物，不参不贰，温其故，抱其一，不求之于新颖之端，不驰之于名象之繁，斯乃不至于愈学愈迷，而有日新又新之乐矣。古圣人知一曲为成仙证圣之阶，遂将神抱气、气依神，神气合一而不离，以为自修之要，以为天下之式。倘自见自是，即昧其明而不彰，况自伐则劳而无功，自矜则短而不长。智起情生，往往为道之害。惟不自见自是，自伐自矜，斯心平气和，自然在彼无恶，在此无斁，又谁与之争哉？道之潜移默契如此，非抱一者，包能全受全归，以返其太始之初乎？

【拓展阅读】王弼《道德经注》

曲则全，〈不自见，则其明全也。〉枉则直，〈不自是，则其是彰也。〉洼则盈，〈不自伐，则其功有也。〉敝则新，〈不自矜，则其德长也。〉少则得，多则惑。〈自然之道亦犹树也，转多转远其根，转少转得其本。多则远其真，故曰"惑"也；少则得其本，故曰"得"也。〉是以圣人抱一为天下式。〈一，少之极也。式，犹则也。〉不自见故明，不自是故彰，不自伐故有功，不自矜故长。夫唯不争，故天下莫能与之争。古之所谓"曲则全"者，岂虚言哉！诚全而归之。

第二十三章　希言自然

希言①自然。故飘风②不终朝③，骤雨不终日。孰为此者？天地。天地尚不能久，而况于人乎？故从事于道者④，道者同于道，德者同于德，失⑤者同于失。同于道者，道亦乐得之；同于德者，德亦乐得之；同于失者，失亦乐得之。信⑥不足焉，有不信焉。

【注释】

① 言：命令、政令。

② 飘风：暴风、狂风。

③ 朝（zhāo）：本义为早晨，引申为一整天。

④ 从事于道者：指施政者、在位者。

⑤ 失：指前面提到的"道"和"德"。

⑥信：诚心。

【译文】

不频繁发布政令才是合乎"道"的。狂风刮不了一整天，暴雨也下不了一整天。是谁制造的狂风暴雨呢？天地。天地的狂暴尚且不能长久维持，更何况人呢？所以，那些遵从于"道"的人，其必然与"道"合一；遵从于"德"的人，其必然与"德"合一；违背"道"和"德"的人，其所得尊荣必然全部丧失。因为，遵从于"道"的人，"道"也乐于佐助他；遵从于"德"的人，"德"也乐于佐助他；违背"道"和"德"的人，非道非德就会加速他的灭亡。在位者的诚信不足，就会丧失百姓的信任。

【阐说】黄元吉《道德经讲义》

道本无声无息，故曰"希言"。道本无为无作，故曰"自然"。夫物之能恒、事之能久者，无非顺天而动，率性以行，一听气机之自运而已。若矫揉造作，不能顺其气机，以合乾坤之运转，日月之升恒，适有如飘荡之风，狂暴之雨，拔大木，涌平川，来之速，去亦速，其势岂能终日终朝哉？虽然，孰是为之？问之天地而天地不知也。夫天地为万物之主宰，不顺其常，尚不能以耐久，况人在天地，如太仓一粟，又岂不行常道而能悠久者乎？故太上论道之源，以无为为宗，自然为用。倘不从事于此，别夸捷径，另诩神奇，误矣！试观学道之士，虽东西南北之遥，声教各异，然既有志于道，不入邪途，无不吻合无间。行道而有得于心，谓之德。既知修道，自然抱德。凡自明其德，绝无纷驰者，无不默契为一。故曰："道者同于道，德者同于德。"又何怪诞之有耶？下手之初，其修也有道有德，有轨有则，脱然洒然，无累无系。到深造自得之候，居安资深，左右逢源，从前所得者，至此爽然若失；工夫纯粹，打成一片，恰似闭门造车，出而合辙，无不一也。故曰："失者同于失。"此三者功力不同，进境各别。至于用力之久，苦恼之场，亦化为恬淡之境，洋洋乎别饶佳趣，诩诩然自畅天机。苦已尽矣，乐何极乎！故曰："同于道者，道亦乐得之；同于德者，德亦乐得之；同于失者，失亦乐得之。"可见无为之体，人所同修；自然之工，人所共用。虽千里万里之圣，千年万年之神，时移地易，亦自然若合符节，有同归于一辙者焉。倘谓自然者不必尽然，则有臆见横于其中，有异术行乎其内；或着于实而固执死守，或执于空而孤修寂炼。如此等类，不一而足，皆由不信无为之旨、自然之道，而各执己见以为是。无惑乎少年学道，晚景无成！志有余而学不足，终身未得真谛，误入旁门。可悲也夫！可慨也夫！

此言无为自然之道，即天地日月，幽冥人鬼，莫不同此。无为自然，以生为遂，为用为行而已矣。凡人自有生后，聪明机巧，昼夜用尽，本来天理，存者几何？惟有道高人，一顺天理之常，虽下手之初，不无勉强作为，及其成功，一归无为自然之境，有若不思而得，不勉而中，从容中道者焉。故以圣人观大道，则无为自然之理，昭昭在人耳目，有不约而同者。若以后人观大道，则无为自然之诣，似乎惟仙惟圣，方敢言此，凡人未敢语此也。《中庸》云："生学困勉，成功则一。"不将为欺人之语哉？非也。缘其始有不信之心，由不道之门，其后愈离愈远，所以无为自然之道，不能尽同，而分门别户从此起矣。学者明此，方不为旁门左道所惑也。

【拓展阅读】王弼《道德经注》

希言自然。〈听之不闻名曰希。下章言道之出言，淡兮其无味也，视之不足见，听之不足闻。然则无味不足听之，言乃是自然之至言也。〉故飘风不终朝，骤雨不终日。孰为此者？天地。天地尚不能久，而况于人乎？〈言暴疾美兴不长也。〉故从事于道者，道者同于道，〈从事，谓举动，从事于道者也。道以无形无为成济万物，故从事于道者，以无为为君、不言为教，绵绵若存，而物得其真。与道同体，故曰"同于道"。〉德者同于德，〈德，少也。少则得，故曰得也。行得则与得同体，故曰"同于得"也。〉失者同于失。〈失，累多也。累多则失，故曰"失"也。行失则与失同体，故曰"同于失"也。〉同于道者，道亦乐得之；同于德者，德亦乐得之；同于失者，失亦乐得之。〈言随其所行，故同而应之。〉信不足焉，有不信焉。〈忠信不足于下，焉有不信也。〉

第二十四章　企者不立

企^①者不立，跨^②者不行，自见者不明，自是者不彰，自伐者无功，自矜者不长。其在道也，曰："馀食^③赘行^④，物^⑤或恶^⑥之。"故有道者不处^⑦。

【注释】

①企：同"跂"，抬起后脚跟。

②跨：双腿分开较大距离。段玉裁注："谓大其两股间，以有所越也。"

③馀食：剩饭。

④赘行：赘瘤，代指剩肉。

⑤物：非己均可称"物"，指他者（不分人、事、物）。

⑥恶（wù）：厌恶。

第二十四章　企者不立

企[1]者不立，跨[2]者不行，自见者不明，自是者不彰，自伐者无功，自矜者不长。其在道也，曰："馀食[3]赘行[4]，物[5]或恶[6]之。"故有道者不处[7]。

【注释】

①企：同"跂"，抬起后脚跟。

②跨：双腿分开较大距离。段玉裁注："谓大其两股间，以有所越也。"

③馀食：剩饭。

④赘行：赘瘤，代指剩肉。

⑤物：非己均可称"物"，指他者（不分人、事、物）。

⑥恶（wù）：厌恶。

⑦处：施行、做。

【译文】

抬起脚跟想要站得高，反而站立不住；迈起大步想要前进得快，反而不能远行。自逞己见的反而得不到彰明；自以为是的反而得不到昭显；自我夸耀的建立不起功勋；自高自大的不能做众人之长。从"道"的角度看，（以上这些急躁炫耀的行为）只能说是剩饭赘瘤。因为它们是令人厌恶的东西，所以有"道"的人决不这样做。

【阐说】黄元吉《道德经讲义》

前云希言自然，非若世之蚩蚩蠢蠢，顽空以为无为，放旷以为自然者比。其殆本大中至正之道，准天理人情，循圣功王道，操存省察，返本还原，以上合乎天命，故无为而无不为，自然而无不然也。《易》曰"穷理尽性，以至于命"，殆其人欤？过则病，不及亦病。《书》曰"无偏无党，王道荡荡"是也。即如人之立也，原有常不易。跂者，两足支也。《诗》曰"跂予望之"，以之望人，则可高瞻远瞩，若欲久立，其可得乎？跨者，两足张也，以之跨马，则可居于鞍背，若欲步行，又焉能乎？明者不自是，自是则不明。彰者不自见，自见则不彰。自伐者往往无功，有功者物莫能掩，何用伐为？自矜者往往无长，有长者人自敬服，奚用矜为？若不信无为自然之道，不知莫之为而为，莫之致而至，致为皆听诸天，何等自在！行乎不得不行，止乎不得不止，行止浑于无心，何等安然！倘不知虚而无朕，即是大而能容，或加一意、参一见，若食者之过饱，行者之过劳，非徒无益，而又害之。学者须顺天德之无违，循物理之自得，不惟人不可参杂作伪于其间，即物亦当听其安闲。调其饮食，苟稍不得其宜，越乎常度，或多食之，或苦行之，如犬之过饱则伤，牛之过劳则困，是亦不安于内而有恶于己焉。故曰："物或恶之。"彼矫揉造作，以期能立能行，昭明表彰，功堪动人，长可迈众者，断断乎其难之也。有道之君子，深为鄙之，不屑处己。

此希言自然，不外一个清净。何谓清，一念不起时也。何谓净？纤尘不染候也。总要此心如明镜无尘，如止水无波，只一片空洞了灵之神，即清净矣。倘若世之庸夫俗子，昏昏罔罔，终日无一事为，即非清净。惟清中有光，净中有景，不啻澄潭明月，一片光华，乃得清净之实。若有一毫自见自是、自伐自矜之意，便是障碍。所以学道人，务使心怀浩荡，无一事一物扰我心头、据我灵府，久久涵养，一点灵光普照，恍如日月之在天，无微不入焉。只怕一念之明，复一念之肆，则明者不常明矣。昔孟子之所长在于养气，气不动则神自灵，神灵则心自泰，故不曰养心而曰养气，诚以志一则动气，气一则动志也。苟不求养气而徒曰养心，无惑乎终身不得其心之宁者多矣。心果清净，真阳自生。一切升降运行，顺其自然为要。如跂者必使之立，跨者必使之行，余食过饱，赘行过劳，皆未得其当，物犹恶之，而况人乎？是以有道之君子，不忍出此也。

【拓展阅读】王弼《道德经注》

企者不立，〈物尚进则失安，故曰企者不立。〉跨者不行，自见者不明，自是者不彰，自伐者无功，自矜者不长。其在道也，曰："余食赘行，〈其唯于道而论之，若却至之行，盛馔之余也。本虽美，更可薉也。虽有功而自伐之，故更为疣赘者也。〉物或恶之。"故有道者不处。

第二十五章　道法自然

有物[1]混成，先天地生。寂兮寥兮[2]，独立而不改，周行而不殆，可以为天下母。吾不知其名，字[3]之曰道，强为之名曰大。大曰逝[4]，逝曰远，远曰反。故道大，天大，地大，王亦大。域中[5]有四大，而王居其一焉。人法[6]地，地法天，天法道，道法自然。

【注释】

① 物：这里指"道"。

② 寂兮寥兮：指没有声音，没有形体。寂，寂静。寥，虚空。

③ 字：用作动词，命名。

④ 逝：运行。《说文解字》："逝，往也。"《广雅》："逝，

行也。"

⑤域中：寰宇、宇宙。

⑥法：效法。

【译文】

有一物混沌自生，而且在天地形成之前就已存在。它既没有声音也没有形体，既独立存在又永恒不变，既循环往复又永不衰竭，可以将它看作万物的根本。我并不知晓它的名字，所以暂且以"道"来命名，若硬要解释为何如此命名，我只能说它"广大无边"。因为广大无边，所以会有万物运行不息；因为有万物运行不息，所以万物会繁衍伸展至极；因为万物繁衍伸展至极，所以最终又会返归"道"之本原。因此说"道"大，天大，地大，人也大。宇宙中有这四大，而人居其一啊！人效法地，地效法天，天效法"道"，而"道"遵从自然规律。

【阐说】黄元吉《道德经讲义》

道者何？即鸿蒙未判前，天地未兆，人物无形，混混沌沌，浑然一气。无涯无际，无量无边，似有一物，由混沌而成，盘旋实际，先天地而生者，所谓无极是也。寂虚而育生机，寥廓而含动意，所谓太极是也。万物皆有两，惟太极无二。自一动而开天地、分阴阳，四象五行包含个内。人物繁衍，日月充盈，岂不生育多而太极衰乎？不知此个混成之物，视不见，听不闻，无物不有，无时不在，孑然独立，浑然中处，却又生生不已，化化无穷——自混沌以迄于今，初不改其常度，且独立之中，一气流行，周通法界，开阖自如，循环不已。以凡物而论，似乎其有困殆矣！孰知周流三界，充满群生，天赖之以清，地赖之以宁，谷赖之以盈，人赖之以生，无非顺其自然之运。其间生者自生，成者自成，而太极浑然完全，却不因之而稍殆。虽千变万化，迭出不穷，莫不由此而有兆有名，故可为天下母也。夫天，至高也，以高而可名；地，至厚也，以厚而可名。惟此无极之极，不神之神，无声无臭，无象无形，而于穆不已。吾亦不知其所名，惟字之曰"道"。以道为天地群生共同之路、公共之端。道可包天地，天地不能包道。道可育群生，群生不能育道。以其浩浩渊渊，靡有穷极，强名之曰"大"。大哉道乎！何其前者往，后者续，长逝而靡底乎？大之外又曰"逝"，何其超沙界，充绝域，悠远而难测乎？逝之外又曰"远"，凡事变极则通，穷极则反，何其宛转流通，回环而不已乎？故又名之曰"反"。如此之名，不一其称，只可稍状其大。然大孰有过于道哉？道之外惟天为大，天之外惟地为大，地之上惟王为大。故东南西北之中有四大焉，王处其一。王为庶物首出之元，以管理河山，统辖人物，可与天地并称为大。但王为地载，故王法地以出治也。地为天覆，故地法天以行令也。且天为道育，故天法道以行政也。而要皆本于自然，无俟勉强，不待安排。是道岂别有法哉？吾亦强名之曰"道法自然"而已矣。学者性命交修，惟法天地之理气以为体，法天地之功效以为用，斯修性而性尽，炼命而命立矣，岂空言自然者所可比哉？

天地间浑沦磅礴，浩荡弥纶，至显至微，最虚最实。而凡形形色色，莫不自个中生来，此何物耶？生于天地之先，宰乎天地之内，立清虚而不稍改易，周沙界而无有殆危，真可为天下母也。未开辟以前，有此母气而后天地生，既开辟以后，有此母气而后人物肇。吾不知其名，强字之曰道曰大。大则无所不包，逝则无所不到，无曰远莫能致。须知穷极必反，道之大，不诚四大中所特出者哉？学人欲修至道，漫言自然，务须凝神调息——凝神则神不纷驰，人之心正，即天地之心正；调息则息不乖舛，人之气顺，即天地之气亦顺。参赞乾坤，经纶天地，功岂多乎哉！只在一心一身之间，咫尺呼吸而已矣。《中庸》云"致中和，天地位，万物育"，其此其之谓欤？人果时时存心，刻刻养气，除饥时食饭、困时打眠之外，随时随处，常常觉照，不许一念游移、一息间断，方免疾病之虞。否则，稍纵即逝，外邪得而扰之。正气不存，邪气易入，有必然者。古云：人能一念不起，片欲不生，天地莫能窥其隐，鬼神不能测其机，洵非诬也。人谓筑基，乃可长生。哪知学道人就未筑其，只要神气常常纽成一团，毫不分散，则鬼神无从追魂摄魄，我命由我不由天也。吾不惜泄漏之咎，后之学者，苟不照此修持，则无以对我焉。

【拓展阅读】王弼《道德经注》

有物混成，先天地生。〈混然不可得而知，而万物由之以成，故曰"混成"也。不知其谁之子，故先天地生。〉寂兮寥兮，独立而不改，〈寂寥，无形体也。无物匹之，故曰"独立"也。返化终始，不失其常，故曰"不改"也。〉周行而不殆，可以为天下母。〈周行无所不至而免殆，能生全大形也，故可以为天下母也。〉吾不知其名，〈名以定形。混成无形，不可得而定，故曰"不知其名"也。〉字之曰道，〈夫名以定形，字以称可。言道取于无物而不由也，是混成之中，可言之称最大也。〉强为之名曰大。〈吾所以字之曰道者，取其可言之称最大也。责其字定之所由，则系于大。夫有系则必有分，有分则失其极矣，故曰"强为之名曰大"。〉大曰逝，〈逝，行也。不守一大体而已。周行无所不至，故曰"逝"也。〉逝曰远，远曰反。〈远，极也。周行无所不穷极，不偏于一逝，故曰"远"也。不随于所适，其体独立，故曰"反"也。〉故道大，天大，地大，王亦大。〈天地之性人为贵，而王是人之主也。虽不职大，亦复为大。与三匹，故曰"王亦大"也。〉域中有四大，〈四大，道、天、地、王也。凡物有称有名，则非其极也。言道则有所由，有所由然后谓之为道，然则道是，称中之大也，不若无称之大也。无称不可得而名，故曰"域"也，道、天、地、王皆在乎无称之内，故曰"域中有四大"者也。〉而王居其一焉。〈处人主之大也。〉人法地，地法天，天法道，道法自然。〈法，谓法则也。人不违地，乃得全安，法地也。地不违天，乃得全载，法天也。天不违道，乃得全覆，法道也。道不违自然，乃得其性。法自然者，在方而法方，在圆而法圆，于自然无所违也。自然者，无称之言、穷极之辞也。用智不及无知，而形魄不及精象，精象不及无形，有仪不及无仪，故转相法也。道法自然，天故资焉。天法于道，地故则焉。地法于天，人故象焉。王所以为主，其主之者一也。〉

第二十六章　不离辎重

重为轻根^①，静为躁君^②。是以圣人^③终日行不离辎重。虽有荣观^④，燕处^⑤超然。奈何万乘^⑥之主，而以身轻天下？轻则失本，躁则失君。

【注释】

① 根：根源、根本。

② 躁君：躁，急躁、动。君，主宰。

③ 圣人：一本作"君子"。泛指理想之主。

④ 荣观：贵族游玩之所，代指奢华生活。

⑤ 燕处：安然居住之所。燕，安乐。

⑥ 乘（shèng）：四马拉一车曰"一乘"。万乘言多，代指大国。

【译文】

厚重是轻率的根本，静谧是急躁的主宰。因此圣人终日行走，却并不离开自己的粮食辎重。这就是为什么圣人虽享有奢华的生活，却仍能安然处之，不被其累。然而，为什么一个大国的君主，却偏要以轻率散漫治理天下呢？轻率必然失去根本，急躁必然丧失主宰。

【阐说】黄元吉《道德经讲义》

修炼之道，不外神气二者；调之养之，返乎元始之天而已。其在先天，气浑于无象，厚重常安；神寓于无形，虚灵难状。一到后天，气之重者而轻扬，神之静者而躁动。气不如先天之活泼，常氤氲而化醇；神不似先天之光明，脱根尘而独耀。此命之所以不立，性之所以难修也。学者欲得长生，须知气必归根。夫根何以归哉？必以气之轻浮者，复还于敦厚之域，屹然矗立，凝然一团，则气还于命，而浩浩其天矣；以神之躁妄者，复归于澄澈之乡，了了常明，如如自在，则神还于性，而浑浑无极矣。如此神返元性，气返元命，不啻天地未兆之前，浑浑无际，浩荡靡穷。斯其凝愈固，其行愈速也；其虚无朕，其用无方也。由是气愈重而愈轻，所谓浩然之气，至大至刚，充塞天地；是神能静而亦能动，《易》所谓妙万物而为神。子思子曰"至诚如神"是。是以圣人之于道也，终日行不离乎辎车之重，恐气轻而累重，反滞其行之机。如此稳重自持，不愈速其行乎？纵有声色之美，货利之贵，是为众人所荣观，不为君子所介意。

当前寓目，君子一如燕居独处，超然于物色之外，莫知其为有焉。奈何以万乘之主，至尊至贵、可仙可佛之身而不自爱，反以世路荣观、人寰乐趣为缘，不亦轻其身而自视太小耶？夫轻则人臣，臣即气也，失臣形失气矣；躁则失君，君即神也，失君则失神矣。神气两失，而谓身能存，有几乎？此殆不知人身难得，中土难生，而反自轻其身也，不诚大可慨欤？在彼恋尘世之荣华，慕当途之仕宦，只说利己者多、肥家者盛，那知富贵之场，即是干戈之地！古来象以齿焚身，璧因怀获罪，其为害可历数也。人奈何只见其小，而不从其大耶？噫嘻！痛矣！

此言水轻而浮，为后天之气，属外药；金沉而重，为先天之命，号真铅，又号金丹，又号白虎初弦之气，其名不一，是为内药。先天金生水，为顺行之常道，生人以之，故曰"重为轻根"。夫人生于后天，纯是狂荡轻浮之气作事，以故水气轻而浮，情欲多生，命宝丧失，所以易老而衰。君子有逆修之法，无非水复生金，轻返于重，以复乎天元一气。是以终日行之而不离乎辎重，不过亭亭蠹蠹，屹然特立，厚重不迁，养成浩气，充塞乾坤而已矣。此为逆修之仙道，炼丹以之。总之，由有形以复无形，丹道之一事也。火燥而动，为后天之神，属外药；木静而凝，为先天之元性，曰真汞，曰真精，又曰青龙、真一之气，其名亦多，要皆内药。先天木生火，为顺行之常道，生人以之，故曰"静为躁君"。夫人成形而后，纯是智虑杂妄之神用事，以故火性飞扬，变诈百出，性真梏没，所以易弱而倾。君子有倒施之功，无非火复生木，躁返于静，以还乎不二元神。于此虽有荣观，燕处超然，无非万象咸空，一真在抱，养成大觉真金仙，召回霄汉而已矣。此为逆炼之丹道，成仙以之。要之，自有觉以还无觉，又修道之一端也。皆由外药以修内药，自后天而返先天也。吾更为之畅言曰：生人之道顺而生，修仙之道逆而克，盖不克则不能生，亦不克则不能成，河图洛书之所以生克并用也。今之儒释修养与吾道有异者，大抵彼用顺行，一循自然之度；吾道独逆炼，则有勉强作为之工。倘有不克，无以为生成也。但顺而修则易，逆而修则难。不得真师，不明正法，妄采妄炼，鲜不为害。既得真师，明正法矣，不结仙缘，不修善功，则神天不佑，魔魅来缠，必有将成而败，倾丹倒鼎，连身命俱丧者，此诚不可不慎也。何以逆之克之？始用顺道之常，效夫妻交媾之法，以火入水乡，即是以神入气中，此为凡父凡母交而产药。迨至火蒸水沸，水底金生，斯时玄窍开而真信至，是真阳生而子药产，此为外药。金气既生，真铅自足，予以火促水腾，木载金升，切切催之，款款运之，上升乾鼎，以真铅配真汞，以真火真意引之，下入丹田，即入坤腹，以炉鼎和药物炼丹，此返坎为男，复离为女。颠倒女男，迭为宾主，收归坤炉，烹炼一晌，再候真阳火动，以为金丹大药。此为内药生，又曰大药产。此为灵父圣母交媾而育者也。且前小药之生，动在肾管外，其气小，故曰小药、外药；此则动于气根之内，生时有天应星、地应潮，六根震动之状，故曰内药、大药，又曰金丹。再以此金丹，运起河车，鼓动巽风，施用坤火，合离宫真精而煅之。真气合真精，即以先天阳气制伏后天阴精，阴精亦合真气而化为圣胎。夫真气，自真精而生者也，为子气，气复归精，故喻子投母胎。所谓子恋母而来，母恋子而住，子母相抱，神气相依。即内然真火，外用阴符阳火，内外交炼，即结为圣胎，所谓"铅将尽，汞亦干，化成一块紫金霜"。金丹大道与生人异者，只此处处逆施造化，颠倒乾坤耳。凡有功德有缘有道之士，遇吾此注，尽可施功，不受异端祸乱。然而天机尽泄于此，如有助德之人，得天启沃，明白此旨，亦毋得轻泄，致于罪咎焉。至若经云"万乘之主"，即人身中之元神也。夫人之心，莫不欲一身安泰，百岁康强，奈何知诱物化，欲起情生，而以身轻用于天下也！此气虚浮而丧气，此神躁动而失神，身之存者，盖亦鲜矣，何况金丹大道乎？此注已将筑基炼己、结丹还丹、玉液金液、小大周天之法则，详细剖明，生等当书诸绅，佩服不忘，庶知之真而行之至也。由是功成道就，永为天上神仙，不受人间苦恼，岂不甚幸？各宜勉旃！

【拓展阅读】王弼《道德经注》

重为轻根，静为躁君。〈凡物，轻不能载重，小不能镇大。不行者使行，不动者制动，是以重必为轻根，静必为躁君也。〉是以圣人终日行不离辎重。〈以重为本，故不离。〉虽有荣观，燕处超然。〈不以经心也。〉奈何万乘之主，而以身轻天下？轻则失本，躁则失君。〈轻不镇重也。失本，为丧身也。失君，为失君位也。〉

第二十七章　善行无辙

善行，无辙迹；善言，无瑕谪①；善数，不用筹策②；善闭，无关楗③而不可开；善结，无绳约④而不可解。是以圣人常善救人，故无弃人；常善救物，故无弃物，是谓袭明⑤。故善人者，不善人之师；不善人者，善人之资⑥。不贵其师，不爱其资，虽智大迷，是谓要妙⑦。

【注释】

① 瑕谪：瑕疵、缺点、过失。

② 筹策：也叫算筹，古代的一种计算工具，可用竹子、木头、兽骨等制作而成，约二百七十枚为一束，可随身携带。高亨正诂："筹策，古时计数之竹筳也。"

③ 关楗（jiàn）：关门的木闩，类如现在的插销，农村一些

老式的木质门还能见到。横曰关，竖曰楗。

④ 绳约：绳索。《说文》："约，缠束也。"

⑤ 袭明：承继智慧。袭，承袭、继承。明，明慧、智慧。

⑥ 资：借鉴。

⑦ 要妙：精奥玄妙。

【译文】

善于行动的人，行事不会留下痕迹；善于言谈的人，说话不会有言语之失；善于计算的人，根本用不着算筹；善于闭守的人，不用插销别人也打不开；善于结绳的人，不用绳索捆绑，别人也解不开。因此，圣人善于拯救别人，所以才不会抛弃任何一个人；圣人善于物尽其用，所以才没有丢弃任何一件物品，这就是承继了"道"的智慧的缘故。所以，上善之人，可以做不善者的老师；不善之人，可以成为上善者的借鉴。凡不尊重老师的人，不珍惜他人经验教训的人，虽然有小聪明，但大方向上容易犯糊涂病，这就是"道"的精奥玄妙之所在。

【阐说】黄元吉《道德经讲义》

圣人之心，只求诸己，不求诸人。其施之于事物也，无为不通，随在皆当，内无歉于己，外无恶于人。《易》所谓"时止则止，时行则行，动静不失其时，其道光明"，殆斯人欤？其于行也，时而可行，行之而已。前不见其所来，后不见其所往，抑何辙迹之俱无哉！其行之善有如此。其于言也，时当可言，言之而已。内不见辱于己，外不贻羞于人，如何瑕摘之悉化哉！其言之善有如此。至于物之当计，事之宜筹，揆之以理，度之以情，顺理而施，如情而止，宜多则多，当少则少，何须筹策之劳！即此因应无心，物我俱化，非善计而何？更有宜闭宜结之事，其在他人，不闭则乱，不结则散，而圣人外缘胥绝，内念不生，完完全全，非所谓善闭善结者乎？虽无绳约之束，关键之防，而无隙可乘，俨若弥缝甚固，其不可开不可解也。不诚天理浑全，无衅可击耶？之数者，殆顺乎自然之天，不参以人为之伪，故其效如此。要皆内修而无外慕，自正而无它求。所以立己立人，人无遗类；成己成物，物无弃材。其济人利物之善为何如者？是皆自明明德，又推之以理民及物，不谓之重袭其明哉？然而善人初不自知也。善人浑忘物我，故不善者感之而尊为师。善人亦不自满也，见不善人，善人即以之为资，见善则从，不善则改——善人所由益进于善，而至于美大化神之域焉。若凡人自恃其才，自逞其能，见善者置之不问，不知奉以为模；不善者弃之如遗，反鄙之而不屑，不知见贤思齐，不贤内省，善恶虽殊，而为己之师资则一也。似此不贵其师，不爱其资，殆愚而好自用，贱而好自专者，不诚昏昧人哉？夫善者师之，恶者戒之。随在皆有益于己，无人不有益于身。是诚修己之要术，治身之妙道也，人其勉之！

　　此见圣人之语，无所不通。事物之理，即性命之道，体用原是兼赅，本末由来不离。如云善行无辙迹，推之气机流行，河车自运，亦是如此。若有迹象，即属搬运存想，非自在河车，上合天道之流行。曰"善言无瑕谪"，即无法可说，是名说法，又曰祖师西来意。孔子曰："天何言哉？四时行焉，百物生焉。"有瑕可谪，即有言可见，非圣人心领神会之宗旨。释氏曰"道本无言，却被人说坏了"，是其意矣。曰"善计无筹策"，周天之数，不过喻名三百之数，实非有爻策可计；有则非自然火候。曰"善闭无关键"，本是鸿蒙未破，元神默默，元气冥冥，返还于元始之初，以结胎而成圣。若有闭则有开，非内炼之道也。曰"善结无绳约"，言神恋气而凝，命依性而住。神气吻合，复还太极，以结成黍米之珠、阳神之体。若有，则勉强撮合，非自然之凝聚，而不可以复命归真，顾其功效如此。而修养之要，不过见善则迁，有过则改，取法乎善与不善之类，返观内省，以为功也。倘矜才恃智，傲法凌人，不贵其师，不爱其资，纵有才智，亦愚昧之夫，终不足以入道矣。于此见修道之要妙，圣凡原同一辙焉。

【拓展阅读】王弼《道德经注》

善行无辙迹，〈顺自然而行，不造不施，故物得至，而无辙迹也。〉善言无瑕谪；〈顺物之性，不别不析，故无瑕谪可得其门也。〉善数不用筹策；〈因物之数，不假形也。〉善闭无关楗而不可开，善结无绳约而不可解。〈因物自然，不设不施，故不用关楗、绳约，而不可开解也。此五者，皆言不造不施，因物之性，不以形制物也。〉是以圣人常善救人，故无弃人；〈圣人不立形名以检于物，不造进向以殊弃不肖，辅万物之自然而不为始，故曰"无弃人"也。不尚贤能，则民不争；不贵难得之货，则民不为盗；不见可欲，则民心不乱。常使民心无欲无惑，则无弃人矣。〉常善救物，故无弃物，是谓袭明。故善人者，不善人之师；〈举善以齐不善，故谓之师矣。〉不善人者，善人之资。〈资，取也。善人以善齐不善，以善弃不善也，故不善人，善人之所取也。〉不贵其师，不爱其资，虽智大迷，〈虽有其智，自任其智。不因物，于其道必失。故曰"虽智大迷"。〉是谓要妙。

第二十八章　大制不割

知其雄①，守其雌②，为天下谿③。为天下谿，常德不离，复归于婴儿。知其白，守其黑，为天下式④。为天下式，常德不忒⑤，复归于无极。知其荣，守其辱，为天下谷。为天下谷，常德乃足，复归于朴。朴散则为器⑥，圣人用之，则为官长⑦，故大制不割⑧。

【注释】

① 雄：本义为公鸟，公属阳，故引申为强劲、刚强。

② 雌：本义为母鸟，母属阴，故引申为柔弱、羸弱。

③ 谿（xī）：同"溪"。《广雅》："谿，谷也。"

④ 式：范式。

⑤ 忒：差误，差错。《广雅》："忒，差也。"

⑥器：本义为器具。凡器具皆有形，代指天下万物。

⑦官长：居上位者。

⑧大制不割：大道不可割裂，可引申为国家不可分裂。大制，即老子所言大道。河上公注："圣人用之则以大道制御天下，无所伤割。"

【译文】

知道什么是强大，却守在弱势地位，甘愿像溪谷一样包容天下人。甘愿像溪谷一样包容天下人，永恒的德行就不会丧失，就像回到婴儿期那种单纯的状态。知道什么是光明，却守在晦暗地位，甘愿成为天下人的模范。甘愿成为天下人的模范，永恒的德行就不会出现差误，就像复归于无穷无尽的状态（"有物混成，先天地生"，即道）。知道什么是荣耀，却守在卑辱地位，甘愿像川谷一样包容天下人。甘愿像川谷一样包容天下人，永恒的德性才会充足，复归到自然纯朴的本真状态。将自然纯朴的东西进行识别分类，就是天下万物，圣人利用它们，就可以成为居上位者，所以"道"是不可以割裂开来的。

【阐说】黄元吉《道德经讲义》

修炼之道，气从阳生。运转河车，行凭子午。到得铅气抽尽，汞精已足，是铅汞会合为一气，此既得雄归以合丹，尤要雌伏以养丹。故曰："知其雄，守其雌。"夫雄，阳也；雌，阴也。阴阳和合，雌雄交感，而金藏于水；复水又生金，金气足而潮信至，其势有如溪涧然，自上注下，犹溪涧之所蓄縻穷。修行人知阳不生于阳而生于阴，故不守雄而守雌。久之，微阳渐生，阴滓悉化，而归根复命之常德，不可一息偶离。从此阴阳交媾，结成仙胎，于是逐日温养以成婴儿，有必然者。《悟真》云"雄里怀雌结圣胎"是也。既铅汞会合，打成一片，复将此交媾之精，养于坤宫煅炼，先天真铅生矣。此谓知其白，守其黑。夫白，精也；黑，水也。此精未产之日，坤体本虚，因上与乾交，坤实为坎，是水中金生，赖坤母以养成，故称母气。《悟真》云"黑中取白为丹母"是也。得到真铅既至，即运一点己汞以迎之。左提右挈，静候白虎首经。果听地下雷鸣，实有丹心贯日、浩气凌霄之状。我仍守我虚无窟子，不稍惊惶，此即炼精化气时也。以后运辘轳，升三车，由夹脊双关上至泥丸，行子午卯酉四正之工，合春夏秋冬四时之序，此即为天下式。凡人物之生长收藏，亦无丝毫差忒，不与天合变焉。由是上升下降，送归土釜，化有象以还无象，复归无极之天。此大周天之候，玉液之丹，即在此矣。斯时也，金丹既归玄窍，复合青龙真一之气，炼成不二元神，此即炼气化神时也。再修向上一层，炼神还虚之道——惟混混沌沌，涵养虚无；浑浑沦沦，完全理气；化识成智，浑圣如愚。一日一夜，言不轻发，心无他思，有如椎鲁之夫，毫无知见。纵有侮辱频来，俨若不识不知，一如舜之居深山，无异于深山野人焉。此即知成人之荣，守成仙之辱也。不如此不足以养虚合道。故曰："开口神气散，意乱火功寒。能知归复法，金宝重如山。"若妄发一言，妄生一念，即同走丹。道愈高，势愈险。炼丹到此，尤为危险之地，是以古人道果圆成之后，装聋卖哑，作颠放狂，殆为养虚合道计也。否亦何乐为此耶？所以心中无一物，实为天下谷。既为天下谷，尤须意冷于冰，心清似水，而真常之玄德，于此方能充足。然而真空不空，妙有不有。始而从无入有，继而从有归无，终则有无不立。此所以由太极而复归浑朴，返本还原之道得矣。虽然，其聚则一，其散则万。以至生生不已，化化不穷，何莫非器之所在，亦何莫非朴之所散！此朴散为器之说也。而圣人用之，不尚器而尚朴，殆谓虚寂为一身之主宰，万变之总持，犹人世官长无二。又曰"大制不割"者何？盖以浑然之道，范围不过，曲成不遗，足为宰制之需；若或割焉，亦是矫揉造作，初非本来性天。圣人不割，亦还其混沌之天而已。学者知之否？

此合孔德之容章并看，则知化精、化气、化神之旨，尽于此矣。虽然，其中细密处吾不妨再言之："昔日逢师亲口诀，只要凝神入气穴。"若非回光返照丹田，则金水必然浑浊。既知凝神坤宫，或作辍不常，则水火必然散漫，先天真一之气又从何生？虽然，修炼之法，凝神要矣，而调息亦不可少焉。苟知神凝气穴，而不知调呼吸之息，下入阴蹻穴中，则神虽住而息不畅，无以扇风动火，使凡息停而真息见，凡心死而真心生。又况神火全凭神息，若无神息吹嘘，不惟水火不清，亦且金胎不化。既凝神调息，知所归宿矣，尤要神融气畅之际，如天未开，冥冥晦晦，然后一切游思浊气方能收拾干净，犹日月剥蚀一番，自有一番新气象。如此细细缊缊，于无知觉时，忽然有知有觉，

即是太极开基，玄关现象，又是一阳初动处，万物始生时。此
际能把得住，拿得定，正所谓捉雾拿云手段。《丹经》云"时至
神知"，又云"真活子时"，正谓此也。此时即当采取，若稍迟
晷刻，又起后天知觉之私，不堪为金丹之药矣。此个机关，总
要于万缘放下，一念不起时，急以真意寻之，方得真清药物。
总要静之又静，沉之又沉，于无知无觉时，寻有知有觉处，庶
乎得之。既曰一念不起，又何事用意去寻？岂不是有意去寻，
又落后天识神乎？殊不知此个真意，如种火然，不见有火而火
自在，不过机动而神随，自然之感触有如此者。若谓真属有
意，则落于固执。若谓真果无意，又堕于顽空。此有意无意之
间，学人当自会之。《易》曰"寂然不动，感而遂通"是也。如
此方是真知真觉，要皆真意为之。虽然，真意由于真心，必其
心空洞了灵，不以有物而增，无物而减。有此真心，方有真意。
有此真意，乃有真息。总要具有慧照，不错机宜，则炼一次自
有一次之长益。到此地步，常常采取，自有真阳发生。还要炼
己待时，不可略有一点求动之心，则后天识神不来夹杂，即先
天至阳之精、真一之气，久久熏蒸积累，自有大药发生，可以
返老还童。只怕不肯积功累行以立外功，敦伦饬纪以修内德，
无以为承受之基耳。俗云："不怕一，只怕积；不怕骤，只怕
凑。"诚哉是言也！学人欲知用意之道，切勿徒听自然焉可。

【拓展阅读】王弼《道德经注》

知其雄，守其雌，为天下谿。为天下谿，常德不离，复归

于婴儿。〈雄，先之属；雌，后之属也。知为天下之先者必后
也，是以圣人后其身而身先也。谿不求物而物自归之，婴儿不用
智而合自然之智。〉知其白，守其黑，为天下式。〈式，模则也。〉
为天下式，常德不忒，〈忒，差也。〉复归于无极。〈不可穷也。〉
知其荣，守其辱，为天下谷。为天下谷，常德乃足，复归于朴。
〈此三者，言常反终，后乃德全其所处也。下章云，反者道之动
也。功不可取，常处其母也。〉朴散则为器，圣人用之则为官长，
〈朴，真也。真散则百行出，殊类生，若器也。圣人因其分散，
故为之立官长。以善为师，不善为资，移风易俗，复使归于一
也。〉故大制不割。〈大制者，以天下之心为心，故无割也。〉

第二十九章　天下神器

　　将欲取①天下而为②之，吾见其不得已③。天下神器④，不可为也，不可执也。为者败之，执者失之。故物或行或随，或歔⑤或吹；或强或羸⑥，或挫或隳⑦。是以圣人去甚，去奢，去泰。

【注释】

　　①取：治理。

　　②为：凭借强力。与"无为"相对而言。《左传》中有一案例或许可助我们理解这一"为"字，即楚庄王问九鼎之大小轻重，使者王孙满说："在德不在鼎。"即单纯靠暴力得不到天下。

　　③不得已：得不到。

　　④天下神器：国家权力，而国家权力的得失源自百姓的拥

戴与否，所以，"国家权力"与"天下民心"是一体的，违背民心，"国家权力"就会瓦解。

⑤歔（xū）：用鼻子呼气，含轻缓的意思，与"吹"（嘴的呼气量较鼻子大，故含急速的意思）相对。

⑥羸：羸弱、虚弱。

⑦隳：崩坏、毁灭。

【译文】

若想治理好天下，却采取强制的办法，我已预计到了它的失败。国家权力是神圣的，不能靠强制而获得。若用强制手段施政必定会失败，若用强力手段把持政权也必定会失败。因为天下万物，或在前或在后，或轻缓或急速；或刚强或羸弱，或摧折或毁灭（并不总是一致和不变的）。所以，圣人从来都是弃绝极端，弃绝奢侈，弃绝过度的。

【阐说】黄元吉《道德经讲义》

道本无声无臭，清净自然。修道者亦当不识不知，纯任自然，此历代祖师心印，自开辟以至于今，无可或外者。无如世之异端旁门，反讥吾道为孤修寂炼，卒至顽空无用，我岂不自思哉？将欲取天下而行有为之政，吾见其不为而不得已，愈为而愈不得已也。盖天下虽大，原有神器为之先。所谓先天大道，希言自然者是。天下为神器之匡廓，神器乃天下之主宰，天下可为而神器不可为也。苟有为焉，始则纷更多事，究至荡检逾闲，而天德尽废，为之正所以败之也。若或执之，始则胶固自苦，究至反道败德，而天真无存，执之正所以失之也。审是，与其有为而偾事，何如无为而成功乎！与其有执而失常，何如无执而得道乎！况道原于天，天道无为而自化，生其中者又何异耶？试观初生之时，乾元资始，或阳往而行先；坤元资生，或阴来而随后。一动一静，互为其根，有必然者。他如气之由伸而屈，吸之则油然而响；气之由屈而伸，呼之则悠然而吹。如是则生气畅，生机永矣。至于禀受不同，刚柔亦异，或受气多而精强，或受气少而精弱，要皆后天之不齐。物生之各别，故有时而伸，气机蓬勃上载；有时而降，气机油然下隤，亦皆天道之自然，非人力所可致也。虽下手之初，不无勉强之迹，然亦因其势顺其时，可行则行，可止则止，勉强中寓自然，固久远而不弊耳。是以圣人于采药炼丹时，要知去其已甚，去其太奢，去其过泰，在在归于中正，时时处以和平。虽曰有为，而亦等于无为矣；虽曰有作，而亦同无作矣。故有无相生，始可言大道。

此言大道无为——无为者，先天养性之学；然亦有为——有为者，后天炼命之工。须知有为无为，性命之修持名异，而其中之主宰，总不可偶动，动则非中。无论有为不是，无为亦非。惟有中主而不乱，知时识势，见可而进，知难则退，则无为得矣，即有为亦得焉。主宰者何？即天下之神器是也。人能知得本原，一归浑浑沦沦，虚灵不昧。始而有为，有为也是；终则无为，无为也是。不然，概曰无为自然，则孔子何必言道，何必言困之勉行，何必言择善而固执？知修身之道，端在性命；性命之功，须分安勉，不必强为分别，总在人神明其德。如治国然：治则用文，乱则用武，相时而动，听天而行，庶乎左右逢源，无在不得其宜矣。第此可为知者道，难为板滞者言也。

【拓展阅读】王弼《道德经注》

将欲取天下而为之，吾见其不得已。天下神器，〈神，无形无方也。器，合成也。无形以合，故谓之神器也。〉不可为也。为者败之，执者失之。〈万物以自然为性，故可因而不可为也。可通而不可执也。物有常性，而造为之，故必败也。物有往来而执之，故必失矣。〉故物或行或随，或歔或吹。或强或羸，或挫或隳。是以圣人去甚，去奢，去泰。〈凡此诸或，言物事逆顺反复，不施为执割也。圣人达自然之性，畅万物之情，故因而不为，顺而不施。除其所以迷，去其所以惑，故心不乱而物性自得之也。〉

第三十章　物壮则老

以道佐人主者，不以兵[1]强天下，其事好还[2]。师之所处，荆棘生焉。大军[3]之后，必有凶年。善有果[4]而已，不敢以取强。果而勿矜[5]，果而勿伐，果而勿骄，果而不得已，果而勿强。物壮则老，是谓不道[6]，不道早已。

【注释】

① 兵：兵力，武力。

② 还：还报，回报。这里指报应。

③ 大军：指战争。

④ 果：取得成果，指战争胜利。

⑤ 矜：自大。《广雅》："矜，大也。"

⑥ 不道：不符合"道"，违背"道"。

【译文】

根据"道"来辅佐君主的人，不会用武力强取天下，否则这种事很快就会遭到报应。军队所到之处，就像荆棘横生的荒野；一场大战过后，必定会出现饥荒之年。善于用兵取胜的人，只要达到取胜的目的就会罢手，而并不会凭借强大的兵力一味恃强凌弱。这种人达到了目的也不会自大，达到了目的也不会自夸，达到了目的也不会自傲，达到目的只是迫不得已，（他们）绝不会逞强。任何事物达到鼎盛都会走向衰亡，这说明它们已经违背了"道"，违背了"道"就会提前迎接死亡。

【阐说】黄元吉《道德经讲义》

上古之世，各君其国，各子其民，熙熙皞皞，共安无事之天；人己浑忘，畛域胥化，又焉有战争之事哉？迨共工作乱而征伐起，蚩尤犯上而兵革兴。于是文则有玉帛，武则有兵戎；治则用礼乐，乱则用干戈，朝廷所以文武并重也。然有道之君子，达而在上，辅佐熙朝，赞襄郅治，惟以道事人主，不以兵强天下。此是何故？盖杀人之父兄，人亦杀其父兄。人心思返，天道好还。冤仇报复，靡有休止。又况兵过之乡，人民罹害；师行之处，鸡犬亦空。以故杀戮重而死亡多，尸填巨港，血满长城，无贵无贱，同为枯骨。生之数不啻杀之数，死之人多于生之人。由是井里萧条，田野荒废，而荆棘生焉。且肃杀之气，大伤太和；乖戾之风，上干天怒。因而阴阳不燮，雨旸不时，旱干水溢，频来凶荒，饥馑荐臻，民不聊生，朝不及夕。古云大军之后，必有凶年，势所必至也。然而饥寒交迫，盗心日生；年岁凶荒，乱民迭作，亦有不得不为兵戎之诘者。古云"兵贵神速，不贵迟疑"，故善用兵者，亦果而已矣。行仁义之师，望若时雨；解倒悬之苦，迎以壶浆。如武王一戎衣而天下定，无非我武维扬，歼厥渠魁已耳。何敢逞杀戮于片时，取强威于一己！其果而胜也，切勿自矜，矜则有好兵之念；切勿自伐，自伐有黩武之心。就令除强暴于反掌，登人民于春台，亦安邦定国之常、救世扶危之道，为将帅者分所应尔，何足骄于人哉！夫骄人者，好杀人者也。纵使果敢弭乱，出斯民于水火，然有此三心，虽无杀人之事，而杀人之机已伏于中，非道也。须知行兵之事，圣人不得已而用之，即未损一兵，未折一将，不伤一民，不戕一物，亦未足语承平之雅化，何况非圣王所期许者，果而勿强焉可也。《诗》云："劝君莫话封候事，一将功成万骨枯。"以此思之，兵危事，战凶机，非天下生生之道也。况乎主宾相敌，旷日持久，师老财殚，臣离民怨，可已而不已，其何以为国乎？更有坚壁相持，连年转饷，一旦偶疏，而敌或扼其险要，绝其粮饷，士闻风而预走，军望气以先逃，昔日雄师，今成灰烬，亦何怪其然耶？夫亦曰物壮则老，其势有必然者。且夫用兵之事，以有道诛无道者也。如此喜兵好战，欲安民反致害民，欲弭乱反将生乱，不道极矣。夫诛无道而自行不道，何如屯田防寇，休兵睦邻，早已之之为愈也。否则，如舜伐三苗，苗民负固，舜不修戎而修德，舞干羽于两阶，七旬而有苗格。此不威之威、不武之武，胜于威武者多矣，为上者知之否？

　　此言用火、行符、采取、烹炼之道，是有为有作。比用兵克敌，大是一场凶事，不可大意作去。如曾子之兢兢自惕，子思之戒谨时严，方可变化气质之躯，复还先天面目。若童贞之体，未经凿破，未曾损坏者，固可相时而动，遵道而行，无偏无党，无险无危，直致神化之域。如破漏之人与年老之体，后天铅汞将尽，性命何依？不得不用敲竹唤龟、鼓琴招凤二法，而后有玉芝灵苗，刀圭上药，可采可炼，化凡躯于乌有，结圣胎于灵关。第火候至密，非得真师口传，万不能洞彻精微；即得秘密天机，然内德外功，一有不满，犹为神天所不佑。惟虚心访道，积德累功；事事无愧，在在怀仁；以谦以柔，以忍以下；神依于气，气恋夫神；绵绵不绝，造到固蒂深根。决不时而忘之，纷纷驰逐；时而忆之，切切不已。故曰："以道佐人主者，不以兵强天下。"即使尽善，而火煅之后，凡气已除，真气未曾积累，势必似无似有，微而难测。且有不炼而气散，愈炼而气愈散者，皆由心有出入，似蔓草之难除。故曰："师之所至，荆棘生焉。"况乎神火一煅，阴气难留，而多年之残疾，自幼之沉疴，悉被驱逐。其轻者，或从汗液浊溺而出；其重者，或外生疮毒而化，种种不一。修士不可惊为病也，只要心安即能化气。可见炼己之道，必化凡体为玉体，变浊躯为金躯。切不可惊，惊则又动后天凡火，而大伤元气也。故曰："大军之后，必有凶年。"善用兵者贵果敢，善用火者贵神速。故曰："果而已矣。"在修士，当此体化纯乾之时，切不可恃；恃其才以为不饥不渴，可以行步如飞，冬不炉夏不扇，无端妙用，迥异常人，而自以为强也。自谓为强，又动后天凡火，不遭外人诽谤，必至内药倾危。况生一自强之心，即令十月怀胎，三年乳哺，件件功成告毕，不差时刻，而自矜自伐，骄傲凌人，殊非载道之器。纵果于成功，亦必果于偾事。倾倒之患，安可胜言哉！又况自恃其强，而不知谦下存心，虽与修德凝道，犹草木之坚强者无生气，反不敌柔脆者有生机。势必日复一日、年复一年，光阴愈迈，精气愈衰，欲其长享生人之乐得乎？故曰："物壮则老。"以此言之，自高者适以自下，自豪者适以自危，不道甚矣！不如去其刚强之心，平平常常，安安稳稳，认理行将去，随天摆布来，庶几不强而自强，不道而有道耶？此下手用火之功，大有危险存焉，学者其慎之。

【拓展阅读】王弼《道德经注》

以道佐人主者，不以兵强天下。〈以道佐人主，尚不可以兵强于天下，况人主躬于道者乎？〉其事好还。〈为治者务欲立功生事，而有道者务欲还反无为，故云"其事好还"也。〉师之所处，荆棘生焉。大军之后，必有凶年。〈言师凶害之物也。无有所济，必有所伤，贼害人民，残荒田亩，故曰"荆棘生焉"。〉善者果而已，不以取强。〈果，犹济也。言善用师者，趣以济难而已矣，不以兵力取强于天下也。〉果而勿矜，果而勿伐，果而勿骄，〈吾不以师道为尚，不得已而用，何矜骄之有也？〉果而不得已，果而勿强。〈言用兵虽趣功济难，然时故不得已后用者，但当以除暴乱，不遂用果以为强也。〉物壮则老，是谓不道，不道早已。〈壮，武力暴兴，喻以兵强于天下者也。飘风不终朝，骤雨不终日，故暴兴必不道，早已也。〉

第三十一章　恬淡为上

夫佳兵^①者，不祥之器，物^②或恶之，故有道者不处^③。君子居则贵左^④，用兵则贵右^⑤。兵者，不祥之器，非君子之器，不得已而用之，恬淡为上。胜而不美，而美之者，是乐杀人。夫乐杀人者，则不可以得志于天下矣。吉事尚左，凶事尚右。偏将军^⑥居左，上将军^⑦居右，言以丧礼处之。杀人之众，以哀悲泣之；战胜，以丧礼处之。

【注释】

① 佳兵：优质军队，泛指军队。

② 物：众人，指天下百姓。

③ 处：使用。

④ 贵左：古人以左为阳，阳顺则生，表示吉利。

⑤贵右：古人以右为阴，阴逆则亡，表示不吉。

⑥偏将军：中国古代武将的官名，是将军的辅佐。

⑦上将军：中国古代武将的官名，春秋时代就出现了，汉代位次于上卿，后世将军的名号繁多，也更趋于荣誉称号性质。

【译文】

任何一支军队出击，都会带来不祥之事，人们也厌恶战事，所以遵从"道"的人轻易不使用它。君子平时以居左为贵，而用兵打仗以居右为贵。战争是不祥之事，不是君子应该追求的，只是万不得已才会运用它，君子应崇尚恬静淡泊。即使战争胜利了也不会自鸣得意，如果自傲自大，那就是嗜血好杀之人。凡嗜血好杀之人，最终是不可能得到天下百姓拥戴的。吉利之事居左边，大凶之事居右边。偏将军要居左边，上将军要居右边，意思是要以治丧之礼来对待战争。战争中会有很多人战死沙场，所以要用悲伤哀痛的心情悼念；就算战争胜利了，也要以丧礼祭奠战死的人。

【阐说】黄元吉《道德经讲义》

圣人之治天下也，道德为上，政教次之。至不得已而兴征伐之师，备干戈之用，长子帅师，弟子舆尸。为贞为凶，《易》所深戒也。而况逞虎视之雄，奋鹰扬之烈，耀兵革于疆场，肆威武于边鄙，以侵伐为利用，以争战为能事者乎？如此用兵，非弥乱也，实佳兵也。夫佳兵者，不祥之器。古人以止戈为武，此则以穷兵为能，非君常用之器也。君子常用之器为何？道也，德也，好生恶杀也。若言兵，则杀机见矣。夫杀伐声张，河山震动，虽鸡犬为之不安，惨何极乎？况蚯蚓尚且贪生，蝼蚁亦知畏死，物之至微至蠢者犹深恶之，何论乎人？是以有道之士不屑处也。凡物贵阳而贱阴——左为阳，生气也；右为阴，杀机也。是以君子之居，平常尚左，独至用兵之际，不尚左而尚右，其贱兵可知矣！就令除残去暴，伐罪吊民，悬正正之旗，布堂堂之阵，要属不祥之器，圣王所不乐耳。夫国家承平，固无需乎武备。一旦边陲告急，叛乱频生，万不得已而用兵，亦惟是步伍整齐，赏罚严肃。凡师行之处，乐供壶浆；兵过之乡，仍安耕凿。所谓克柔克刚，以威以德者，于此可验矣。不逞兵威，不夸将略，惟是恬淡无为，从容自得。虽处戎马纷争之地，俨具步伍安祥之风。以此攻城，何城不克？以此制敌，何敌不摧？其胜有必然者。虽然，其胜也亦兵家之常，乌得谓钟鼎铭勋，旗裳纪绩？遂以此为后世美观乎？倘以此为美观，是必忍万姓之荼毒，博一己之功名。无生人之德，而有杀人之心，亦奚可哉？夫乐杀人者，其心残忍，其法森严，不能大度以容人，常苛刻而自是。斯人也，不可得志于天下。如得志于天下，苍生无遗类矣。古者吉事尚左，凶事尚右。彼偏将军，将之次也，反居其左；上将军，将之上也，转居其右。亦知专杀伐之权者为上将军，偏将必禀命于其上，不得逞杀伐之威，是亦丧礼处军礼矣。夫岂若国书对垒，命士卒咸歌送葬之词也哉？此谨慎小心之至也。又曰"杀人众多，以悲哀泣之"者何？明战伐之

事，伤彼苍好生之心，实出于无可奈何！故吊古战场者，睹此
尸满城濠，血盈沟壑，天地一若含悲，草木一若生愁，而况人
乎？即使战而胜，群酋率服，万姓又安，而反己思维，觉宇下
苍苍赤子，遭锋镝而流离者半，死亡者亦半，心滋戚矣！何敢
以奏凯还朝，歌功颂德而自炫其才能耶？念及此而毫无德色，
反多戚容，仍以丧礼处之而已矣。孟子曰："我善为阵，我善为
战，大罪也；惟国君好仁，天下无敌也。"又曰："威天下不以
兵革之利。"足见神武不杀，仁者无敌，允为治世之良模。而用
兵非圣人之常道，王者所不贵也。

　　此喻临炉用火，实为老弱之人，扶衰救弊，不得已而为之，
何敢矜奇立异，自诩为功耶？彼旁门左道，以进火退符、采药
炼丹，一切有为有作之法，视为神仙之道，误矣，远矣！然少
壮之体，不须采炼之工，可以得药结丹，而衰老之躯，气质物
欲，濡染已久，不加猛烹急炼之功，则气质不化，物欲难除。
以污浊之身而欲行无为自然之道，安可得乎？是犹屋宇不洁，
嘉宾难迎。人须扫除身中污垢，而后色相俱空，尘根悉拔，本
来真性自在个中。虽然勉强修持，亦要安然自在，方不动后天
凡火，有伤性命。故太上以恬淡为上，胜而不美。否则，有后
天而无先天，仅凡气而无真气。一腔火性，其能久耶？故曰：
美之者，是以杀人为乐也。以杀人为乐，则杀机满腹，乌足为
天下之主，受天下之福？其不可得志于天下也，必矣。是知修
炼之士，虽用作为工夫，亦要有仁慈恻怛之怀，谦下柔和之心，
斯后天中方有先天。古人火候无爻策，药物无斤两，顺天而动，

率性而行。虽有作为，亦不为害也已。

【拓展阅读】王弼《道德经注》

　　夫佳兵者，不祥之器。物或恶之，故有道者不处。君子居则贵左，用兵则贵右。兵者，不祥之器，非君子之器，不得已而用之，恬淡为上，胜而不美。而美之者，是乐杀人。夫乐杀人者，则不可以得志于天下矣。吉事尚左，凶事尚右。偏将军居左，上将军居右，言以丧礼处之。杀人之众，以哀悲泣之；战胜，以丧礼处之。

　　（王弼"疑此非老子之作也"，所以本章并无王弼的注文。后来帛书本出土，考后均有本章文字。故由此推之，王弼可能并未见过帛书本。）

第三十二章　道常无名

道常无名，朴^①，虽小，天下莫能臣^②也。侯王若能守之，万物将自宾^③。天地相合，以降甘露，民莫之令而自均^④。始制有名^⑤，名亦既有，夫亦将知止^⑥，知止所以不殆^⑦。譬道之在天下，犹川谷之于江海。

【注释】

①朴：质朴。老子用"朴"字来形容"道"的特征，意在表示"道"虽"朴"但无处不在。

②臣：使……臣服。

③宾：引申为服从、归顺。《说文》："宾，所敬也。"

④均：均匀。

⑤始制有名：万物兴盛本无名，而人给万物定名以辨理，

故曰"始制"。

⑥ 止：停止，引申为边界、临界点。

⑦ 殆：危险。如《孙子兵法·谋攻篇》云："知彼知己，百战不殆；不知彼而知己，一胜一负；不知彼，不知己，每战必殆。"

【译文】

"道"永远是难以形容的，质朴的，它虽然微小不可见，天下却没有人能使其臣服。凡为侯为王者，若能遵照"道"的原则治理天下，百姓自然会诚心归顺。天与地相互作用，就会降下雨露甘霖，不因人的指令与否而自然均匀。万事万物生生不息，所以人们需要对它们进行命名和分类。有了名字和分类，我们才能知道各种事物的限度，也就可以避免不必要的危险了。如果将"道"在天下运行的形态做一番比喻，这就好比一切川谷溪流最终都会汇入江海一样。

【阐说】黄元吉《道德经讲义》

道本冲漠无朕，而实万象森列，无人不具，无物不有。人物未生以前，此物实为之本。人物既生以后，此物又为之根。虽至隐至微，而要不可一刻离也，离则万事万物皆瓦裂矣。故曰："道常无名。"为学人计，不得不为之名。曰黍珠一粒，阳神三寸，自在玄宫，周通法界，犹之太朴完全。其物虽小，其用则大。天下万事万物俱赖此以为君，孰得臣而后之耶？即如侯王，操生杀之权，为万民之主，孰敢不奉其命令？人苟得此太朴，拳拳服膺，守而弗失，虽殊方异域，莫不航海梯山而来，况近者乎？可见万国宾服，皆由于斯朴之能守也。夫人自有生后，气质拘之，物欲蔽之，斯道之存者几希。若欲抱朴完贞，惟效法天地而已。天气下降，地气上腾，犹人坎离交媾，水火调和，天地相合，而甘露垂珠，自然降于中宫。此阴阳燮理，日月同宫，谁为为之、孰令致之？皆由以道为之主宰也。然道究有何名哉？或曰"真铅"，或曰"金丹"。古人制此名，皆为后之修士计耳。修士既知其名，即当求实。彼自阴阳交媾，一点落于黄庭，就当止其所而不迁，安其居而不动，斯大道乃常存也。既知所止，中有主而不易，又奚至生灭而遭危殆之辱耶？可见道散于外，浩渺无垠，浑沦莫测。及敛之于内，混混沌沌，退藏有密。学者苟莫知统宗，无从归宿，则散而无纪，即立己犹不能，焉能及人？故曰："道之在天下，犹川谷之于江海。"惟有主归，所以成其大也。子思谓君子之道费而隐，其即此一本散万殊，万殊归一本之道也欤。

　　此章甘露是铅汞合而始降，"知止"是神气萃于中宫。太上俱浑言之，吾再详道之：学人欲修性命，先明铅汞。古云：汞是我家固有之物，铅乃他家不死之方。若但言心性，无从捉摸，古仙真借名为汞。此个汞非他，乃心中灵液——从涕唾津精气血液，后天所生阴滓物中，加以神火下照，久久化为至灵之液。此个灵液，元性所寄。盖以本性原来真常清净，不染纤尘，与太空等，非从后天色身所有之精，用起文武火，加以神光了照，则灵液不化，灵性无依。故炼丹之士必先炼精化气，所谓此精不是凡人精，乃是玉皇口内涎。玉皇比心也，心中灵液即涎也。既得精生汞化，由是灵液下降坎宫，真阳亦复上升，交会于黄庭内釜，我以神气凝注于此，久之，真铅从此蓬勃缊缊而有象，此即所谓"得药"也。然灵液取真水也，真阳即真气，真气即铅也。汞为精、铅为气，二者皆后天有形有象之铅汞，只可顺而生男育女，不可为长生大药。必从此汞之下降，铅之上升，会合中宫，凝神调息，片刻间兀兀腾腾，如雾如烟，如潮如海，才算是真铅，可为炼丹之本，所谓坎离交而得药是也。于是运起阳火阴符，逆从尾闾直上泥丸。泥丸久积阴精，与我这点真铅之气，配合为一，即所谓"乾坤交而结丹"是也。阳气上升泥丸，有何景象？觉得头目爽利，非等平日之昏晕，有如风吹云散而天朗气清，另有一番气象，才算是真汞。以前之汞，还是凡汞，不可以养成仙胎。铅汞会于泥丸，斯时之凡精凡气，合同而化，不见有铅，并不见有汞，是一清凉恬淡之味，化为甘露神水，香甜可口，不似平日粗精浊气，即古人谓"醍醐灌顶"是。从上腭落下，吞而服之，遂入黄庭温养，即封固矣。此个真精一生，浑身酥软如绵，欲睡不睡，欲醒不醒；而平日动荡之身心，至此浑然湛然，不动不摇，自安所止而得所止，又有何殆之有哉？此境非大静大定不能。若夫采取之法，即一意凝注，毫不分散，古人谓之"不采之采胜于采"是。学人行一步，自有一步之效验。若无真实处，工犹未至。天机毕露，人其自取证焉可。

【拓展阅读】王弼《道德经注》

道常无名，朴虽小，天下莫能臣也。侯王若能守之，万物将自宾。〈道，无形不系，常不可名。以无名为常，故曰"道常无名"也。朴之为物，以无为心也，亦无名，故将得道，莫若守朴。夫智者，可以能臣也；勇者，可以武使也；巧者，可以事役也；力者，可以重任也。朴之为物，愦然不偏，近于无有，故曰"莫能臣"也。抱朴无为，不以物累其真，不以欲害其神，则物自宾而道自得也。〉天地相合，以降甘露，民莫之令而自均。〈言天地相合，则甘露不求而自降；我守其真性无为，则民不令而自均也。〉始制有名，名亦既有，夫亦将知止。知止所以不殆。〈始制，谓朴散始为官长之时也。始制官长，不可不立名分以定尊卑，故始制有名也，过此以往，将争锥刀之末，故曰"名亦既有，夫亦将知止"也。遂任名以号物，则失治之母，故"知止所以不殆"也。〉譬道之在天下，犹川谷之于江海。〈川谷之与江海，非江海召之，不召不求而自归者也。行道于天下者，不令而自均，不求而自得，故曰"犹川谷之与江海"也。〉

第三十三章　知人者智

　　知人者智，自知者明。胜人者有力①，自胜者强②。知足者富，强行者③有志④，不失其所⑤者久，死而不亡⑥者寿⑦。

【注释】

　　① 力：体能之力，意在强调外在力量的功能。

　　② 强：意志之强，意在强调内心力量的功能。

　　③ 强（jiàng）行者：倔强不屈、坚持不懈者。

　　④ 志：志气、意志。

　　⑤ 所：本义是处所，引申为本分。

　　⑥ 死而不亡：身死而精神永存，不会被人遗忘。亡，通"忘"，遗忘、忘却。

　　⑦ 寿：长寿，引申为不朽。

【译文】

能够了解别人只是拥有小聪明，只有了解了自己才叫拥有大智慧。能战胜别人不过是凭借四肢的蛮力而已，若能战胜自己的弱点才是内心真正的强大。知道知足的人才会真正富有，凡倔强不屈、坚持不懈的人都是有志气的，不失本分的人才能长盛不衰，身虽死而精神永存的人才算是真正的不朽。

【阐说】黄元吉《道德经讲义》

修身之道，不外性命。人欲尽性立命，必先存心养性，保命全形。予以修之炼之，积之累之，则本性长圆，天命在我矣。然欲尽心，必先知性，知得人生之本，纯乎天理，不杂人欲，谓之睿智。由此遏欲存理，时时省察，刻刻防闲，务令私欲尽净，天理流行，洞见本来面目，惺惺不昧，了了常明，即是圆明妙觉。此非外面想象，乃自家真知，他人莫能喻也。故曰："知人者智，自知者明。"若欲立命，必先炼己。炼己有两端：一曰物欲——物欲不除，天真难现。舍此而欲得药结丹，亦犹嘉禾杂莠稗之中，不先芟黄，势必苗莠并植。非先胜人欲，常操常存，则有定守，未必有定力也，故曰："胜人者有力。"一曰气质——气质不化，身何由固？所以剥肤存液，剥液存神，剥神还虚，层层剥尽，方能与道合真。苟非精固气壮，焉能战胜群阴，扫除六贼，致令一身内外精莹如玉，变化凡躯，炼成仙体哉？故曰："自胜者强。"如是性已了矣，命已立矣，功不于此尽乎？道不于此成乎？虽然，起火有时，止火有候，若当火足之时，不行止火之功，精必随气之动而动，故知止养丹，如贫者之积财而富，常觉有余。既知止火，尤要进火以养丹，退火以温丹。非有志之上，断不能绵绵密密，不贰之息如此也。《易》曰："天行健，君子以自强不息。"其即此强行者有志之谓欤？自此温养之后，但安神息，一任天然，无一时一刻之失所。子思子谓"至诚无息，不息则久"者，此也。至若凡身脱化，真灵飞升，亦犹凡人之死。但凡人之死，死则神散；而圣人之死，死犹神完。形虽死而神如生，乌得不与天地同寿耶？

此言知人道、胜人欲，犹是穷理尽性一边之说。惟性见心明，洞彻本原，神强气壮，煅尽阴滓，始能了性而立命。性命不分二途，复归于混沌未开之天，而阴神尽灭，阳神完成矣。其间炼精化气，炼气化神，尚有止火养丹。《悟真》云："若也持盈未已心，不免一朝遭殆辱。"此之谓也。夫炼精化气，为入胎之始；炼气化神，为成胎之终。不知止火，则气不入于胎。精虽炼而为气，犹可因气之动而复化为精。且不知止火，则神不凝于虚空，气虽炼而成神，犹可因神之动而复化为气。故曰："知足常足，终身不辱。"太上之言，非欺我也。至若神归大定，气亦因之大定。百年之久，浑同一日。一念游移，即同走丹。如此任重道远，非强行有志者，不能常止其所，历久而不敝也。三昧火化，立上凌霄，虽死犹生，其精神足与天地同寿。金丹始终，尽于此矣。

【拓展阅读】王弼《道德经注》

　　知人者智，自知者明。〈知人者，智而已矣，未若自知者超智之上也。〉胜人者有力，自胜者强。〈胜人者，有力而已矣，未若自胜者，无物以损其力。用其智于人，未若用其智于己也。用其力于人，未若用其力于己也。明用于己，则物无避焉；力用于己，则物无改焉。〉知足者富，〈知足自不失，故富也。〉强行者有志，〈勤能行之，其志必获，故曰"强行者有志"矣。〉不失其所者久，〈以明自察，量力而行，不失其所，必获久长矣。〉死而不亡者寿。〈虽死而以为生之道，不亡乃得全其寿，身没而道犹存，况身存而道不卒乎。〉

第三十四章　大道氾兮

大道氾[①]兮，其可左右。万物恃[②]之而生而不辞[③]，功成不名有[④]，衣养[⑤]万物而不为主[⑥]。常无欲，可名于小[⑦]；万物归焉而不为主，可名为大[⑧]。以其终不自为大，故能成其大。

【注释】

① 氾：同"泛"，广泛、普遍。

② 恃：凭借、依靠。

③ 不辞：不推让、不辞让。

④ 名有：占有。

⑤ 衣养：泽被、养育。

⑥ 不为主：不自认为主宰。

⑦ 小：微小、渺小。

⑧ 大：广大、伟大。

【译文】

大道无所不在，它左右着世间万物的兴盛衰亡。万物仰赖它生长而不辞让，有如此功劳而不占有，泽被万物也不自认为主宰。如此无欲无求，可用微小来称呼它；万物依附于它，而它并不自认为主宰，可用伟大来称呼它。由于"道"不自认为伟大，所以才能真正成就自己的伟大。

【阐说】黄元吉《道德经讲义》

道本渊涵无极，浩荡无涯。《诗》曰："左之左之，君子宜之；右之右之，君子有之。"观此可见道之随时取用，无人不遂，无物不充焉。斯道也，何道也？万物生生之本也。道在天地，万物资以为生，而不辞其纷扰。以道无不足，故其生无不畅也。虽然，生之遂之之道既足，而物赖以成，亦若物之自生自遂，而道不见为有，其成功为奚如乎？虽不名为有，而天地之大，四海之遥，无人不被其涵濡，无物不荷其帡幪。且听物之自生自育，而道若不知其有生有育。普护一切，包涵万有，斯诚"衣被万物而不以为主"焉。道之功成，浩浩乎无可名也。常无欲也，无欲即常清常净，真常之道也。就其小而名之，虽一草一木之微，无有或外；弥纶万有，无隙可寻；浑然一团，纤尘悉化。此小莫能破之义也。故曰："常无欲，可名于小。"就其大而名之，铺天匝地，统育群生；亘古及今，包含万汇，而究无一物之不归，无一夫之或外。此大莫能载之旨也。故曰："万物归焉而不为主，可名于大。"圣人之道，何其费而隐哉？夫圣人与道合真，静则守中抱一，浑同于穆之天。动则因物随缘，俨寓时行之象。惟天为大，惟圣则之。圣实与天同其大也。然圣终不以为大也。惟不以为大，故能成其大，此所以为大圣人欤？

此言道之浩浩，生万物而有余，被万物而至足，无小无大，悉包个中。圣人能成其大，皆由修造有本。今特详下手之功：如打坐之时，先凝神，继调息。到得神已凝了——不必有浩然正气，至大至刚，充塞天地；只要心无烦恼，意无牵挂，觉得心如空器，一点不有。意若冰融，片念不生，此身耸立，恍如山岳镇静，不动不摇——由是以神光下照于气穴之中，默视吾阴跷之气与绛宫之气两相会于丹鼎之中。我即以温温神火细细烹炼，微微巽风缓缓吹嘘，自然精融气化。此即炼精化气也。何以知其炼精化气哉？前此未采外来之气，与吾心内之神两相配合，会成一家。此个坎离各自分散，全不相依，呼吸亦不相调。到得收回外气，以制内里阴精，气到之时，阴精自化。上下心肾之气即合为一，自然绛宫安闲，肾府自在。外之呼吸与内之真息合为一气，浑如夫妇配成，聚而不散，日充月盈，真阳从此现象矣。此即化气之明征也。既已化气，再行向上之事。何谓向上之事？斯时呼吸合、神气交，凝聚丹田，宛转悠扬，几如活龙游泳，一日有无数变化。我惟凝神于中，注息于外，听其天然，自然静极而动，动极而静，此即炼气化神也。到得静定久久，我气益调，前此宛转流行于丹田者，此时烹炼极熟，觉得似有似无，若动若静。精看不觉，细会始知。此际务将知觉之心，一齐泯去，百想无存，万虚全消，即丹田交会之神气，听他自鼓自调，自温自煅，我惟致虚守寂，纯任自然，神入气中而不知，气周神外而不觉。如此烹炼一阵，自有一阵香风上冲百脉，遍体熏蒸。此所谓神生气也。又觉精神日长，智慧日开。一心之内，但觉一息从规中起，清净微妙，精莹如玉。此所谓气生神也。如此神气交养，两两相生。斯时正宜撒手成空，不粘不脱，若有心，若无意。此炼神还虚之实际也。此三件功夫，一时可行可到。学人须遵道而行，不可但到神气粗交，未至大静，即行下榻。又不可但到神气大交，凝成一片，两不分明，未到虚无清净自在之境，速离坐地。必须照此行持，从炼精起，久久气长神旺，化为清净自然，再加归炉封固工法，然后合乎天地盈虚消息，与一年春夏秋冬气象，如此始完全一周工夫。照此修持，自然我气益调，我神益静，中有无穷变化，不尽生机。由是日夜勤工，绵绵密密，寂照同归，自有真气熏蒸，上朝泥丸，下流丹府，透百脉而贯肌肤，勃然有不可遏之状，此河车之路，自然而通。我不过顺其所通，而略为引之，足矣。非若旁门左道，以自家私意，空空去运，死死去行，不观他自动自静，而为之起止也。久之，丹成道立，走雾飞空，与天为徒。圣人之成其大，诚非轻易也已。

【拓展阅读】王弼《道德经注》

　　大道氾兮，其可左右。〈言道氾滥，无所不适，可左右上下周旋而用，则无所不至也。〉万物恃之而生而不辞，功成不名有。衣养万物而不为主，常无欲，可名于小；〈万物皆由道而生，既生而不知所由。故天下常无欲之时，万物各得其所，若道无施于物，故名于小矣。〉万物归焉而不为主，可名为大。〈万物皆归之以生，而力使不知其所由。此不为小，故复可名于大矣。〉以其终不自为大，故能成其大。〈为大于其细，图难于其易。〉

第三十五章　往而不害

执大象[1]，天下往[2]；往而不害，安平太[3]。乐与饵[4]，过客止。道之出口[5]，淡乎其无味，视之不足见，听之不足闻，用之不可既[6]。

【注释】

[1] 大象：大道之象。"道"并不直接显现，而是以万事万物作为表征。

[2] 往：追随、倚靠。

[3] 太：同"泰"，平和、安泰。

[4] 乐与饵：音乐和食物。可引申为精神享受和物质享受。

[5] 出口：从口中说出来。

[6] 既：完毕、完结。

【译文】

坚守大道者，天下百姓就会追随他；不侵害追随自己的百姓，天下自然安泰和谐。就像美妙的音乐和可口的饭食，都可以令往来过客驻足。若用言语来表达大道，就显得平淡无味了，因为用双眼看是看不见它的，用双耳听是听不到它的，但你运用它时，它却是无穷无尽的。

【阐说】黄元吉《道德经讲义》

何谓大象？即生天、生地、生人、生物之大道。以其无所不包，故曰大象。究何象哉？殆无极而已矣。顾无象为象，究将何所执乎？亦无执为执，斯于道不悖矣。人能常操常存，勿忘勿助，则大象执焉，大道在焉。昔孔子告颜渊曰："一日克己复礼，天下归仁。"是知大道所归，即天下所归。无论归人归道，俱是心悦诚服，又何害之有耶？吾知一气相贯通，万物皆默化。融融泄泄，上下相安于泰运之天。此直自然之依归，非一时所感激。苟徒饰片时之耳目，未始不源源而来。但如世之雅乐可怀，香饵可口，亦足令过客停骖，流连不去，然可暂而不可常也。惟道无味，不似肥浓甘脆，令人咀嚼不已，餍饫无穷，而人之爽口悦心者，自不厌焉。此无味中之至味，非世味之浓所可拟。虽然，道无方所，亦无形状，难想象亦难捉摸。故曰：视不见，听不闻，而取之靡穷，用之不竭，有如是也。诚范围天地而不过，曲成万物而不遗，斯道之所以为大耳。学者其知所向往哉！

此言人必效天地交泰，而后融融泄泄，不啻雅乐可怀、香饵堪味，令人叹赏不置。然其境地非易到也。苟当私欲甚炽、血气将衰之时，不先从极动之处，渐而至于静地，则人心不死，道心不生，凡息不停，真息不见。惟动极而静之际，忽来真意以主持之。此意属阴，为之己土。少焉恍恍惚惚，阴阳交媾，大入杳冥之境，似梦非梦，似醒非醒。于此定静之中，忽觉一缕热气，混混续续，气畅神融，两两交会于黄房之间，将判未判，未判忽判。此即真铅现象。心花发露，暖气融融，元神跃跃，不由感触，自然发生，斯乃玄关兆象，太极开基也。斯时惟用一点真心，发真意以收摄之。此意属阳，为戊土。其实一意，不过以动静之基，分为戊己之土而已。盖玄牝未开，混沌之中，有此真意为主，即无欲观妙之意，谓之阴土；及玄牝开而真机现，即有欲以观其窍，谓之阳土。一为无名天地之始，一为有名万物之母。生天、生地、生人、生物，皆此一点真意为之贯注。修行人能以真意主宰运行，庶不至感而有思，动而他驰。所谓天关由我，地轴由心；宇宙在乎身，万化生于心，皆此时之灵觉，为之运用而主持也。故曰，略先一息，则真机未现，采之无益；略后一息，则凡念已起，采之又多夹杂，不堪为我炼功大药。此须有大智慧、大力量，方能于此一息中，认得清、把得定，以为成仙证圣之本。虽然，此个玄关，始而其气柔脆，只觉微有热意从下元起，久则踊跃周身，似有不可遏抑之势。学人须于至微处辨得明白，以我真意主持，毫不分散，久之气机大有力量，一任兀兀腾腾，随其所至，不加一意，不参一见，斯得之耳。到得气机壮旺，一静即天机发动，迅速如雷，虽一切喧闹之乡，不能禁止。总要有灵觉之心，为之主持，乃无差也已。

【拓展阅读】王弼《道德经注》

执大象，天下往。〈大象，天象之母也。不寒不温不凉，故能包统万物，无所犯伤，主若执之，则天下往也。〉往而不害，安平太。〈无形无识，不偏不彰，故万物得往而不害妨也。〉乐与饵，过客止。道之出口，淡乎其无味，视之不足见，听之不足闻，用之不可既。〈言道之深大。人闻道之言，乃更不如乐与饵，应时感悦人心也。乐与饵则能令过客止，而道之出言，淡然无味，视之不足见，则不足以悦其目；听之不足闻，则不足以娱其耳。若无所中然，乃用之不可穷极也。〉

第三十六章　国之利器

　　将欲歙[1]之，必固[2]张之；将欲弱之，必固强之；将欲废之，必固兴之；将欲夺之，必固与之。是谓微明[3]。柔弱胜刚强。鱼不可脱于渊，国之利器[4]不可以示人。

【注释】

　　①歙（xī）：收敛、收缩。与"张"相对。

　　②固：暂且。

　　③微明：绝妙的智慧。

　　④国之利器：指国家机关，包括军队、立法、行政等，这些既是国家暴力机关，也是国家机密，是一个国家存在的保障，一旦让不法者得知，国家离倾覆就不远了。

【译文】

（对待敌人）若想让对方收敛，就先鼓动它（令其扩张树敌）；若想削弱它，就先放纵它变强（令其盲目膨胀）；若想让它荒废，就先吹捧它（令其迷失自我）；若想夺取对方的东西，就先给予它想要的东西（令其贪婪丧志）。这是一套克敌制胜的绝妙智慧。柔弱最终会战胜刚强的。就像游鱼不能脱离池渊而存活，国家机密也丝毫不能脱离其隐秘而展示给别人看（否则危亡将至）。

【阐说】黄元吉《道德经讲义》

天有盈虚消长，人有寿夭穷通，此亦气数之常。然只可以概凡夫，而不可以律圣人。圣人则有挽回天地之能，扭转乾坤之德，要不外颠倒阴阳，逆施造化而已。即如时至秋也，万物将收，而欲歙弱而难整，圣人则有张天地之气运，强血气之功能焉。时至冬也，万物皆废，而欲樇夺而难生，圣人则有气象之重兴，岁月之我与者。此至微而至明，实常而实异，非圣人莫喻也。易危为安，反乱为治，非神勇者不能臻此神化。然究其所为返还之术，不过曰柔、曰弱。惟其柔也，故能胜刚；唯其弱也，故能胜强。所用者何？人无精则绝，鱼无水则灭，一旦脱之于渊，则水涸而生机息矣。亦犹人无真一之精，则所存者几希。人之与鱼，同一不离乎水。但非天露之水，乃造道渊深，而一元之水，汩汩乎来，频相灌溉也。昔庄子谓相濡以沫，相呴以湿，不若相忘于江湖，是其旨矣。后世旁门，以有形有质之精，为修炼长生之本，殆不知道之为物，刚健中正，纯粹以精，都从恍惚杳冥、虚无自然而生者。其间火药之密机、烹炼之的旨，非圣师不授，非至诚不几，非有功有德、虚心访道、竭诚求师者，未易仙缘凑合。盖天机密秘，天地至重，鬼神最钦，妄传匪人，殃遗九祖。犹国家利用之密器，不可以轻示人。是以君子缜密而不出也，学者亦见及此乎？

此言修道之士，真有宇宙在手，万化生心之妙。然亦不过观天之道、执天之行，顺而取之，逆而施之，足矣。其寓生机于杀机之中，即所谓至阴赫赫，至阳肃肃。肃肃出乎天，赫赫出乎地。由至阴而取至阳，所谓盗机者此也。人能于黑山窟取阳，鬼窝里取宝，即是盗生机于杀机之内。要皆在天地虚空中取，人身虚静处夺，此精才是真精，非世之凡精可拟。人能盗之不失其时，用一度工，自有一度之进益。劝学者以柔以弱，立德立功，庶得神天之佑，自有仙人传授口诀。否则，最大事情，惊天地而动鬼神，纵是神仙，要皆不传者多。盖天机至密，天律最严，不可违也。庄子曰："使道可献人，则人莫不献之于君。使道可进人，则人莫不进之于亲。使道可与人，则人莫不与之于弟兄。使道可传人，则人莫不传之于子孙。"而皆不可者何？诚以中无德而道不立，中无主而道不行也。合数圣之言观之，则知国之利器不可轻以示人矣。后世修士，切勿以大道为公，不择人而授，以致自遭天谴，悔之无及。斯殆有公而不公，不公而公之旨，非下学所能参其微也。尚其懔之。

【拓展阅读】王弼《道德经注》

将欲歙之，必固张之；将欲弱之，必固强之；将欲废之，必固兴之；将欲夺之，必固与之。是谓微明。〈将欲除强梁、去暴乱，当以此四者。因物之性，令其自戮，不假刑为大，以除将物也，故曰"微明"也。足其张，令之足，而又求其张，则众所歙也。与其张之不足，而改其求张者，愈益而已，反危。〉柔弱胜刚强。鱼不可脱于渊，国之利器不可以示人。〈利器，利国之器也。唯因物之性，不假刑以理物，器不可睹，而物各得其所，则国之利器也。示人者，任刑也。刑以利国，则失矣。鱼脱于渊，则必见失矣。利国之器而立刑以示人，亦必失也。〉

第三十七章　道常无为

道常无为而无不为，侯王若能守之①，万物将自化②。化而欲作③，吾将镇之以无名之朴④。无名之朴，夫亦将无欲。不欲以静，天下将自定。

【注释】

① 守之：守"无为之道"。老子所谓的"无为"，当指"不妄为"，有不应强加干预的意思，而并不是"不作为"，否则类如前章所言克敌制胜的智慧，岂不与老子思想相悖了。

② 自化：自我华育、自我生长。

③ 欲作：欲望兴起。

④ 无名之朴：道无名而假万物之名为名，万物非道而尽显道之本质，"无名"是万物本然，故朴也。

【译文】

"道"虽然一直任万物自行发展而不强加干预，但没有什么事情不是它所作为而产生的。侯王若能按照"道"的原则为政治民，天下百姓就会自我化育、自我发展。当自我化育、自我发展的过程中产生邪念贪欲时，"道"的纯朴之力就会自行调节规整。有"道"的纯朴之力在，天下百姓就会再次无贪无欲。百姓没有了贪欲之心，天下自然就会安定和平。

【阐说】黄元吉《道德经讲义》

道虽自然无为，然着于无为，又成顽空之学。须于无为植其本，有为端其用，无为而有为，有为仍无为，斯体立而用行，道全而德备矣。所谓常应常静，常寂常惺，放之则弥纶六合，卷之则潜伏寸衷。即此冲漠无朕之时，有此坐照无遗之概。虽曰无为，而有为寓其中；虽曰有为，而无为赅其内。斯大道在我，大本常存。任尊贵王侯，若无此道为根本，则万物皆隔阂而难化。惟能持守此道，则天下人物，性情相感，声气相通，自默化潜移，而太平有象矣。虽然，承平日久，古道难敦。此亦情所必至，理有固然，无足怪也。及创造频仍，繁华肇起，人心愈险，祸乱弥多。此又天地之气数，人所不能逃者。惟圣人具保泰持盈之法，久安长治之谋。于文物初开之世，而以无为无作、无思无虑，浑然无名之太朴，为之修诸己而措诸人，导于前而引于后，纯乎天，不杂以人，所以内镇宫廷，外镇天下。屯之初九曰盘桓，利居贞，为草昧未开者之一镇也。夫石蕴玉而山辉，水怀珠而川媚。凡朴之镇犹且如此，况无名之朴，合民物而一为之镇乎？倘不归浑穆，断难使会极归极，咸登衽席之安。惟不识不知，顺帝之则，浑忘道德，不识天人，斯为得之。故曰："无名之朴，亦将不欲，不欲以静，天下自正。"此殆恬淡无欲，郅治无为，上不知所为化，下不知所为应，上与下两相安于无为之道，有不知其然而然者。舜之无为而治，所以独隆千古也。为民上者，可不以无为为本哉？

此论治世之道，无为为本。修身之道，亦不外此。侯王比人之身，至尊至贵，俗云"一劫人身万劫难，既得人身遇已奇"矣。又闻正法，不更美乎？于此不修，则精神必耗，身命难延。一转眼间，气息泯灭，又不知为鬼为蜮，或兽或禽。轮回六道，辗转不停，何时才得出头？今逢法筵大展，大道宏开，可不急急修持，而令岁月之蹉跎耶？万物比人身中五官百体，血气精神。能守此无为常道，则诸虑自息，百骸俱理，肌肤润泽，毛发晶莹，不啻金相玉质。侯王能守，万物自化，比一心内照，则变化通灵。然火候未纯，气质尚在。当此精神大整，智慧频生，或好谈过去未来，以逞其才；或喜语建功立业，以夸于世。种种作为，皆由道德未纯之故。惟此玉液丹成，重安炉鼎，再辟乾坤，仍以无名太朴，倾于八卦炉中，内用天然神火，外加增减凡炉，久久火化，连无名之朴亦浑忘焉。如此无知无欲，恬然淡然，则凡身变化，自返还于先天一气，而仙道成矣，所谓"不欲以静，天下将自正"者。太上治世修身之道，其一以贯之者欤！

【拓展阅读】王弼《道德经注》

道常无为，〈顺自然也。〉而无不为。〈万物无不由为以治以成也。〉侯王若能守之，万物将自化。化而欲作，吾将镇之以无名之朴。〈化而欲作，作欲成也。吾将镇之无名之朴，不为主也。〉无名之朴，夫亦将无欲。〈无欲竟也。〉不欲以静，天下将自定。

下篇　德经

第三十八章　上德不德

　　上德^①不德^②，是以有德；下德不失德，是以无德。上德无为而无以为^③；下德为之而有以为。上仁为之而无以为；上义为之而有以为。上礼为之而莫之应，则攘臂^④而扔^⑤之。故失道而后德，失德而后仁，失仁而后义，失义而后礼。夫礼者，忠信之薄^⑥而乱之首^⑦。前识者，道之华^⑧而愚之始。是以大丈夫处其厚，不居其薄；处其实，不居其华。故去彼取此。

【注释】

　　①上德：至高之德，与"下德"对应。上，通"尚"。《韩非子·解老》："德盛之谓上德。"

　　②德：这里的"德"用作动词，表示一个人显示自己有德。故"上德不德"的大意是，有至高之德的人从不显示自己

有德。

　　③ 无以为：即无心作为，与"有以为"对应。以，通"意"，故意、有意为之。

　　④ 攘臂：撸起袖子，伸出胳膊，表示激越或发怒。

　　⑤ 扔：拉扯、牵引。

　　⑥ 薄：微、少、不足。

　　⑦ 首：开始，和"而愚之始"的"始"意思同。

　　⑧ 华：华而不实，指外在而言。

【译文】

　　至高之德的人从不外显自己有德，这才是真正的有德之人；至低之德的人刻意显示自己不失德，实际上却是无德之人。至高之德的人顺应自然，从不强制作为；至低之德的人虽顺应自然，却始终在刻意为之。至高之仁的人要有所作为，从不有意为之；至高之义的人要有所作为，必然要有心为之（才能达到目的）。至高之礼是有意为之，但得不到回应，所以挥动胳膊强迫别人遵从。因此，丧失了自然之道，才讲究以德治世；丧失了德行，才讲究以仁爱治世；丧失了高义，才讲究以礼仪治世。这个礼仪，是忠信观念淡薄的产物，也是天下动乱的肇始。所谓先知先觉者，不过是华而不实的"道"，也是一切愚昧无知的肇始。所以，大丈夫应该追求厚重的"道"，而不应该追求浅薄的仁、义、礼等；应该追求"道"的朴实，而不应该追求"道"的外在表现。因此，要舍弃浅薄虚华的"道"，而追求朴实厚重的"道"。

【阐说】黄元吉《道德经讲义》

上古之风，浑浑噩噩，一任其天；浩浩渊渊，各安其性；上下无为，君民共乐；忠厚成风，讼争不起。何世道之敦庞若此乎？皆由安无为之天，率自然之性。一时各老其老、幼其幼、贤其贤、亲其亲，安耕乐业，食德饮和，不知道德之名，更不闻仁义礼智之说。然而抱朴完贞，任气机之自动，而天地以同流，俨若不教而化，无为而成，自与道德为一，仁义礼智不相违焉。夫以道德并言，道为体，德为用。以道德仁义礼智合论，则道德又为体，而仁义礼智又为用。后世圣人，虽为化民起见，而立道德之名，分为仁义礼智之说，其实道德中有仁义礼智，仁义礼智内有道德，无彼此，无欠缺也。降至后世，而道德分矣。等而下之，仁义礼智亦多狃于一偏。此皆由气数之推迁，人心之变诈，故至于此。太上欲人返本还原，归根复命，乃为之叹曰：上德无为之人，惟率其性，不知有德，是以其德常存；下德有为之士，知德之美，因爱其名，好行其德，惟恐一失其德，顿丧其名。此两念纷驰，浑沦顿破，不似上德之一诚不贰，片念无存，由有德而反为无德也。且上德无为，斯时天下之民，一道同风，群安无为之世；下德有为，际此繁华渐起，俗殊政异，共乐有为之常。岂非忘机者息天下之机，好事者启天下之事乎？然时穷则复，物穷则变，人穷则返。当此多事之秋，风俗浇漓，人心变乱，滔滔不返，天真梏没久矣。必有好仁之主，发政施仁，清源正本，易乱为治，转危为安，势不能不有为。然虽有为之迹，而因时制宜，顺理行去，有为仍属无为，所以垂衣裳而天下治也。更有好义之人，际此乱离之日，欲复承平，大兴扫除之功，欣欣自喜，悻悻称雄，不能一归淡定。虽或乂安宇宙，人物一新，而上行下效，民物之相争相夺者，不能已也。至于上礼之君，人心愈变矣。习往来之仪，论施报之道，或厚往而薄来，或施恩而报怨，则不能安于无事。朝有因革，俗有损益，不能彼此相合，远近同群，稍有不应，而攘臂相争，干戈旋起，不能与居与处而相安。故曰："失道而后德，失德而后仁，失仁而后义，失义而后礼。"迄于今，人愈变、事愈繁，而忠信之坏已极，不得不言礼以维持之。无如徒事外面之粉饰，不由中心之发皇。酬酢日多，是非愈众，彼缘礼而维系人心之计者，殆未思应于外，不由于中，必至凶终而隙末，欲安于反危。故曰："忠信之薄，而乱之首也。"他如智非奇计异谋，预度先知之纠察，乃由诚而明，不思而得，不学而能，自然虚明如镜，岂逆诈臆信所能比哉？然道之华，非道之实。且察察为明，必流于虚诬诈伪而不觉。在己或矜特识，其实愚之始也。是以大丈夫有真识定力，知敦厚以为礼，故取其厚，不取其薄；知虚华之非智，故取其实，不取其华。去取攸宜，而大道不难复矣。

此言道德废而有仁义，仁义废而有礼智，愈趋愈下，亦人心风俗使然，无足怪者。至于修养一事，咽津服气出而道一变，采药炼丹出而道一变，迄于今纷纷左道，不堪言矣！谁复知玄关一窍为修道之要务乎！吾今为人示之：人欲识此玄关，须于大尘劳大休歇后，方能了彻这个玄关。又曰"念起是病，不续即药"；又曰"放下屠刀，立地成佛"。总不外尘情杂念纷纷扰扰时，从中一觉而出，即是玄关，所谓"回头是岸"。又曰"彼岸非遥，回光返照"即是。但恐于玄关未开时，先加一番意思去寻度；于玄关既开之后，又加一番意思去守护。此念虑纷纷，犹天本无云翳，云翳一散便现太空妙景；而却于云翳已散之后，又复加一番烟尘，转令清明广大之天，因而窄逼难容，昏暗莫辨矣。佛云："应如是住，如是降伏其心。"此等玄机，总着不得一毫拟议，拟议即非；着不得半点思虑，思虑即错。惟于玄关未开时，我只顺其了照之意；于玄关既开候，我亦安其坐照之浑。念若纷驰，我即收回，收回即是。神如昏罔，我即整顿，整顿即是。是如何之简捷便易乎？特患人于床上安床，动中寻动，静里求静，就涉于穿凿。而玄关分明在前，却又因后天知虑遮蔽，而不在矣。吾今示一要诀：任他思念纷纭，莫可了却，我能一觉而动，即便扫除，此即是玄关。足见人之修炼，只此觉照之心，亦如天空赤日，常须光明洞照，一毫昏黑不得，昏黑即落污暗地狱。苟能拨开云雾，青天白日，明明在前。如生他想，即落凡夫窠臼，非神仙根本。总之仙家无他妙诀，惟明心见性，乃修炼要旨。若问丹是何物？即吾丹田中缊缊元气是也。然此元气，与我本来不二，元神会合一处，即是返还太极无极、父母未生前一点天命。人能以性立命，以命了性，即可长生不死。但水府求玄，欲修成金液之丹，不得先天神息，采取烹炼，进退温养，则先天元性与先天元命，不能自加会合为一，攒五簇六而成金丹。虽然，既得元性元命矣，若无真正胎息，犹人世男女，不得媒妁往来交通，亦不能结为夫妇。故《丹经》云："真意为媒妁。"兹又云"真息为媒妁"，岂不与古经相悖乎？不知真意者炼丹交合之神，真息者炼丹交合之具，要皆以神气二者合之为一而已矣。第无真息，则真气不能自升自降，会合温养，结成玄珠；既得真息，若无真意为之号令，摄持严密，则真息亦不能往来进退，如如自如。故曰："真意者，炼丹之要。"然真意不得真正元神，则真意从何而始？惟于玄关窍开之初，认取这点真意，于是返而持之，学颜子拳拳服膺，斯得之矣。况元神所流露，即是真意、即是一善，亦即得一而万事毕之道。学人认得分明，大丹之本立矣。昔邱祖云："息有一毫之未定，命非己有。"吾示学人，欲求长生，先须伏气。然伏气有二义：一是伏藏此气归于中宫，如如不动；二是管摄严密，降伏后天凡息，不许内外呼吸出入动摇吾固有之神气。久久降伏，自能洗心退藏于密。长生即在此伏气中。除此别无他道，修行人须照此行持，乃不负吾一片苦衷耳。

【拓展阅读】王弼《道德经注》

上德不德，是以有德；下德不失德，是以无德。上德无为而无以为；下德为之而有以为。上仁为之而无以为；上义为之而有以为。上礼为之而莫之应，则攘臂而扔之。故失道而后德，失德而后仁，失仁而后义，失义而后礼。夫礼者，忠信之薄，而乱之首。前识者，道之华，而愚之始。是以大丈夫处其厚，不居其薄；处其实，不居其华。故去彼取此。〈德者，得也。常得而无丧，利而无害，故以德为名焉。何以得德？由乎道也。何以尽德？以无为用。以无为用，则莫不载也。故物，无焉，则无物不经；有焉，则不足以免其生。是以天地虽广，以无为心。圣王虽大，以虚为主。故曰以复而视，则天地之心见；至日而思之，则先王之至睹也。故灭其私而无其身，则四海莫不瞻，远近莫不至。殊其己而有其心，则一体不能自全，肌骨不能相容，是以上德之人，唯道是用。不德其德，无执无用，故能有德而无不为。不求而得，不为而成，故虽有德而无德名也。下德求而得之，为而成之，则立善以治物，故德名有焉。求而得之，必有失焉；为而成之，必有败焉。善名生，则有不善应焉，故下德为之而有以为也。无以为者，无所偏为也。凡不能无为而为之者，皆下德也。仁义礼节是也。将明德之上下，辄举下德以对上德。至于无以为，极下德下之量，上仁是也，足及于无以为而犹为之焉。为之而无以为，故有为，为之患矣。本在无为，母在无名，弃本舍母而适其子，功虽大焉，必有不济。名虽美焉，伪亦必生。不能为而成，不兴而治，则乃为之，故有宏普博施仁爱之者，而爱之无所偏私，故上仁为之而无以为也。爱不能兼，则有抑抗正直而义理之者，忿枉祐直，助彼攻此，物事而有以心为矣，故上义为之而有以为也。直不能笃，则有游饰修文礼敬之者。尚好修敬，校责往来，则不对之闲，忿怒生焉。故上礼为之而莫之应，则攘臂而扔之。夫大之极也，其唯道乎！自此已往，岂足尊哉！故虽德盛业大，富有万物，犹各得其德。万物虽贵，以无为用，不能舍无以为体也，不能舍无以为体，则失其为大矣，所谓失道而后德也。以无为用，则得其母，故能己不劳焉而物无不理。下此已往，则失用之母。不能无为而贵博施，不能博施而贵正直，不能正直而贵饰敬，所谓失德而后仁、失仁而后义、失义而后礼也。夫礼也，所始首于忠信不笃，通简不阳，责备于表，机微争制。夫仁义发于内，为之犹伪，况务外饰而可久乎！故夫礼者，忠信之薄而乱之首也。前识者，前人而识也，即下德之伦也。竭其聪明以为前识，役其智力以营庶事，虽得其情，奸巧弥密，虽丰其誉，愈丧笃实。劳而事昏，务而治薉，虽竭圣智而民愈害。舍己任物，则无为而泰。守夫素朴，则不顺典制。耽彼所获，弃此所守，故前识者，道之华而愚之首。故苟得其为功之母，则万物作焉而不辞也，万事存焉而不劳也。用不以形，御不以名，故仁义可显，礼敬可彰也。夫载之以大道，镇之以为名，则物无所尚，志无所营，各任其贞，事用其诚，则仁德厚焉，行义正焉，礼敬清焉。弃其所载，舍其所生，用其成形，役其聪明，仁则尚焉，义则竞焉，礼则争焉。故仁德之厚，非用仁之所能也；行义之正，非用义之所成也；礼敬之清，非用礼之所济也。载之以道，统之以母，故显之而无所尚，彰之而无所竞。用夫无名，故名以笃焉；用夫无形，故形以成焉。守母以存其子，崇本以举其末，则形名俱有而邪不生，大美配天而华不作。故母不可远，本不可失。仁义，母之所生，非可以为母。形器，匠之所成，非可以为匠也。舍其母而用其子，弃其本而适其末，名则有所分，形则有所止。虽极其大，必有不周；虽盛其美，必有忧患。功在为之，岂足处也。〉

第三十九章　贵贱高下

　　昔之得一①者，天得一以清，地得一以宁，神得一以灵，谷得一以盈，万物得一以生，侯王得一以为天下贞②。其致之③，天无以清将恐裂，地无以宁将恐发，神无以灵将恐歇，谷无以盈将恐竭，万物无以生将恐灭，侯王无以贵高将恐蹶④。故贵以贱为本，高以下为基。是以侯王自称孤、寡、不毂⑤。此非以贱为本邪？非乎？故致数舆⑥无舆。不欲琭琭⑦如玉、珞珞⑧如石。

【注释】

　　① 得一：得道。

　　② 贞：正、主，这里引申为首领、君主。《周易略例》："夫动不能制动，制天下之动者，贞夫一也。"

③ 其致之：依前所说。其，指前面"昔之得一……以为天下贞"的观点。

④ 蹶：崩溃，指亡国。

⑤ 孤、寡、不穀：古代君王的自称。孤，是古代帝王的自称。寡，古代王侯的自称。不穀，是先秦诸侯之长的自称。

⑥ 致数舆：屡次获得高贵的美誉。舆，通"誉"，名誉、荣誉。

⑦ 琭琭（lù）：有光泽的样子。

⑧ 珞珞（luò）：坚硬、刚正，引申为朴实无华。

【译文】

自古得道的规律：天得道了就会清明，地得道了就会宁静，神得道了就会有灵性，河谷得道了就会充盈，万物得道了就会开始繁衍生长，侯王得道了就会成为天下共主。依前言所说，那么天若不得清明，恐怕就会崩裂了；地若不得安宁，恐怕就会垮塌了；人若没有了灵性，恐怕就会灭绝了；河谷若没有了水源，恐怕就会干涸了；万物若不能繁衍生长，恐怕就会灭亡了；侯王若丧失了担当首领的资格，国家恐怕就会覆亡了。所以，位尊者是以位卑者为根本的，位高者是以位下者为基础的，因此侯王们才自称孤、寡、不谷。这不就是以位卑者为根本吗？难道不是吗？所以，屡次获得高贵的美誉，就无所谓美誉了。不要贪求做色泽温润如宝玉的人，而宁愿做一个坚硬顽强如山石的人。

【阐说】黄元吉《道德经讲义》

　　大道无他，一而已矣。一者何？即鸿蒙未判之元气，混沌未开之无极，生成万物之太极。要之，元气无形，谓之无极；万物皆从无极而有形，实为天下之根，谓之太极。此即是道。圣人无可名而名之，故曰一。若无一，则无物，无物便无一，得之则生，失之则没。自昔元始以来，其得一而成形成象，绳绳不已，生生不息者，大周沙界，细入微尘，无或外也。《中庸》云："视之不见，听之不闻，体物不可遗"，孰非此一乎？故综而计之，天之清也，得一而清；地之宁也，得一而宁；神之灵也，得一而灵；谷之盈也，得一而盈；万物之生也，得一而生；侯王之正己以正天下也，无非得一以贞而已。纵或大小异象，贵贱殊途，表里精粗，幽明人鬼，至于不可穷诘，孰能外此一以为包罗哉？即如天至高也，无一将恐崩裂；地至厚也，无一将恐发决；神至妙也，无一将恐不灵；空谷传声，气至盈也，无一则恐竭矣；万物负形，气至繁也，无一则恐灭矣；侯王至高而至贵也，无一以贞天下，恐位高则危，名贵则败矣，是一安可忽乎？果能由一散万，浩浩荡荡无垠，渊深莫测，则天地神谷，万物侯王，俱赖此一以为主宰，而蟠天际地，弥纶无隙，充周不穷……如此其极，是高莫高于道，贵莫贵于一也。虽然，自无而有，有何高焉？由微而著，又何贵焉？即使贵莫与京，亦由气之自微而显，故曰"贵以贱为本"。即使高至无极也，亦由气之自下而上，故曰"高以下为基"。他如世之位高如侯、分贵如王，知道之自下而高，由贱而贵，故自称曰"孤"、曰"寡人"、曰"不穀"，此非以贱为本欤？否或不居于贱。自置太高，则中无主而道不立，心已纷而神不凝，欲于事事物物之间，合夫大中至正，复归于一道，盖亦鲜矣。犹推数车者，不能居中制外，反不如驱一车者之尚处其内，而得以操纵自如。噫！有车而等于无车，贪多诚不如抱一。又如玉之琭琭而繁多，多则贱生焉；如石之落落而层叠，叠则危起焉，均太上所不欲也。何若抱一者之自贱自下，后终至于高不可及，贵莫可言之为愈哉！

此言修道成真，只是此一，无有二也。孔子曰："吾道一以贯之。"孟子曰："夫道，一而已矣。"然，究何一哉？古人谓鸿鸿蒙蒙中，无念虑、无渣滓，一个虚而灵、寂而惺者之一物也。此物宽则包藏法界，窄则不立纤尘；显则九夷八荒无所不到，隐则纤芥微尘无所不察。所谓无极之极，不神之神，真无可名言、无从想象者。性命之道，惟此而已。太上以侯王喻人之心，心能常操常存，勿忘勿助，刻刻返观，时时内照，即不失其一。一即独也。独如独觉之地，戒慎恐惧，斯本来之至高至贵者，庶可长保。然此是修性之学，故一慎独便可了得；若炼命，则有为有作。倘非从下处做起，贱处炼来，药犹难得，何况金丹？下即下丹田也，贱即下部污秽处也。学者欲一阳来复，气势冲冲，非由下而升至顶上，安得清刚之气，以为我长生之宝？非从下田浊乡，以神火下照，炼出至阳之气，何以为药本丹基？古人谓阴中求阳，鬼窟盗宝，洵不诬也。尤须有一心无两念，方是守一之道。到得自然，人我俱忘，即得一矣。修士到此地位，一任天下事事物物，无不措之而咸宜，处之而恰当，所谓得一而万事毕，其信然耶！倘着形着象，纷纷驰逐，与夫七情六欲，身家妻孥，死死牵缠，不肯歇手，则去道远矣。莫说外物纷纭，不可言道，即如存心养性、修道炼丹、进火退符、采取封固，一切名目，皆是虚拟其象，为后之学者立一法程。若其心有丝毫未净，即为道障。太上所以说，致数车无车，不欲琭琭如玉，落落如石焉。夫道只一道，学者又何事他求哉？

【拓展阅读】王弼《道德经注》

昔之得一者，〈昔，始也。一，数之始而物之极也。各是一物之生，所以为主也。物皆各得此一以成，既成而舍一以居成，居成则失其母，故皆裂发歇竭灭蹶也。〉天得一以清，地得一以宁，神得一以灵，谷得一以盈，万物得一以生，侯王得一以为天下贞。其致之。〈各以其一致此清、宁、灵、盈、生、贞。〉天无以清将恐裂，〈用一以致清耳，非用清以清也。守一则清不失，用清则恐裂也。故为功之母不可舍也。是以皆无用其功，恐丧其本也。〉地无以宁将恐发，神无以灵将恐歇，谷无以盈将恐竭，万物无以生将恐灭，侯王无以贵高将恐蹶。故贵以贱为本，高以下为基。是以侯王自称孤、寡、不谷。此非以贱为本邪，非乎？故致数舆无舆。不欲琭琭如玉、珞珞如石。〈清不能为清，盈不能为盈，皆有其母以存其形，故清不足贵，盈不足多，贵在其母，而母无贵形。贵乃以贱为本，高乃以下为基，故致数舆乃无舆也，玉石琭琭珞珞，体尽于形，故不欲也。〉

第四十章　有生于无

反^①者，道之动^②；弱^③者，道之用^④。天下万物生于有^⑤，有生于无^⑥。

【注释】

① 反：通"返"，循环往复。

② 动：运行的规律。

③ 弱：弱小、渺小。

④ 用：运用的法则。

⑤ 有：有形之道，指万物。与第一章"有，名万物之母"中的"有"意思同。（可参考第三十七章的注释④，因为道不能直接显现，它必须通过万物作为呈现的媒介，人再借此认识"道"，而"名"就是人们为了认识"道"所创造的"符号系统"。）

⑥无：无形之道，指本源（即"道"）。与第一章"无，名天地之始"中的"无"意思同。

【译文】

循环往复地运动是"道"的运行规律，而柔弱是"道"的运行法则。天下万物产生于有形之物（万物），但有形之物却产生于无形之物（道）。

【阐说】黄元吉《道德经讲义》

大道人人具足，个个圆全，又何待于复哉？不知人自有生以后，气拘欲蔽，知诱情生，斯道之为所汩没者多矣。苟非内祛诸缘，外祛诸扰，凝神调息，绝虑忘机，安得一阳发生，道气复返乎？故曰："反者道之动。"此炼丹之始基也。迨至药已归炉，丹亦粗结，汞铅浑一，日夜内观，而金丹产焉。自此采取之后，绵绵不绝，了了常存，以谦以下，以辱以柔，就是还丹之妙用。然非但还丹当如此，自下手以至丹成，无不当冥心内运，专气致柔。盖丹乃太和一气炼成，修道者当以谦和处之。苟稍有粗毫，即动凡火，为道害矣。故曰："弱者道之用。"天下万事万物，虽始于有形有象、有物有则，然其始不自有而肇也。圣人当大道之成，虽千变万化，无所不具，而其先必于至虚至无中采之炼之，然后大用流行，浩气充塞于两大。若非自无而炼，焉得弥纶天地，如此充周靡尽乎？故曰："有生于无。"学人修养之要，始也；自无而有，从静笃中炼出微阳来；

继也，自有而无，从蓬勃内复归于恬淡；其卒也，又自无而有，混混沌沌，人我俱忘——久之自炼出阳神三寸、丈六金身。可见有有无无，原回环不已，迭运靡穷。学者必照此行持，方无差忒。

此言金丹大道，非有他也，只是真气流行，充周一身。其静也，如渊之沉，其动也，如潮之涌。惟清修之子，冥心内照，自考自证，方能会之，非语言所能罄也。人能明得动机是我生生之本，彼长生不老之丹，岂外是乎？况人人共有之物，无异同、无欠缺。只为身动而精不生，心动而气不宁。于是乎生老病死苦，辗转不休，轮回不已。若欲脱诸一切，非先致养于静，万不能取机于动，反我生初元气。但此个动机，其势甚微，其气至嫩，稍不小心，霎时而生癸水，变经流，为后天形质之私，不可用矣。故曰："见之不可用，用之不可见。"由此一动之后，采不失时，则长生有本，大丹有根。如执所有而力行之，笃所好而固守之，虽得药有时，成丹可俟，无如冲气至和；而因此后之采取不善、烹炼不良，一团太和之气，遂被躁暴凡火伤之。道本至阳至刚，必须忍辱柔和，始克养成丹道。太上所以有"挫其锐、解其纷、和其光、同其尘"之教也。然道虽有气动，犹是无中生有；有而不以弱养之，则不能返于虚无之天，道又何自而成乎？人第知一阳来复乃道之动机，而不知返本还原，有象者仍归无象——盖有象者，道之迹，无象者，道之真也。知此，则修炼不患无基矣。

【拓展阅读】王弼《道德经注》

反者，道之动；〈高以下为基，贵以贱为本，有以无为用，此其反也。动皆知其所无，则物通矣。故曰"反者，道之动"也。〉弱者，道之用。〈柔弱同通，不可穷极。〉天下万物生于有，有生于无。〈天下之物，皆以有为生。有之所始，以无为本。将欲全有，必反于无也。〉

第四十一章　善贷且成

上士闻道，勤而行之；中士闻道，若存若亡；下士闻道，大笑之。不笑，不足以为道。故建言有之①：明道若昧，进道若退，夷道若颣②。上德若谷，大白若辱③，广德若不足，建德若偷④，质真若渝⑤。大方无隅⑥，大器晚成，大音希声⑦，大象无形，道隐无名。夫唯道，善贷⑧且成。

【注释】

①建言有之：前人立言。之，指代后面的话。

②夷道若颣（lèi）：平坦之道往往看似崎岖。夷，平坦。颣，崎岖不平坦，与"夷"相对。

③大白若辱：高洁之物往往看似有污点。大，通"太"，至高。辱，污点、污渍。

④建德若偷：稳健施德往往看似怠惰。建，通"健"。偷，怠惰、偷懒。

⑤质真若渝：质朴真实往往看似卑污。渝，《说文解字》："渝，变污也。"

⑥大方无隅：至正之物往往没有锐利的棱角。隅，角落、棱角。

⑦大音希声：圣人多以身行传教，而不过多以声言教，故言"希声"。大音，至高者的声音，指圣人之言。也有人将"大音"解为美妙的音乐。

⑧贷：给予、施与，引申为辅佐、辅助。

【译文】

道德高尚之人听闻大道，就会努力去实行；道德一般之人听闻大道，总是将信将疑、可有可无；道德低劣之人听闻大道，往往极尽嘲笑之能事。不被一般人嘲笑，那就不足以称之为"道"了。因此，古代立言之人说过：光明之道往往看似暗昧，前进之道往往看似在后退，平坦之道往往看似崎岖不平。崇高之德往往看似谷深不见底，高洁之物往往看似有污点，广大之德往往看似不足，稳健之德往往看似怠惰，质朴真实往往看似混浊不清。至正之物往往没有锐利的棱角，至珍之器往往要花费很长时间才能完成，圣人教导往往以身行而不过多言说，至高之象往往不拘泥于具体的外显形态，大道往往隐匿不显、难以形容。只有"道"才能促使万物善始善终。

【阐说】黄元吉《道德经讲义》

天地未有之先，原是虚虚无无，鸿鸿蒙蒙，一段氤氲太和之气；酝酿久之，气化充盈，忽焉一觉而动，太极开基矣。动而为阳，轻清之气，上浮为天；静而为阴，重浊之气，下凝为地。天地开辟，而人物滋生。芸芸万姓，有几能效天地之功用哉？惟圣人从混沌中一觉，而修成大丹。以此治身，即以此淑世。虽未敢缄口不言，却亦非概人而授。随缘就缘，因物付物，方合天地大公无我之量。时而遇上士也，闻吾之道，欣然向往，即勤而行之，略无疑意，此其人，吾久不得见之矣。时而遇中士也，出于予口，入于伊心，亦属平常，了无奇异，未始不爱之慕之，一蹴而欲几之。无奈世味浓而道味淡，圣念浅而俗念深，或迁或就，若存若亡，知不免焉。至于下等之士，习染日深，气性多戾，一闻吾道，不疑为妖言惑世，便指为聚众敛财。讵知君子之修，造端夫妇；圣人之道，不外阴阳，顺则成人，逆则成仙。其事虽殊，其理则一，而贸贸者乃谓神仙为幻术。岂有如此修持遂能上出重霄乎？否则谓天地至广，万物至繁，如此成性存存，即上下与天地同流乎？何以自古仙圣至今无几也？于是笑其言大而夸，行伪而僻。噫，斯道只可为知己者道，难与浅见寡闻者言矣！夫蜉蝣不知晦暮，蟪蛄不知春秋，井蛙不知江海，又何怪其笑耶！不笑不足以见道之至平而至常，至神而至奇——神奇即在平常之中也。况道本无声色，何有何言？其有所言，亦因后之修士无由循途而进，历阶而升，故不得不权建虚词、假立名号以引之。人果知虚无为道，自然为功，尤须自阴而阳，由下而上，昧为明本，退为进基，虽明也而昧，庶隐之深而明之至焉。虽进也而若退，庶却之愈速而进之弥远焉。道原远近皆具，我虽与道大适，亦若于己无增，于人无减，夷若类焉。道本大小兼赅，我虽与德为一，亦若无而不有，虚而不盈，德若谷焉。时而大显于世也，啧啧称道，不绝人口，我若无益于己，反多抱愧，故曰"大白若辱"。时而德充于内也，处处施为，不穷于用，亦若有缺于中，益形支绌，故曰"广德若不足"。即其修德立身，建诸天地而不悖，我若自安偷薄，绝无振拔之心，故曰"建德若偷"。或己至诚尽性，质诸鬼神而无疑，我若常变可渝，毫无坚固之力，故曰"质直若渝"。如此存养心性，惕厉神明，虽有谗言，无间可入；纵多乱德，何隙可乘？世有修道明德而遭侮辱者，其亦返观内省。果如此藏踪敛迹，卑微自下，怍辱为怀，德广而不居，德建而不信，亦若忠直难言，诪张为幻者耶？吾知其未有此也。纵或数有前定，劫莫能逃，天之所为，人当顺受，安于命而听诸天。是以君子有终身之忧，无一朝之患，我于此益信焉。且道无方所形状声臭可言，彼世之廉隅自饰者，规规自守，不能圆转自如，我则大方无方，浑然一团，不落边际，又何模棱之有？凡物之易就者无美观，急成者非大器。我能循循善造，弗期近效，不计浅功，久于其道，自可大成，又何歉于己乎？要之，道本希言自然，恍惚为状。我能虚极静笃，则无音而大音出矣，无象而大象形矣！施之四海皆准，传之万世不穷，岂仅推重于一时而不能扬徽于万代耶？《诗》曰："在彼无恶，在此无斁。"道之建施，实有如此神妙者。其间孰是为之、孰是与之？亦曰："夫惟道，善贷且成而已。"此言抱道人间，用无不足，给万物而不匮，周沙界而有余，且使化功大成，真上士也。

太上为世之不自韬光养晦、立德修身者言，彼稍有所得，便矜高自诩。五蕴未空，六尘不净，犹屋盖草茅，火有所借而然。若只修诸己，不求诸人，浑浑乎一归于无何有之乡、广漠之野，纵有外侮，犹举火焚空，终当自息。如此修己，真修己也。惟其如此，故人与己两相安于无事之天，否则于道无得，反招尤也。孔子曰："无而为有，虚而为盈，约而为泰。"其见恶于人也，宜矣。修道者如此，可以免务外之思，亦可无外侮之患焉。

【拓展阅读】王弼《道德经注》

上士闻道，勤而行之；〈有志也。〉中士闻道，若存若亡；下士闻道，大笑之。不笑，不足以为道。故建言有之：〈建，犹立也。〉明道若昧，〈光而不耀。〉进道若退，〈后其身而身先，外其身而身存。〉夷道若纇，〈纇，坲也。大夷之道，因物之性，不执平以割物，其平不见，乃更反若纇坲也。〉上德若谷，〈不德其德，无所怀也。〉大白若辱，〈知其白，守其黑，大白然后乃得。〉广德若不足，〈广德不盈，廓然无形，不可满也。〉建德若偷，〈偷，匹也。建德者，因物自然，不立不施，故若偷匹。〉质真若渝，〈质真者，不矜其真，故若渝。〉大方无隅，〈方而不割，故无隅也。〉大器晚成，〈大器，成天下不持全别，故必晚成也。〉大音希声，〈听之不闻名曰希。大音，不可得闻之音也。有声则有分，有分则不宫而商矣，分则不能统众，故有声者非大音也。〉大象无形，〈有形则有分，有分者不温则凉，不炎则寒。故象而形者，非大象。〉道隐无名。夫唯道，善贷且成。〈凡此诸善，皆是道之所成也。在象则为大象，而大象无形。在音则为大音，而大音希声。物以之成，而不见其形，故隐而无名也。贷之非唯供其乏而已，一贷之则足以永终其德，故曰"善贷"也。成之不如机匠之裁，无物而不济其形，故曰"善成"。〉

第四十二章　三生万物

道生一①，一生二②，二生三③，三生万物④。万物负阴而抱阳，冲气以为和⑤。人之所恶，唯孤、寡、不穀⑥，而王公以为称。故物或损之而益，或益之而损。人之所教，我亦教之。强梁⑦者不得其死，吾将以为教父⑧。

【注释】

①道生一：道生万物，故曰一。这里的"一"即"道"，"道"虽是最根本的，但"道"无法直接呈现，需要借助"万物"作为媒介，所以"道"和"万物"本质上是一体的，故老子才说"道生一"。

②一生二：万物之阴阳。二，即阴阳二气，这是古人对世界的认识，认为万事万物都有阴阳两面，互相对立。

③二生三：阴阳相互作用而生第三者（调和）。阴阳虽然是对立的，但都统一于一体之中（矛盾一体），互相冲突又互相调和，去阴去阳都会使事物不能成立，这种平衡状态就是老子所说的"三"。

④三生万物：阴、阳、调和三者化生世间万物。三，即前面所言阴、阳、调和，所以，只要"三"不息，万物就会生生不息。

⑤冲气以为和：阴阳二气互相冲突融合。冲，冲突、融合。

⑥孤、寡、不穀：这三个词本来代表着不吉利的意思，而古代帝王位居高位，"高处不胜寒"，其状态确如"孤、寡、不穀"，所以"王公以为称"。

⑦强梁：强劲有力、霸道，引申为蛮横不信"道"者。魏源《老子本义》："焦氏竑曰：'木绝水曰梁，负栋曰梁，皆取其力之强。'"

⑧教父：教导别人的开始。父，河上公注："父，始也。"

【译文】

有形之道（万象）和无形之道（道）是一个统一体，"道"又包含阴阳二气，阴阳二气又互相冲突融合形成一种平衡状态，阴、阳、调和三者又不断作用就产生了万物。万物虽然背阴而向阳（阴阳对立），但阴阳二气互相激荡从而达到了新的和谐状态。人们所厌恶的，不过是孤、寡和不穀而已，但王公身处高位，就根据自己的处境（所谓位高责大）用这些词来自称。所以一切事物，如果想削弱它，它反而会得到增强；如果想增强它，它反而会受到削弱。前贤这样教导我，我也这样教导后来人。粗暴而不遵从"道"的人，死无其所，难得善终，我把这句话作为施教的第一要义。

【阐说】黄元吉《道德经讲义》

道家始终修炼，惟以虚无为宗。元始天王，道号虚无自然，即是此义。由虚而实，是谓真实。由无而有，是谓真有。倘不虚不无，非但七情六欲，窒塞真灵本体，无以应万事、化阳神；即观空了照，有一点强忍意气持之，亦是以心治心，直将本来面目遮蔽无存。总之，虚无者道之体，冲和者道之用。人能如是，道庶几矣。太上曰"道生一"，道何有哉？虚而已矣。然至虚之中，一气萌动，天地生焉。故曰："有物混成，先天地生。"无极之先，混混沌沌，只此一虚；及动化为阳，静化为阴，即《易》有太极，是生两仪"。是所谓"道生一，一生二"也。其在人身，即微茫之中，一觉而动，乾坤阖辟，气机往来——静而凝聚者，为阴为精；动而流行者，为阳为气。若无真意主之，则阴阳散乱，无由生人而成道。可见阴阳二气之间，甚赖元神真意主持其际，所谓"二生三"也。由是一阴一阳，一动一静，气化流行，主宰如故，而万物生生不穷矣，所谓"三生万物"也。或曰："天一生水，金生水也；地二生火，木生火也；天三生木，水生木也；地四生金，土生金也。"以五行所生，解太上一二三万物生生之义，总属牵强；不若道为无极，一为太极，二为阴阳，天一地二合而成三，斯为明确之论。"万物负阴而抱阳，冲气以为和"，明道为元始虚无一气，化生阴阳，万物之生，即阴阳为之生。冲者，中也，阴阳若无冲气，则中无主而主不宁。物之生也，犹且不能，况修道乎？《易》曰："天地纲缊，万物化醇。"可见精气神三者俱足，斯阴阳合太极而不可分。使阴阳各具，太极无存，则造化失权，万物之生机尽灭。大凡修道炼丹，虽离不得真阴真阳，若无太和元气，则丹无由结，道亦难成，盖道原太和一气所结成也。生人生仙，只是一理，所争只在顺逆间耳。惟以元气为体，阴阳为用，斯金丹之道于是得矣。试观王公大人，位至高也，分至贵也，而自称曰孤、曰寡、曰不縠，其意何居？盖高者易危，满者易损，电光之下，迅雷乘之。惟高不恃其高，贵不矜其贵，而以谦下柔和之心处之，斯可长保其富贵，而身家不至危殆焉。所以孤、寡、不縠，凡人所恶，王公所以之自称也。然则道为天地至宝，修之者可不知谦柔之意乎？《书》曰："满招损，谦受益。"从无有易之者。夫益不始于益，必先损而后益；损不始于损，必先益而后损。可见富贵贫贱，穷通得丧，屈极则伸，伸极必屈，此天道循环，自然之运，虽天地莫能逃，何况人乎？噫，人道如斯，大道奚异？修士欲得一阳来复，必先万缘俱寂，纯是和平之气，绝无躁切之心。如此损之又损，以至于无，则群阴凝闭之中，始有真阳发生，为吾身之益不少。倘或自恃其才，自多其智，必不虚而志自满，未有不为识神误事，邪火焚身者。欲益而反损，天下事大抵如斯，岂独修道乎？至于一切事宜，无非幻景，不足介意，而人犹以为后起者教。须知金丹大道，所为在一时，所关在万世，岂可不以为法耶？太上所以云"人之所教，我亦教之"也。所教维何？至柔已耳。若不用柔而用刚，必如世上强梁之徒，横行劫夺，终无一人不罹法网而得以善终。是知横豪者死之机，柔弱者生之路，此诚修道要术。吾之教人，所以柔弱为先也，修士其可忽乎？《悟真》云："道自虚无生一气，便从一气产阴阳。阴阳自是成三体，三体重生万物昌。"此即"一生二，二生三，三生万物"之谓。修行人打坐之初，必先寂灭情缘，扫除杂妄，至虚至静，不异痴愚，似睡非睡，似醒非醒。此鸿蒙未判之气象，所谓道也。忽焉一觉而动，杳冥冲醒。我于此一动之后，只觉万象咸空，一灵独运，抱元守一——或云真意，或云正念，或云如来正等正觉。此时只一心，无两念焉。观其阳生药产，果能蓬勃絪缊，即用前行二候法：采取回宫为一候，归炉封固为一候。是即一动为阳，阳主升；一静为阴，阴主降。再看气机壮否？若已大壮，始行河车运转，四候采取烹煎，饵而服之，立乾己汞。此即采阳配阴，皆由一而生者也。至于一呼一吸，一开一阖，无不自一气而分为二气。然心精肾气、心阴肾阳，无不赖真意为之采取、烹炼、交媾、调和。此即阴阳二气合真意为三体，皆自然而然，无安排，无凑合也。而要必本于谦和退让，稍有自矜自强之心，小则倾丹，大则殒命。故曰："强梁者不得其死，吾将以为教父。"学者须知，未得丹时，以虚静之心待之；既得丹后，以柔和之意养之——慎勿多思多虑、自大自强，可也。此为要诀中之要诀，学者知之！否则，满腔杂妄，道将何存？如此而炼，是瞎炼也——一片刚强，虽得犹丧；如此而修，是盲修也——似此无药无丹，遽行采炼运转，不惟空烧空炼，且必伤情伤精，其为害于身心不小。乃犹不肯自咎，反归咎于大道非真，金丹难信，斯其人殆不知。道之为道，至虚至柔，惟以虚静存心，和柔养气，斯道乃未有不成也已。

此言道家修炼，却病延年，成仙作圣，不外精气神三宝而已。然精非交感之精，所谓元始真如，一灵炯炯——前云"惚兮恍，其中有象"是。是由虚而生，虚即道。"道生一"，即虚生精，精即性也。气非呼吸之气，所谓"先天至精，一气氤氲"——前云"恍兮惚，其中有物"是。是由一而生，一即精。"一生二"即精生气，气即命也。神非思虑之神，所谓灵光独耀，惺惺不昧，前云"杳兮冥，其中有精，其精甚真，其中有信"是。自二而化，二即气，"二生三"即气化神——神即元神真意也。要皆太和一气之所化也。惟以柔和养之，斯得之耳。若着一躁切心，生一暴戾气，皆不同类，去道远矣。保身犹难，安望成仙！所以有强梁之戒也。太上以忍辱慈悲为教，故其言如此。孔子系《易》，尝于谦卦三致意，而金人欹器之类，示训谆谆，其即此意也欤！

【拓展阅读】王弼《道德经注》

道生一，一生二，二生三，三生万物。万物负阴而抱阳，冲气以为和。人之所恶，唯孤、寡、不毂，而王公以为称。故物或损之而益，或益之而损。〈万物万形，其归一也，何由致一，由于无也。由无乃一，一可谓无？已谓之一，岂得无言乎？有言有一，非二如何？有一有二，遂生乎三。从无之有，数尽乎斯，过此以往，非道之流，故万物之生，吾知其主，虽有万形，冲气一焉。百姓有心，异国殊风，而王侯得一者主焉。以一为主，一何可舍？愈多愈远，损则近之，损之至尽，乃得其极。既谓之一，犹乃至三，况本不一，而道可近乎？损之而益，益之而损，岂虚言也。〉人之所教，我亦教之。〈我之教人，非强使人从之也，而用夫自然。举其至理，顺之必吉，违之必凶。故人相教，违之必自取其凶也。亦如我之教人，勿违之也。〉强梁者不得其死，吾将以为教父。〈强梁则必不得其死。人相教为强梁，则必如我之教人不当为强梁也。举其强梁不得其死以教邪。若云顺吾教之必吉也，故得其违教之徒，适可以为教父也。〉

第四十三章　天下至柔

天下之至柔①，驰骋②天下之至坚③。无有④入无间⑤，吾是以知无为之有益。不言之教，无为之益，天下希及⑥之。

【注释】

① 至柔：至高之柔，表示最柔弱的。

② 驰骋：形容马奔跑的样子，引申为驾驭、统领、克制。

③ 至坚：至高之坚，表示最坚硬的。

④ 无有：无形之物。这里的"无形之物"非指绝对虚无，而是如空气、光、电等人的视觉或触觉很难感知之物。

⑤ 无间：没有空隙。这里的"没有空隙"也非绝对盈实，而是人的肉眼难以察觉到的"空隙"，相对而言确实"无间"。

⑥ 希及：几乎比不上。希，通"稀"，疏也。及，逮也。

【译文】

世上最柔弱的东西，反而能够克制最坚硬的东西。无形的东西可以侵入（看似）毫无间隙的东西，由此我认识到"无为"的裨益。"不言"所教导的好处，"无为"所产生的助益，世上很少有什么能比得上它们的。

【阐说】黄元吉《道德经讲义》

道者何？鸿蒙一气而已。天地未开以前，此气在于空中；天地既辟以后，此气寓于天壤。是气，固先天地而常存，后天地而不灭也。天地既得此气，天地即道。道即天地，言天地而道在其中矣。惟天地能抱此气，故运转无穷。万年不蔽者此气，流行不息、群类资生者亦此气——一气相通也。圣人效天法地，其诚于中者，即所以形于外，内外虽异，气无不同；其尽乎己者，即所以成乎人。人己虽殊，气无不一。究何状哉？空而已矣。空无不通，一物通而物物皆通；空无不明，一物明而物物俱明。孔子云："为政如北辰居所，而众星自拱。"孟子云："君子过化存神，上下与天地同流。"是诚有不待转念移时，而自能如此一气潜孚、一理贯注者。故曰："天下之大，自我而安。人物之繁，自我而育。古今之遥，自我而通。"圣道之宏，真不可及也。以是思之，宇宙何极，道能包之，抑何大乎；金玉至坚，道能贯之，不亦刚乎！然闻之《诗》曰："维天之命，于穆不已。"又曰："上天之载，无声无臭。"是柔莫柔于此矣。虽然，天地无此气，则块然而无用；人物无此气，亦冥顽而不灵。有之则生，无之则没。是"天下之至柔，驰骋天下之至刚"，以无气则无物也。大而三千世界，小而尘埃毫发，无不包含个中。不惟至柔，抑且无有——非孔子所谓视之不见，听之不闻，体物不可遗者欤？夫何相间之有？顾物至于极柔，则无用矣；惟道之至柔，乃能撑持天下之至坚。物至于无有，又何为哉？惟道之无有，乃能主宰天下之万有。此不过浑然一气，周流不滞焉耳。故太上曰："吾是以知无为之大有益焉。"且夫天地无为而自化，圣人无为而自治，究无一民一物不被其泽，非由此气之弥纶而磅礴也哉？其在人身，浩气流行，不必搬运，自然灌溉周身，充周毛发，其获益良非浅矣。至于教之一事，古人以身教，不以言教。是有教之教，诚不若无教之教倍真也。夫天不言而四时行，圣不言而天下化。视之端拱垂裳，无为而平成自治者，不同一辙耶？故曰："不言之教，无为之益，天下希及之。"孔子曰："中庸之为德，民鲜能久。"不诚然哉？何今之执迷不悟，甘居下流者，竟甚多也？噫，良可慨矣！

此状道之无为自然，包罗天地，养育群生，本此太和一气，流行宇宙，贯彻天人，无大无小，无隐无显，皆具足者也。是至柔而能御至刚，至无而能包至有。以故一通百通，一动群动，如空谷传声，声声相应。道之神妙，无以加矣！非圣人孰能与于此哉！若在初学之士，具真信心，立大勇志，循途守辙，自浅而深，由下而上，始由勉强，久则自然，方能洞彻此旨。总要耐之又耐，忍之又忍，十二时中，不起厌心，不生退志，到深造有得，居安资深，左右逢源，乃恍然于太上之旨，真无半句虚诳。至于修炼始基，古云"精生有调药之候，药产有采取之候"。先天神生气，气生精，是天地生物之理，顺道也。若听其顺，虽能生男育女，而精耗气散，败尽而死。太上悲悯凡人，流浪生死，轮回不息，乃示以逆修之道，反本归根，复老为少，化弱为强，致使成仙证圣，永不生灭。始教人致虚养静，从无知无觉时，寻有知有觉处。《易》曰"寂然不动，感而遂通"是也。后天之精有形，先天之精无迹，即恍恍惚惚，其中有物，所谓玄关一动，太极开基也。自此凝神于虚，合气于漠，冥心内照，观其一呼一吸之气息，开阖往来，升降上下，收回中宫，沐浴温养。少倾杳冥之际，忽焉一念从规中起，一气自虚中来，即精生气也。此气非有形也——若有形之气，则有起止、有限量，安望其大包天地，细入毫毛，无微不入，无坚不破者哉？是气原天地人物生生之本也，得之则生，失之则亡。虽至柔也，而能御至圣，虽至无也，而能宰万有。古仙喻之曰药，以能医老病，养仙婴也。故曰"延命酒、返魂浆"，又曰"真人长生根"，诚为人世至宝。古人谓万两黄金，换不得一丝半忽也。凡人能得此气，即长生可期。然采取之法，又要合中合正，始可无患。若有药，而配合不善，烹煎不良，饵之不合其时，养之不得其法，火之大小文武，药之调和老嫩，服之多少轻重，一有失度，必如阴阳寒暑，非时而变，以致天灾流行，万物湮没矣。学者能合太上前后数章玩之，下手兴工，方无差错。吾点功至此一诀，诚万金难得，能识透此诀，则处处有把握，长生之药可得，神仙之地无难矣。

【拓展阅读】王弼《道德经注》

天下之至柔，驰骋天下之至坚。〈气无所不入，水无所不出于经。〉无有入无间，吾是以知无为之有益。〈虚无柔弱，无所不通。无有不可穷，至柔不可折。以此推之，故知无为之有益也。〉不言之教，无为之益，天下希及之。

第四十四章　知止不殆

　　名与身孰亲①？身与货②孰多③？得与亡④孰病⑤？是故甚爱⑥必大费⑦，多藏必厚亡⑧。知足不辱，知止不殆，可以长久。

【注释】

　　① 亲：爱惜。

　　② 货：财货，指身外之物。

　　③ 多：本义为数量多，引申为看重。《说文解字》："多，重也。"

　　④ 得与亡：获得和失去。

　　⑤ 病：本义是重病，引申为祸害、损害。

　　⑥ 甚爱：过度爱惜。甚，超过、过度。

⑦ 大费：耗费巨大，指后果严重。

⑧ 厚亡：失去更多。

【译文】

名利和身体哪个更值得珍惜呢？身体和财货哪个更值得重视呢？获得和失去哪个对人更有损害呢？（意思不言自明）所以，过度爱惜名利必定会造成自身的严重后果，过度积攒财货必定会失去更多财货。只有那些知道满足的人才不会受到辱没，只有那些懂得适可而止的人才不会消亡，（也只有这样）才可长久地保留名誉和财货。

【阐说】黄元吉《道德经讲义》

夫人之好名好货者，莫不以名能显扬我身，货足肥润我身——身若无名，则湮没不彰矣；身若无货，则困苦难堪矣。是以贪名者，舍身而不顾；黩货者，丧身而不辞。贾子曰："贪夫徇财，烈士徇名。"人情类然，古今同慨。然亦思名与身孰亲耶？以名较之，名，外也，身，内也。人只为身而求名，何以因名而丧身？岂名反亲而身反疏乎？货与身孰多耶？以身拟之，身，贵也，货，贱也，人皆为身而求货，何以因货而亡身？岂身反少而货反多乎？亦未思之甚也！夫有名而性不存，与有身而名不显，孰得焉、孰失焉？舍身而货虚具，与失货而命常凝，孰存耶、孰亡耶？以是思之，与其得名货而失身，不如得身而失名货之为愈。况好名货者，损精神伤生命，甚爱所以大费也；厚储蓄者，用机谋，戕身心，多藏所以厚亡也。望重为国家所忌，积厚为造物所尤。古来势大而罹祸，财多而受诛者，不知凡几！皆由不知敛抑，不自退藏，贪多不止，以致结怨于民，获罪于天也。惟知足知止者，一路平常，安稳到底。无辱无殆，不危不倾，而长保其身家，并及其子孙。范蠡所以无勾践之患，张良所以有赤松之游也，诚知几之士哉！后起者，将有鉴于斯文。

此借知足知止者，喻止火养丹，以名喻景，货喻药。贪幻景者多被魔缠，好搬运者难免凶咎。药未归炉，宜进火以运之；药既入鼎，宜止火以养之。火足不知止火，非但倾丹倒鼎，致惹病殃，亦且丧命焚身，大遭危殆。又况大道虚无，并无大异人处。或贪美酒美味，艳色艳身，金玉珠玑，楼台宫殿；又或天魔地魔，鬼魔神魔，种种前来试道——或充为神仙，夸作真人，自谓实登凌霄宝殿——因此一念外驰，以致精神丧败，大道无成者不少；又或识神作祟，三尸为殃，自以为身外有身，而金丹至宝遂戕于顷刻者亦多。若此等等，总由火足不止火，丹回不养丹，所以志纷而神散，外扰而中亡。修炼之士，幻名幻象，幻景幻形，须一笔勾销，毫不介意，如此知止知足，常养灵丹，则止于至善，永无倾颓焉。

【拓展阅读】王弼《道德经注》

名与身孰亲？〈尚名好高，其身必疏。〉身与货孰多？〈贪货无厌，其身必少。〉得与亡孰病？〈得多利而亡其身，何者为病也？〉是故甚爱必大费，多藏必厚亡，〈甚爱，不与物通；多藏，不与物散。求之者多，攻之者众，为物所病，故大费、厚亡也。〉知足不辱，知止不殆，可以长久。

第四十五章　清静为正

大成^①若缺，其用不弊^②。大盈^③若冲^④，其用不穷^⑤。大直若屈，大巧若拙，大辩若讷^⑥。躁胜寒，静胜热，清静为天下正^⑦。

【注释】

① 大成：圆满之物。

② 弊：通"敝"，破旧、破损。

③ 大盈：极其盈满。

④ 冲：空虚、谦虚。

⑤ 穷：穷尽。

⑥ 讷：木讷。

⑦ 正：通"政"，本义是匡正，引申为统帅、首领。

【译文】

最圆满的东西往往貌似残缺不全，但它所起的作用却永不枯竭。最充盈的东西往往貌似虚空不足，但它所起的作用却永无穷尽。最正直的东西往往貌似弯曲，最灵巧的东西往往貌似笨拙，最卓越的辩才往往貌似木讷。躁动可以克制寒冷，清静可以克制闷热，所以清静无为可以令天下归于安宁平和。

【阐说】黄元吉《道德经讲义》

道本虚无自然，顺天而动，率性以行，一与天地同其造化，日月同其升恒，无有而无不有，无为而无不为也。当大道未成未盈之时，不无作为之迹，犹有形象可窥，觉得自满自足，不胜欣然；乃至大成之后，又似缺陷弥多，大成反若无成焉。大盈之余，又似冲漠无状，大盈反若未盈焉。是岂愈学而愈劣，愈优而愈绌乎？非也。盖道本人生固有之良，清空无物，静定无痕，一当形神俱妙，与道合真，我即道，道即我，有何成何盈之有？若使有成有盈，犹是与道为二，未抵神化之域。是以修道之士，愈有愈无，愈多愈少，绝不见有成与盈也。故大成若缺，大盈若冲。以故万象咸空，一真独抱。因物为缘，随时自应，诚塞乎天地，贯乎古今，放之而皆准。其用岂有敝哉？其用岂有穷哉？当其心空似海，神静如岳，又觉毫无足用者。然及其浩气常伸，至刚至大，抑何直也？乃反觉屈郁之难堪。神妙无方，可常可变，抑何巧也？乃惟觉愚拙之无知。言近旨远，词约理微，非义不言，非时不语，辩何大乎？而总觉讷讷然，如不能出诸口。惟其如屈如拙如讷若此，是以心愈虚，志愈下，德愈广，业愈崇焉。此殆道反虚无，学归自在。一与天地之运转而不知，日月之往来而不觉，所以其成大且久也。若皆太极之理，顺阴阳之常，久久熏蒸。铅火充盈，寒数九而堪御；蒲团镇定，伏经三而可忘——太上所谓躁胜寒，静胜热者，其即此欤？至于清明在躬，虚灵无物，一归浑穆之天，概属和平之象，又何躁、何寒、何静、何热之有哉？学者具清静之心，化寒暑之节，而吾身之正气凝，即天下之正道立矣，又何患旁门之迭出耶？

此明道之至平至常，至虚至无。人未造虚无之境，平常之域，只觉其盈，不见其缺；只觉其优，不见其绌。所以太上云：“少则得，多则惑。”谚云：“洪钟无声，满壶不响。”洵不虚也。大德不德，是以有德；大为无为，是以有为，非谦词也。道原虚无一气，惟其有得，是以无得；惟其无得，是为有得。故道愈高，心愈下；德弥大，志弥卑，斯与道大适焉。若一有所长，便诩诩然骄盈矜夸，傲物凌人，其无道无德，大可见矣。太上故云：“为学日益，为道日损，损之又损，以至于无”，方为得之。学者切勿视修道炼丹，一如百工技艺之术，自觉有益，斯为进境。若修道，总以虚无为宗，功至于忘，进矣。至于忘忘，已归化境。夫以学道之士，退则进，弱则强，虚为盈，无为有，以反为正，以减为增。故学之进与不进，惟视心之忘与不忘耳。

【拓展阅读】王弼《道德经注》

大成若缺，其用不弊。〈随物而成，不为一象，故若缺也。〉大盈若冲，其用不穷。〈大盈充足，随物而与，无所爱矜，故若冲也。〉大直若屈，〈随物而直，直不在一，故若屈也。〉大巧若拙，〈大巧，因自然以成器，不造为异端，故若拙也。〉大辩若讷。〈大辩因物而言，己无所造，故若讷也。〉躁胜寒，静胜热，清静为天下正。〈躁罢然后胜寒，静无为以胜热。以此推之，则清静为天下正也。静则全物之真，躁则犯物之性，故惟清静，乃得如上诸大也。〉

第四十六章　知足常足

天下有道，却走马以粪^①。天下无道，戎马生于郊^②。祸莫大于不知足，咎莫大于欲得^③。故知足之足，常足矣。

【注释】

①却走马以粪：将战马退回，不用于战事而用于耕田。却，退回。走马，战马。粪，即粪种，古代的一种耕种方法，代指耕种田地。范文澜、蔡美彪等《中国通史》："《周礼·草人》分土壤为九类，用九种动物骨煮汁拌谷物种子，种在一定的土壤上，称为'粪种'。"

②戎马生于郊：战马于郊外生产，代指战事频仍。

③咎莫大于欲得：最大的祸患莫过于贪得无厌。咎，过错、祸患。欲得，即贪得。

【译文】

治理天下若遵从"道"，百姓就可以退回战马用于耕田种地了。治理天下不遵从"道"，那么就会战争频仍，连怀孕的战马都要被迫拉到战场上去服役。世间最大的祸害莫过于不知足，而最大的过失莫过于贪得无厌。知道该满足的时候就满足的人，才是真正做到了满足。

【阐说】黄元吉《道德经讲义》

天下有道，君民皆安，征伐无用，故放马归林，开田辟地，以期粪其田而已。天下无道，世已乱矣，时有为焉，盗贼迭兴，干戈日起，不用兵马，乌能已乎？故戎马养于郊野，以待国家之需用。是马之却也为有道，马之生也因无道，马之关于天下大矣。呜呼！安得君君臣臣、父父子子，型仁讲义，敦诗说礼，长安有道之天乎哉！无如升平久而享用隆，嗜好兴而贪婪出。既得乎此，又歉乎彼，而奇技淫巧之物悉罗列于前，鲜衣美食之不足，又思乎琼室瑶台。千里邦畿犹不广，复念及于万里圻封。吁嗟！内作色荒，外作禽荒，又加之以尚利急功，穷兵黩武，苟求不已，贪得无厌，内外侮乱，不亡何待？缘其故，皆由一念之欲肇其端也。欲心起而贪心生，贪心生而未得期得，既得恐失。若此者，纲常不坏，祸患不兴，国家不至覆败，天下不底灭亡，未之有也。故曰："罪莫大于可欲。"假使无欲，贪何由生？贪既不生，则苟合苟完苟美之风不难再见也。其曰"祸莫大于不知足"——夫人既欲心不起，此志常满，此心常泰，无求于世，无恶于人，事之得也任之，事之不得也亦任之，祸从何而起乎？又曰"咎莫大于欲得"——人既知足，自能守分安命，顺时听天，无谄无骄，不争不夺，率由坦平之道，长沐太和之风，又何咎之有哉？况真心内朗，真性内凝，修己以静，常乐于中，素位而行，不顺乎外，自然有天下者常保其天下，有国家者常保其国家，有身命者常保其身命。所患者，欲心一起，不克剪除，卒至穷奢极欲而莫之救也。欲求天下有道，得乎？自古得失所关，只在一念。一念难回，遂成浩劫。此罔念所以致弥天之祸也。存亡所系，介于几希。几希克保，定启鸿图。此克念所由造无穷之福也。如此则知，一念之欲，其始虽微，其终则大，可不慎欤？故曰："知足，知足常足。"彼不知足者，愈求愈失，因愈失而愈求。遂致力倦神疲，焦劳不已，有何益耶？岂知穷通得失，主之在天，非人力所为。与其劳劳日拙，何苦休休之为得也。若知足者，顺其自然，行所无事，何忧何虑？不忮不求，又焉往而不臧耶？人其鉴诸！

此以天下比人身，以马比用火炼丹。人如有道，则精盈气足，何事炼丹？惟顺而守之，足矣。如其无道，则精消气散，不得不用元神真息以修治其身心。但下手之始，养于外田，故曰"戎马生于郊"。俟其阳生药产，而后行进火退符之功，野战守城之法，收归炉内，慢慢温养。迨垢秽除尽，清光大来，一如天下又安，国家无事，归马华山，故曰"却走马以粪"。但天下之乱，与一身之危，莫不由一念之欲所致。若不斩除，潜滋暗长，遂至精髓成空，身命莫保，可悲也乎？凡人欲心一起，必求副其愿而后快。即令事事如意，奈欲壑难填，贪婪无厌，得陇望蜀，辗转不休——有天下者失天下，而有身命者又岂不丧其身命乎？《诗》曰："不忮不求，何用不臧？"惟知足者，可以安然无事，而常居有道之天。不须功行补漏，但顺其自然，与天为一而已矣。太上戒人曰"罪莫大于可欲"三句，是教人杜渐防微、戒欺求慊工夫，与孔门言"慎独"，佛氏云"正觉"，同一道也。学者曾见及此否？

【拓展阅读】王弼《道德经注》

天下有道，却走马以粪。〈天下有道，知足知止，无求于外，各修其内而已，故却走马以治田粪也。〉天下无道，戎马生于郊。〈贪欲无厌，不修其内，各求于外，故戎马生于郊也。〉祸莫大于不知足；咎莫大于欲得。故知足之足，常足矣。

第四十七章　不行而知

不出户，知天下^①；不窥牖^②，见天道^③。其出弥^④远，其知弥少。是以圣人不行而知，不见而名^⑤，不为而成。

【注释】

①天下：天下大势。

②牖（yǒu）：指窗户。进院门后曰庭，庭后曰堂，堂后曰室，室门曰户，室堂之窗曰牖，室北之窗曰向。

③天道：自然规律。

④弥：越加、更加。

⑤名：定名，指可以表述清楚。

【译文】

（圣人）不用走出门户，就知晓天下大势的走向；不用窥测窗外，就知晓日月星辰的运行规律。（一个人在未明白大道前）向外奔走得越远，（因被杂念纠缠甚深）知晓的大道真理就越少。所以，圣人足不出户就能推知世事规律，不用窥测天地就能晓明何为"天道"，不妄自作为就能有所成就。

【阐说】黄元吉《道德经讲义》

君子万物皆备，不出户庭以修其身。而世道之变迁，人心之更易，与夫推亡固存，反乱为治之机，无不洞晰于方寸。此岂术数为之哉？良以物我同源，穷一己之理，即能尽天下之理。是以不出户而知天下也。古人造化由心，不开窗牖以韬其光，而无言之帝载，不息之天命，与夫生长收藏，阴阳造化之妙，无不了彻于怀来。此岂揣摹得之哉？亦以天人一贯，修吾身之命，即能契帝天之命。是以不窥牖而见天道也。若遨游他乡，咨询天下之故；交结良友，讲求天命之微，未尝不有所知。吾恐不求诸己，而求诸人，不索之内，而索之外，纵有所知，较之务近者为更少矣。故曰"其出弥远，其知弥少"焉。明明道在户牖之间，奈何舍近而图远耶？孟子曰："言近指远者，善言也；守约施博者，善道也。"以此思之，为学愈近愈远，弥约弥博，近与约，安可忽乎哉？是以圣人抱一涵三，观空习定，身不出门庐，足不履尘市，木石与居，鹿豕与游，一步不移，一人不友，似乎孤寂矣。而神定则慧生，虽不行而胜于行者多矣；虽无知而胜于知者远矣。凡人以所见为务，圣人则不见是图，故终日乾乾，惟于不睹不闻之地，息虑忘机；莫见莫显之间，戒欺求慊。只有内知，绝无外见，似乎杳冥矣，而无极则有生。虽不见而弥彰矣，虽无名而愈著矣。至于天下人物之繁，幽灵鬼神之奥，皆此无为之道为之。有伦而有要，成始以成终。所患者，拘于知觉，著于名象，功好矜持，心多见解，致令此志纷驰，不能一德，此心夹杂，不如太虚，所以道不成而德不就。无惑乎枉劳一世精神，终无所得也。若此者，以之治世，不能顺理成章，无为而天下自归画一；以之修身，不能炼虚合道，无为而此身自获成真，彼徒外求，奚益耶？故君子惟慎其独，而人道之要，天命之原，有不求而自知者。

此言道以无为为宗，慎独为要，则无为而无不为，无知而无不知矣。然非枯木槁灰之无为也。吾前云"万象咸空，一灵独照"，此为真意；又曰"一觉而动，一阳发生"，是为元气。采药炼丹，不过炼此性命二者。若无真意，性将何依？若无真气，命何由修？以真意采真气，两者浑化为一，即返于太极之初，斯谓之丹。故无为之中，又要有作有为；无知之内，又要有知有觉，方不堕空，不著有。迨至功力弥深，空即是色，色即是空。久之空色两忘，浑然物化，斯与道大适矣。不知人道，观天道可知。孔子曰"天何言哉？四时行、百物生"，即是无为之为。斯为至道之精。盖无为是天性，有作是天命；无知是元神，有觉是元气。天地间非二则不化，非一则不神。神而不神，不神而神，斯得一而两、神而化之妙境焉。此非吾言所能罄也。

在尔修士，长养虚静，常守虚灵，斯性命常存，而大道可成矣。切勿以无为有为，各执一边——虽正宗也，而旁蹊开焉。请各自揣量可也。

【拓展阅读】王弼《道德经注》

不出户，知天下；不窥牖，见天道。〈事有宗而物有主，途虽殊而其归同也，虑虽百而其致一也。道有大常，理有大致，执古之道，可以御今，虽处于今，可以知古始。故不出户，窥牖而可知也。〉其出弥远，其知弥少。〈无在于一，而求之于众也。道视之不可见，听之不可闻，搏之不可得。如其知之，不须出户，若其不知，出愈远愈迷也。〉是以圣人不行而知，不见而名，〈得物之致，故虽不行，而虑可知也。识物之宗，故虽不见，而是非之理可得而名也。〉不为而成。〈明物之性，因之而已。故虽不为，而使之成矣。〉

第四十八章　为学日益

　　为学日益①，为道日损②。损之又损，以至于无为，无为而无不为。取③天下常以无事④，及其有事⑤，不足以取天下。

【注释】

　　① 益：增益、增加。

　　② 损：减损、减少。在老子的思想体系里，他是反对"为学"的，且"为道"绝对凌驾于"为学"之上，用他的原话解释就是"绝学无忧"（第二十章）、"学不学，复众人之所过"（第六十四章）。因为"为学"的目的是为了强取天下名利（非激烈竞争而不可得），而"为道"的目的是达到人与道的和谐统一，最需要放弃的恰恰是私利欲念。所以，芸芸众生，为学者众，为道者寡；平庸者众，圣贤者寡。

③取：本义是攻下、攻取，引申为治理、管理。

④无事：即"无为"，不强施事于天下，而是注重自我修养，万民自然归附。

⑤有事：即"有为"，施政于民时强加干预，为治理而治理，这样一来，万民自然弃他而去。

【译文】

向外求学（具体知识），学问就会一天天精进（欲念亦增多）；向内求道（大道之理），德行就会一天天减少（返璞归真）。少之又少，就达到了"无为"之境；因为"无为"，所以能实现"无不为"。要治理好天下万民，就是要做到不强施事于天下万民，如果强加干预，就很难统御天下万民了。

【阐说】黄元吉《道德经讲义》

学者记诵词章，与百工技艺之务，皆贵寻师访友，多见多闻，而后才思生焉，智巧出焉。知能愈广，作为愈多，始足以援笔成文，运斤成风。故曰："为学日益。"若为道，则反是。如以博览群书、泛通故典为事，不克返观内照，静守一心，则搜罗遍而识见繁，必心志纷而神明乱，虽学愈多，道愈少，久则浑然太极，泪没无存矣。故为道者，须如剥蕉抽茧，愈剥愈少，弥抽弥无，以至于无无之境，斯为得之。修道至此，自然神妙莫测，变化无方：其聚则有，其散则无；欲一则一，欲万则万；日月星辰，随我运转；风云雷雨，听我经纶。其大为何如哉？虽然，学者行一节丢一节，如食蔗然，吃尽丢尽，仍返于无。故曰"为道日损，损之又损，以至于无为"，无为而无不为得矣。试观取天下者，不得不兴兵动马，称干比戈，乌得无事？然有事之中，须归无事，庶能一心一德，运筹帷幄，则心志不纷，谋猷始出。故出征者，号令严明，耳不听外言，目不见外事，心不驰外营，始能运用随机，取天下犹如反掌。不然，纷纷扰扰，事愈多则心愈乱，心愈乱则神愈昏，贼甫至而不能镇静自持，兵初交而遂凌乱无节。如此欲一战成功，难乎不难？又况东夷未靖，西戎又兴，彼难未平，此波复起——若不知静以制动，逸以待劳，鲜有不委去者。古之败北而走，倾城而亡，莫不由有事阶之厉也。兵法所以有出奇制胜、设疑设伏之谋，敌人望之，旌旗满目，草木皆兵，虽大敌当前，亦心惊胆落，未有不望风先遁者。惟有事视如无事，万缘悉捐，一心内照，如武侯于百万军中，纶巾羽扇，自在清闲，所以西蜀偏安，得延汉祚于危亡之际。若有事于心，则方寸已乱，灵台无主，似徐元直之为母归曹，不能再献奇谋，佐先帝以中兴，乌足取天下乎哉？

此言修道之人，若见日益，不见日损，则心昏而道不凝矣。故曰："德惟一，二三则昏。"惟随炼随忘，随忘随炼，始不为道障。若记忆不置，刺刺弗休，实为吾道之忧也。故必渐消渐灭于一无所有，斯性尽矣。然后由无而生有，所以能出没鬼神，变化莫测焉。经中云"天下"喻道，"取天下"喻修道，"有事无事"喻有为无为。人能清净无为，纯是先天一气，道何难成？

此即取天下之旨也。若搬运有为，全是后天用事，便堕旁门。此又不可取天下之意也。或曰采药炼丹、进火退符，安得无为？须知因其升而升之，非先有心于升也；随其降而降之，非先有心于降也。即至采取不穷，烹炼多端，亦是纯任自然，并无半点造作，虽有为也，而仍属无为矣。彼徒咽津服气者，乌足以得丹而成道哉？

【拓展阅读】王弼《道德经注》

为学日益，〈务欲进其所能，益其所习。〉为道日损。〈务欲反虚无也。〉损之又损，以至于无为。无为而无不为。〈有为则有所失，故无为乃无所不为也。〉取天下常以无事，〈动常因也。〉及其有事，〈自己造也。〉不足以取天下。〈失统本也。〉

第四十九章　天下歙歙

圣人无常①心，以百姓心为心。善②者，吾善之；不善者，吾亦善之，德③善。信④者，吾信之；不信者，吾亦信之，德信。圣人在，天下歙歙⑤，为天下浑⑥其心；百姓皆注⑦其耳目⑧，圣人皆孩⑨之。

【注释】

①常：恒定不变。老子心中的"圣人"是理想中的执政者，是掌握并遵从"道"的人。

②善：良善。后一"善"字是善待的意思。

③德：通"得"，获得、取得。

④信：讲信用。后一"信"字是信任的意思。

⑤歙歙（xī）：河上公本作"怵怵"，意为害怕，但这样一

来，似与老子"圣人无为""清静为天下正"等思想相悖。马叙伦先生认为应借为"合"字，"谓圣人之治天下，无所分别"。本书从马说。

⑥ 浑：浑朴、纯朴。

⑦ 注：专注、关注。

⑧ 耳目：声色之物，引申为欲望。

⑨ 孩：用作动词，让……变成童稚。《广雅》："孩，少也。"

【译文】

圣人没有恒定不变的意愿，而是以百姓的意愿作为自己的意愿。善良之人，我善待他；不善良之人，我也善待他，天下百姓就都会变得善良。诚信之人，我信任他；不诚信之人，我也信任他，天下百姓就都会变得诚信。由圣人治理天下，是不会区别对待百姓的，而是让百姓都走向纯朴；百姓沉迷于私利欲望，圣人就会（想办法）让他们回归单纯。

【阐说】黄元吉《道德经讲义》

圣人之心，空空洞洞，了了灵灵，无物不容，却无物不照——如明镜止水，精光四射，因物付物，略无成心，何其明也！大无不载，小无不包，妍媸美恶，毫无遗漏，何其容也！虽然，究何心哉？不矫情，亦不戾物？故曰："圣人无常心。"盖谓圣人，未至不先迎，已过不留恋，当前不沾滞——无非因物赋形，随机应变，以百姓之心为心而已。夫百姓又有何心？

不过好善恶恶而已。所以圣人于百姓之善者，奖之劝之；于百姓之不善者，亦无不诱而掖之。是善与不善，圣人皆以阔大度量包容之。自使善者欣然神往，而益勉于为善矣；不善者亦油然心生，而改不善以从善矣。斯为"德善"矣。上好善则民莫敢不从。其感应之机，自有如此之不爽者。圣人又于百姓之信者，钦之仰之；于百姓之不信者，亦无不爱之慕之。是信与不信，圣人俱以一诚不二包涵之。自使信者怡然理顺，而弥深于有信矣；不信者亦奋然兴起，而易不信以从信矣，斯为"德信"矣。上好信则民莫敢不用情，其施报之理，不诚有如此之至神哉？民德归厚，又何疑乎？况人同此心，心同此理，圣人以一心观众心，一理协万理。天下虽大，纳之以诚；百姓虽繁，括之以义。纵贤奸忠伪，万有不齐，而圣人大公无我，一视同仁，开诚布公，推心置腹，浑天下为一体，自有民日迁善而不知为之者。其过化存神之妙，岂若后世劝孝劝忠，示礼示义，所能几及耶？故曰"天下歙歙，为天下浑其心"焉。盖视天下为一家，合中国为一人，其仁慈在抱，浑然与百姓为一如此。故百姓服德怀仁，无不爱之如父母，敬之如神明，仰之同师保。凡系耳之所闻，目之所见，恒视圣人之声容以为衡，此外有所不知。故曰："百姓皆注其耳目。"百姓之望圣人如此，圣人亦岂有他哉？惟御众以宽，使众以慈，如父母之于孩子：贤否智愚，爱之惟一；提携保抱，将之以诚。如此而天下有不化者，未之有也。无为之治如此，以视夫言教法治者，相距不啻天渊矣。

　　经中"圣人"喻心，"天下"喻身。圣人之修身，不外元神元气。然人有元神，即有凡神；有元气，即有凡气。下手之初，岂能不起他念，不动凡息？惟知道者，养之既久，自有元神出现。我以平心待之，即他念未除，我亦以平心待之。如此元神有不见者，未之有也。元神既生，修道有主，又当静守丹田，调养元气。我于此时，于元气之自动，当以和气处之，即凡气之未停，亦当以和气待之。如此而元气有不生者，亦无之也。须知元神为凡神遮蔽，如明镜为尘垢久封，不急磨洗，岂能遽明？元气被凡气汩没，犹白衣为油污所染，不善浣濯，焉得还原？于此而生一躁心、动一恶念，是欲寻元神以为体，而识神反增其势。欲求见性，不亦难乎？是欲得元气以为主，而凡气愈觉其盛。欲求复命，岂易事哉？惟圣人之治天下，不论善恶诚伪，一以仁慈忠厚之心待之：善者善之，不善者亦善之；信者信之，不信者亦信之。一团天真，浑然在抱。即此是虚，即此是道。虚自生神，道自生气。应有不期然而然者。否则，心若不虚，已先无道，而欲虚神之克见，道气之长存，其可得乎？修身治世，道同一道，理无二理，知治世即知修身，明外因即明内理。故以此理喻之，其示学者至深切矣。学人用功，当谨守真常，善养虚无，则元神元气，自常来归。若起一客念，动一客气，恐不修而道不得，愈修而道愈远矣。学者慎之戒之！

【拓展阅读】王弼《道德经注》

圣人无常心，以百姓心为心。〈动常因也。〉善者，吾善之；不善者，吾亦善之，〈各因其用，则善不失也。〉德善。〈无弃人也。〉信者，吾信之；不信者，吾亦信之，德信。圣人在，天下歙歙，为天下浑其心，百姓皆注其耳目，〈各用聪明。〉圣人皆孩之。〈皆使和而无欲，如婴儿也。夫天地设位，圣人成能，人谋鬼谋，百姓与能者，能者与之，资者取之，能大则大，资贵则贵，物有其宗，事有其主。如此，则可冕旒充目而不惧于欺，黈纩塞耳而无戚于慢，又何为劳一身之聪明，以察百姓之情哉！夫以明察物，物亦竞以其明避之，以不信求物，物亦竞以其不信应之。夫天下之心不必同，其所应不敢异，则莫肯用其情矣。甚矣！害之大也，莫大于用其明矣，夫任智则人与之讼，任力则人与之争。智不出于人而立乎讼地，则穷矣；力不出于人而立乎争地，则危矣。未有能使人无用其智力于己者也，如此则己以一敌人，而人以千万敌己也。若乃多其法网，烦其刑罚，塞其径路，攻其幽宅，则万物失其自然，百姓丧其手足，鸟乱于上，鱼乱于下。是以圣人之于天下歙歙焉，心无所主也；为天下浑心焉，意无所适莫也。无所察焉，百姓何避？无所求焉，百姓何应？无避无应，则莫不用其情矣。人无为舍其所能，而为其所不能；舍其所长，而为其所短。如此，则言者言其所知，行者行其所能，百姓各皆注其耳目焉，吾皆孩之而已。〉

第五十章　出生入死

出生入死^①。生之徒^②，十有三^③；死^④之徒，十有三；人之生，动^⑤之死地，亦十有三。夫何故？以其生生之厚。盖闻善摄生^⑥者，陆行不遇兕^⑦虎，入军不被^⑧甲兵：兕无所投其角，虎无所措^⑨其爪，兵无所容其刃。夫何故？以其无死地。

【注释】

① 出生入死：出土曰生，入土曰死。

② 生之徒：长寿之人。徒，类属。

③ 十有三：十之有三。"三"是虚指，并非具体指三个。

④ 死：致人死亡，引申为短命、早逝。

⑤ 动：驱动、走向。

⑥ 摄生：养生。摄，保养。

⑦ 兕（sì）：犀牛。

⑧ 被：通"披"，持。《说文解字》："披，从旁持曰披。"

⑨ 措：措置、安置。

【译文】

（人）降世叫出生，入土叫死亡。长寿的人，占十分之三；早逝的人，占十分之三；本可以长寿，却因自己妄为而过早死亡的人，又占十分之三。为什么会这样呢？这是由于过度奉养造成的。听说善于养生的人，在路上行走时不会遇见犀牛、老虎等猛兽，身处乱世也不会受到兵器的伤害：因为犀牛找不到可用犀角攻击的地方，老虎找不到可用利爪攻击的地方，兵器找不到可用利刃攻击的地方。为什么会这样呢？因为善于养生之人从不让自己陷入险境。

【阐说】黄元吉《道德经讲义》

天地之生物也，虽千变万化，无有穷极，而其道不外一阴一阳，盈虚消长，进退存亡而已，其间亦不外一太极之理气流行而已。夫生死犹昼夜也。昼夜循环，运行不息，亦如生死之循环，迭嬗不已。但其中屈伸往来，原属对待两呈，无有差忒。自出生入死者言之，则遇阳气而生者十中有三，逢阴气而死者，亦十中有三。其有不顺天地阴阳之常，得阳而生，犹是与人一样，自有生后，知识开而好恶起，物欲扰而事为多，因之竭精耗神，促龄丧命，所谓动之死地者亦十中有三。是生之数不敌其死之数，阴之机更多于阳之机。造化生生之理气，不虞其竭乎？然而太极之元，无声无臭，动而生阳，静而生阴，发为五行，散为万物，极奇尽变，莫可名言，亦无欠缺。所以顺而生之，源源不绝；逆而用之，滴滴归宗。生者既灭，死者又添；死者既静，生者又动——此造化相因之道，鬼神至诚之德，寓乎其间，自元始以至于今，未有易也。不然，万物有生而无死，将芸芸者充满乾坤，天地不惟无安置之处，亦且难蓄生育之机。此消者息之，盈者虚之，正所以存生生之理也。人能知天地生生之厚，即在此消息盈虚，于是观天之道，执天之行，于杀机中觅生机，死里求生气，行春夏秋冬之令，合生长收藏之功，顺守逆施。彼天地生化众类，而成万年不蔽之天以此；人身返本还原，以作千古非常之圣，亦莫不由此。此岂靡靡者所能任哉？惟善于摄生之人，用阴阳颠倒之法，造化逆施之方——下而上之，往而返之；静观自在，动候阳生；急推斗柄，慢守药炉；返乎太极，复乎至诚；出有入无，亘古历今；同乎日月，合乎乾坤——以之遗大投艰，亦无入不得。即猛如虎兕，亦且化为同侪；利若甲兵，亦皆销为乌有。亦何畏兕角之投，虎爪之措，兵刃之加，而计生死存亡于一旦耶？此何以故？以其无死地也。况圣人炼性立命有年，聚则成形，散则成气；日月随吾斡旋，风雷任其驱使。虎兕纵烈，兵刃虽雄，只可以及有形，安能施于无形？天下惟无形者能制有形，岂有形者能迫无形乎？噫，万物有形则有生死，圣人无形则无生死，且主宰乎生生死死之原，万物视之以为生死，有何人灾物害，而漫以相加者哉？

　　此言十为天地之全数，三为三阳三阴。人禀乾三阳而生，遇坤三阴而死。此原是天地一阴一阳，屈伸往来，循环相因之理。非阴无以成阳，非死无以为生。故休息退藏，无非裕生生之厚德于无疆也。其在纵情肆欲，灭理丧心，不顺阴阳，自戕身命，所谓动之死地，非耶？其生虽与人同，其死却与人异。盖顺阴阳而生死者，固太极之浑然在抱，俱两仪之真气流行；若逆造化而生死者，皆本来之元气无存，因后起之阴邪太甚。故皆曰"十有三也"。十者全数，即道之包罗天地；三者，天一生水，地二生火，一天二地，合水火而为三。且天一生水，金生水也；地二生火，木生火也，四象具焉。土无定位，游行于四象之中，即太极之纯粹以精者，主宰阴阳之气，运行造化之机，在天地则为无极。而太极之原在人身：静则无声无臭、不二之元神；动为良知良能、时措之真意——合之即五行也。此天地人物公共生生之厚德，有物则在物，无物则还太虚，不以人物之生死而有加减也。是以善摄生者，入室静修，观我一阳来复，摄之而上升，摄之而下降，摄之而归炉温养，丹成九转，火候十分。所谓道高龙虎伏，德重鬼神钦者是，有何虎兕兵刃之害哉？试观古人，深山僻处，虎兕为群，豺狼与伍，甘心驯伏，自乐驰驱者不少。又有单骑突出，群酋倾心，弃甲抛枪，敬如神明，爱若父母者。他如孝心感格，贼寇输诚；节烈森严，奸回恻念，皆由至诚之德，有以动之也。观此而兕无以投其角，虎无所措其爪，兵无所容其刃，洵不诬矣。要之，一元之理气，非造化有形之阴阳，我能穆穆缉熙，至无光明，又何生死之有？彼有生死者，其迹也，我能泯其迹，一归浑沦之命，太和之天，虽迹有存亡，而理则长存而不蔽，又何生之足乐，死之堪忧乎？古圣人舍生取义，杀身成仁，视刀锯为寻常，烹鼎镬为末事，此何以故？良以有得于中，无畏于外焉耳，故曰"无死地"。他注水之成数六，火之成数七，合为十三，亦是。

【拓展阅读】王弼《道德经注》

出生入死。〈出生地，入死地。〉生之徒十有三，死之徒十有三。人之生动之死地，亦十有三。夫何故？以其生生之厚。盖闻善摄生者，陆行不遇兕虎，入军不被甲兵；兕无所投其角，虎无所措其爪，兵无所容其刃。夫何故？以其无死地。〈十有三，犹云十分有三分。取其生道，全生之极，十分有三耳。取死之道，全死之极，亦十分有三耳。而民生生之厚，更之无生之地焉。善摄生者，无以生为生，故无死地也。器之害者，莫甚乎兵戈；兽之害者，莫甚乎兕虎。而令兵戈无所容其锋刃，虎兕无所措其爪角，斯诚不以欲累其身者也，何死地之有乎！夫蚖鳝以渊为浅，而凿穴其中；鹰鹯以山为卑，而增巢其上。矰缴不能及，网罟不能到，可谓处于无死地矣。然而卒以甘饵，乃入于无生之地，岂非生生之厚乎？故物，苟不以求离其本，不以欲渝其真，虽入军而不害，陆行而不犯，可也。赤子之可则而贵，信矣。〉

第五十一章　是谓玄德

道生之^①，德畜^②之，物形^③之，势^④成之。是以万物莫不尊道而贵德。道之尊，德之贵，夫莫之命而常自然。故道生之，德畜之。长之育之，亭之毒之^⑤，养之覆^⑥之。生而不有^⑦，为而不恃^⑧，长而不宰^⑨，是谓玄德。

【注释】

① 之：指万物。

② 畜：养育、滋养。如《左传·哀公十六年》："天下谁畜之。"

③ 物形：万物呈现的形态。物，具象之物。形，塑造之形。

④ 势：自然法则。一物一势，各不相同。

243

⑤亭之毒之：即成之熟之。高亨正诂："'亭'当读为'成'，'毒'当读为'熟'，皆音同通用。"李周翰注："亭、毒，均养也。"毕沅考："亭、成、毒、熟，声义相近。"引申为养育、化育。

⑥覆：保护、庇护。

⑦有：占有。

⑧恃：仰赖、凭借。

⑨宰：主宰。

【译文】

"道"生成万物，"德"滋养万物；"物"各有形态，"势"成就万物。所以万物无不是遵从"道"又推崇"德"。"道"之所以被遵从，"德"之所以被推崇，无不是因为万物顺应自然而不违背它。所以才说"道"生成万物，"德"滋养万物。使万物生长繁殖，化育无穷，既爱护它们又庇护它们。"道"生成万物而不占有它们，滋养万物而不自恃其功，令万物成长而不主宰它们，这就是"道"所体现的玄妙幽深之德。

【阐说】黄元吉《道德经讲义》

道无名也，无名即无极。所谓清空一气，天地人物，公共生生之本。以其非有非无，不大不小，无物不包涵遍覆，故曰大道。德者，万物得天之理以成性，得地之气以成形，万物各得其所得，无稍欠缺者，故曰"大德"。道即万物所共之太极也，德又万物各具之太极也。是故万物资生，本太虚之理、一元之气，溥博弥纶，无巨细，无隐显，莫不赖此道以为生而托灵属命。阴阳燮理于其中，日月斡旋于其内，有如草木然：日夜之所息，雨露之所润，而得以培植其本根。是即道生之，德蓄之也。万物得所涵育，则熏蒸陶镕，始而有气，久则有形。由是潜滋暗长，日充月盛，而人成其为人，物成其为物，又即物形之，势成之也。惟其生也以道，蓄也以德，万物虽繁，皆无遗漏。是以万物莫不以道为尊，以德为贵焉。盖道为生人之理，非道则无以资生；德为蓄物之原，非德则无由蕴蓄。道之尊、德之贵，为何如乎？然皆自天而授，因物为缘。不待强为，天然中道。无事造作，自能合德。莫或使之，莫或命之，而常常如是，无一勉强不归自然者。是道也，何道也？天地大中至正之途，圣人成仙证圣之要也。欲修金仙者，舍道奚由入哉？是以凝神于虚，合气于漠。虚无之际，淡漠之中，一元真气出焉，此即道之生也。道既生矣，于是致养于静，取材于动；一直在抱，万象咸空；常操常存，勿忘勿助，则蓄德有基矣。然顺其道而生之，则道必日长；因其德而蓄之，则德必日育。以长以育，犹物之畅茂繁殖，一到秋临而成熟有期也。夫道之既成且熟如此，而其间以养以覆，又岂有异于人哉？要不过反乎未形之初，复乎不二之真而已矣。究之，生有何生？其生也，一虚无之气自运。我又何生之有，而敢以为有乎？虽阳生之候，内运天罡，外推斗柄，似有为也；而纯任自然，毫无矜心作意于其际，非为而不恃者欤？以此修道，则德益进而道日长，自然造化在乎手，天地由心，虽万变当前，亦不能乱我有主之胸襟。此不宰之宰而胜于宰也，非深且远之玄德哉？

此言人能盗天地之元气以为丹本，而后生之育之、蓄之长之，以还乎本来之天，即得道矣。然欲盗天地之元气，须先识无地之玄关。玄关安在？鸿蒙未判之先，天地初开始，混混沌沌中，忽然感触，真机自动，此正元气所在也，而修炼者必采此以为丹头。有如群阴凝闭，万物退藏，忽遇冬至阳回，即道生矣。由是成性存存，温养于八卦炉中，久久气势充盈，一如夏日之万物畅茂，即愆蓄矣。物既生盈，花开成实。一如秋来之万宝告成。其在人身，养育胎婴，返回本来面目，即成之熟之矣。物既成熟。仍还本初，一如冬日之草木成实，叶落归根，还原返本，《易》云硕果不食，又为将来生发之机。其在人身，三年乳哺，九载面壁，炼就纯阳之体，实成金色法身，必须养之覆之，而后可飞空走电。然下手之初，岂易臻此？必须万缘齐放，片念不存，空空洞洞，静候阳生。虽然，其生也，原来自有，而不可执以为有。即用升降之术，进退之工，未免有为——要皆顺气机之自然，而无一毫矫强，非有为而不恃所为耶？至德日进、道日长，而文武抽添，沐浴封固，无不以元神主宰其间。此有主而无主，无宰而有宰存焉。如此修道，道不深且远哉？故曰"玄德"。

【拓展阅读】王弼《道德经注》

道生之，德畜之，物形之，势成之。〈物生而后畜，畜而后形，形而后成，何由而生？道也；何得而畜？德也；何由而形？物也；何使而成，势也。唯因也，故能无物而不形；唯势也，故能无物而不成。凡物之所以生，功之所以成，皆有所由。有所由焉，则莫不由乎道也。故推而极之，亦至道也。随其所因，故各有称焉。〉是以万物莫不尊道而贵德。〈道者，物之所由也。德者，物之所得也。由之乃得，故曰不得不尊，失之则害，故不得不贵也。〉道之尊，德之贵，夫莫之命而常自然。〈命并作爵。〉故道生之，德畜之。长之育之，亭之毒之，养之覆之。〈亭谓品其形，毒谓成其质，各得其庇荫，不伤其体矣。〉生而不有，为而不恃，〈为而不有。〉长而不宰，是谓玄德。〈有德而不知其主也，出乎幽冥，故谓之玄德也。〉

第五十二章　天下有始

　　天下有始①，以为天下母②。既得其母，以知其子③；既知其子，复守其母，没身④不殆。塞其兑⑤，闭其门，终身不勤⑥。开其兑，济其事⑦，终身不救⑧。见小曰明，守柔曰强⑨。用其光，复归其明，无遗身殃，是为习⑩常。

【注释】

　　① 始：一切之始，指"道"。

　　② 母：一切之本，指"道"。

　　③ 子：派生物，指万物。

　　④ 没（mò）身：终身。

　　⑤ 兑：小孔、小穴。《周易·说卦》："兑为口。"

　　⑥ 勤：通"瘽"（qín），疾病、毛病。

⑦济其事：增加纷繁之事。济，增加。事，指引人走向不好的事。

⑧救：救治、挽救。

⑨见小曰明，守柔曰强：察微知著叫大聪明，贵弱守柔叫真刚强。

⑩习：通"袭"，沿袭、延续。

【译文】

万物以"道"作为开始，因此将"道"作为万物的根本。既然知道了万物的根本，那么也就知道了万物是由什么派生的；既然知道是"道"派生了万物，那么就要守护住万物的根本，这样它们终生才不会有危险。堵住欲望之口，闭塞名利之门，这样才不会被疾病缠身。敞开欲望之口，累增蝇营之事，如此便终生无可挽救了。能察微知著的才叫大聪明，能贵弱守柔的才叫真刚强。时时运用智慧的光芒，用以反省我们的内心，如此才不会给我们带来祸患，这就叫承袭了大道！

【阐说】黄元吉《道德经讲义》

金丹一物，岂有他哉？只是先天一元真气，古人喻为真铅、为金花、为白雪、为白虎，初弦之气——种种喻名，总不外乾坤交媾之后，乾失一阳而落于坤宫，坤得此乾阳真金之性，遂实而成坎。故丹曰金者，盖自乾宫落下来的，在人身中谓之阳精。此精虽在水府，却是先天元气，可为炼丹之母。修士炼药临炉，必从水府逼出阳铅以为丹母。故曰："一身血液总皆阴，一身阳精人不识。"此个阳精，不在内，不在外，不入六根门头，不在六尘队里，隐在形山，视而不见，听而不闻，却又生生不息，是人身之真种子、大根本也。一己阴精，不得先天阳铅以为之母，则阴精易散，无由凝结为丹。是以古仙知己之阴精，难擒易失，不能为长生至宝，乃以真阴真阳，二八初弦之气，同类有情之物，烹炼鼎炉；然后先天真一之气、至阴之精，从虚极静笃、恍惚杳冥时发生出来——此丹母也，亦母气也。用阳火以迫之飞腾而上至泥丸，与久积阴业混合融化，降于上腭，化为甘露——此阴精也，亦号子气。由是降下重楼，倾在神房，饵而吞之，以温温神火，调养此先天真气与至阴之精，此即太上云"既得其母，以知其子；既知其子，复守其母"。始也母恋子而来，继也子恋母而住，终则子母和谐而相育，阴阳反覆以同归，虽没身不殆也。从此确守规中，一灵内蕴，务令内想不出，外想不入，缄口不言，六门紧闭，绵绵密密，不贰不息，勿助勿忘，有作无作，若勤不勤。如此终身，金仙证矣。否则，有济于外图，先已自丧其内宝。所谓"口开神气散，意乱火功寒"。重于外者轻于内，命宝已矣，命根何存？故终身不救也。人能塞兑闭门，宝精裕气，母气、子气合化为丹。古云：元始天王，悬一黍珠于空中，似有非有，似虚非虚，惟默识心融者乃能见之。小莫小于此丹，能见者方为明哲之士。当其阳气发生，周身酥软如绵，此至柔也。能守此至柔之气，不参一意，不加一见，久之自有浩气腾腾，凌霄贯日。故"守柔曰强"。然下手之初，神光下照于气海，继则火蒸水沸，金精焕发，如潮如火，如雾如烟，我当收视返听，护持其明，送归土釜，仍还我先天一气——小则却病延年，大则成仙证圣，身有何殃可言哉？不然，老病死苦，转眼即来，能不痛耶？要皆人自为之，非天预为限之也。夫人既不爱道，独不爱身乎？切勿自遗身殃，后悔无及。此为真常之道，惟至人能袭其常，不违其道。故日积月累，而至于神妙无方，变化莫测。语云："有恒为作圣之基，虚心是载道之器。"人可不免乎哉？

此言真阳一气，原从受气生身之初而来。人之生，生于气，气顾不重哉？试思未生以前，难道无有此气？既死而后，未必遂灭此气。所谓先天一气，悬于太空之中，有物则气在物，无物则气还太空。天地间举凡一切有象者，皆有生灭可言。惟此气，则不生不灭，不垢不洁，不增不减，空而不空，不空而空，至神而至妙者也，故为天下万物生生不息之始气。学道人知得此个始气，则长生之道可得，而神仙之位可证焉。夫神仙亦无它妙，无非以此阳气留恋阴精，久久烹炼，则阴精化为阳气，阳气复还阳神，所谓"此身不是凡人身，乃是大罗天上仙"。倘若独修一物，焉得此形神俱妙，与道合真，而极奇极变，至圣自灵者哉？故火候到时，金丹发相，自然口忘言，舌忘味，鼻忘臭，视而不见，听而不闻，所谓丹田有宝，自然对境忘情。此轻外者重内，守内者忘外，一定理也。然在未得丹前，又当塞兑闭门，为积精累气之功，且知小丹者为明哲，守太和者自刚强。以神入气，以气存神，忽然一粒黍珠光通法界，此即金丹焕发，大道将成之候矣。始也以神降而候气，继则气生，复用神迫之使上，驱之令归，即长生之丹得，而身何殃之有哉？是在人常常操守，源源不息，可也。

【拓展阅读】王弼《道德经注》

天下有始，以为天下母。〈善始之，则善养畜之矣。故天下有始，则可以为天下母矣。〉既得其母，以知其子；既知其子，复守其母，没身不殆。〈母，本也；子，末也。得本以知末，不舍本以逐末也。〉塞其兑，闭其门，〈兑，事欲之所由生；门，事欲之所由从也。〉终身不勤。〈无事永逸，故终身不勤也。〉开其兑，济其事，终身不救。〈不闭其原，而济其事，故虽终身不救。〉见小曰明，守柔曰强。〈为治之功不在大，见大不明，见小乃明。守强不强，守柔乃强也。〉用其光，〈显道以去民迷。〉复归其明，〈不明察也。〉无遗身殃，是为习常。〈道之常也。〉

第五十三章　大道甚夷

使我介然^①有知，行于大道，唯施是畏^②。大道甚夷^③，而民好径^④。朝甚除^⑤，田甚芜^⑥，仓甚虚^⑦。服文彩，带利剑，厌饮食，财货有余，是谓盗夸^⑧。非道也哉！

【注释】

①介然：专一。胡三省注："介然，坚正不移之貌。"这句是说"大道"使"我"专注有智慧。

②唯施是畏："唯畏施是"的倒装。施，通"迤"（yí），斜行。

③夷：平坦。

④径：小径，引申为讨巧之法、邪路。

⑤朝甚除：朝政极其荒殆。甚，过度。除，荒废、败坏。

⑥芜：荒芜。

⑦虚：空虚。

⑧盗夸：犹言"强盗头目"。河上公注："百姓不足而君有余者，是由劫盗以为服饰，持行夸人，不知身死家破、亲戚并随也。"

【译文】

"道"使我专注而充满智慧，让我遵从"道"的规律行事，但我唯一害怕的是走上歪路。大道是非常平坦的，但人们往往喜欢走自以为是的捷径。（比如）朝政已极其荒殆，田间已极其荒芜，仓库已极其空虚，（此时）却有人穿着华丽的衣服，佩带名贵的宝剑，贪食美味的珍馐，财货多多依然不知足，这种人就叫作"盗夸"（真正的大盗）。这些行为完全不合"道"的要求啊！

【阐说】黄元吉《道德经讲义》

君子之道，造端夫妇；圣人之道，不外阴阳。苟能顺天而动，率性以行，成己为仁，成物为智，合内外而一致，故时措而咸宜，有何设施之不当，足令人可畏乎哉！无如道本平常，并无隐怪；末世厌中庸中喜奇异，遂趋于旁蹊曲径而不知。有如朝廷之上，法度纪纲，实为化民之具，而彼昏不觉，概为改除。且喜新进而恶老臣，好纷更而变国政。先代典型，尽为除去，犹人身之元气伤矣。朝无善政，野少观型，于是惰农自安，田土荒芜，草莱不治，财之源穷矣。靡费日甚，仓廪虚耗，菽粟无存，财之储罄矣。非犹人身之精气，概消磨而无复有存焉者乎？不图内实，只壮外观。由是衣服必极光华，刀剑务求精彩，饮食须备珍馐，财货更期充足，不思根本之多匮，惟期枝叶之争荣。如此而欲取之无尽，用之不竭，在在施为，俱无碍也，不亦难乎？是皆由不顺自然之天，日用常行之道，有以致之也。犹盗者窃物，藏头露尾，如竿之立，见影而不见形——喻修道者之以假乱真也。大道云乎哉！

此介然有知，是忽然而知，不待安排，无事穿凿。鸿鸿蒙蒙，天地初开之一气，先天元始之祖气是。是即孟子乍见孺子之入井，皆有怵惕恻隐之一念。吾道云从无知时，忽然有知，真良知也。此等良知之动，知之非艰，而措之事为，持之永久，则非易耳。当其动时，眼前即是，转瞬而智诱物化，欲起情生，不知不觉，流于后天知识之私。此须而施之，所以可畏也。惟眼有智珠，胸藏慧剑，识破妖魔，斩断情丝，自采药以至还丹，俱是良知发为良能，一路坦平，并无奇怪，此大道所以甚夷也。无奈大道平常，而欲躁进以图功者，往往康庄不由，走入旁蹊小径，反自以为得道，竟至终身不悟，良可慨也夫！朝喻身也。身欲修饬，不至覆灭，必须闲邪存诚，而后人欲始得净尽，天理乃克完全。久久灵光焕发，心田何致荒芜之有？精神团结，仓廪何至空虚之有？不文绣而自荣，匪膏粱而克饱，又何服文采、厌饮食之有？且慧剑锋锐，身外之利刃无庸；三宝克全，身内之货财不竭。若此者，真能盗天地灵阳之气以为丹者也。胡今之人，不由中庸，日趋邪径；一身尘垢，除不胜除？而且妄作招凶，元阳尽失。于是纷来沓往，并鲜空洞之神。荒芜已极，关窍非尽耗乎？力倦神疲，毫无充盈之象。空乏堪嗟，精气非尽塞乎？徒外观之有耀，而文采是将；徒利剑之锋芒，而腰带是尚。亦已末矣！乃犹厌饮食以快珍馐，好货财以期丰裕，何不思学道人，巧用机关，盗回元气，固求在内而不在外者也。《易》曰："作易者，其知盗乎？"正此之谓也。若舍此而他图，支离已甚，敢云大道？他注云，"介然"数句，是倏忽间有一线之明，何尝非知？但验诸实行，每多穷于措施，故云可畏。此明大道之不易也。下一节言学者不探本源而徒矜粉饰，不求真迹而徒骛虚名，是犹立竿见影，得其似，不得其真，故谓之"盗竿"。此讲亦是。古来凡有道者，肌肤润泽、毛发晶莹等等效验，要皆凡人所共有，然未可以为定论也。又况炼精炼气，阳光一临，阴霾难固，犹霜雪见日而化。故神火一煅，陈年老病悉化为疮疡脓血，从大小二便而出，不但初学有之，即至大丹还时，亦有变化。三尸六贼，流血流脓，臭不堪闻者。惟有心安意定，于道理上信得过，于经典中参得真，足矣。须知遏欲存诚，去浊留清，层层皆有阴气消除，阳气潜长，学道人不可不知。以外之事，莫说身体光荣，行步爽快，不可执以为凭，即飞空走雾，出鬼没神，霎时千变，俄顷万里，亦不可信以为道。盖奇奇怪怪，异端邪教，剑客游侠之类，皆能炼之，未可以为真。若认外饰为真，必惑奇途，造成异类。可惜一生精力，竟入左道旁门！欲出世而涉于三途六道，不亦大可痛哉！

太上此章大意，教人从良知体认，方无差误。无奈今之学道者，只求容颜细腻，身体康强，岂知外役心劳，而良田荒芜，宝仓空旷，先天之精气为所伤者多矣。后天虽具，又何益乎？果然三宝团聚，外貌自然有光。彼驰之于外而矜言衣食者，何若求之于内而先裕货财也。内财既足，外财自赅。岂同为盗者，不盗天地灵阳之气，而徒盗圣人修炼之名也哉？

【拓展阅读】王弼《道德经注》

使我介然有知，行于大道，唯施是畏。〈言若使我可介然有知，行大道于天下，唯施为是畏也。〉大道甚夷，而民好径。〈言大道荡然正平，而民犹尚舍之而不由，好从邪径，况复施为以塞大道之中乎？故曰"大道甚夷，而民好径"。〉朝甚除，〈朝，宫室也；除，洁好也。〉田甚芜，仓甚虚；〈朝甚除，则田甚芜，仓甚虚，设一而众害生也。〉服文彩，带利剑，厌饮食，财货有余；是谓盗夸。非道也哉！〈凡物，不以其道得之，则皆邪也，邪则盗也。夸而不以其道得之，盗夸也；贵而不以其道得之，窃位也。故举非道以明非道，则皆盗夸也。〉

第五十四章　其德乃普

善建^①者不拔^②，善抱^③者不脱^④，子孙以祭祀不辍^⑤。修之于身，其德乃真；修之于家，其德乃余；修之于乡，其德乃长^⑥；修之于国，其德乃丰；修之于天下，其德乃普^⑦。故以身观身，以家观家，以乡观乡，以国观国，以天下观天下。吾何以知天下然哉？以此。

【注释】

① 建：建立、建树。

② 拔：拔除、去除。

③ 抱：抱持、秉持。

④ 脱：褪去、脱离。

⑤ 辍：停止、终止。

⑥长：有德者受乡里尊崇，故曰长。既有"有德之长者受乡邻尊敬"，又有"有德之长者因乡邻尊崇而声名流传"的双重意思。

⑦普：普及。指"圣人"所修之"德"可惠泽百姓。

【译文】

善于树立自身德行的人不会轻易违背德行，善于秉持自身德行的人不会轻易放弃德行，所以他们的子孙才会代代相续，祭祀不绝。把德行施修于个人身上，他的品德才会纯真；把德行施修于家庭之中，他的品德才会富余；把德行施修于乡里之间，他的品德才会绵延长久；把德行施修于整个国家，他的品德才会丰厚；把德行施修于全天下，他的品德才会普及开来，惠泽更多人。所以，通过己身可知他人，通过己家可知他家，通过己乡可知他乡，通过己国可知他国，通过万物可知世界的终极奥秘（即"道"）。我为什么知道世界的终极奥秘呢？就是通过这些。

【阐说】黄元吉《道德经讲义》

天地之生人也，赋之气以立命，即赋之理以成性。理气原来合一，性命两不相离。要皆清空一气，盘旋天地，盈虚消息，纯乎自然，造化往来，至于百代者也。人类虽有不齐，造物纵有不等，而此气同，即此理同，终无有或易者。圣人居中建极，亭亭矗矗，独立而不倚，中行而不殆，虽穷通得丧，忧乐死生，万有不同，而此理此气，流行于一身之中，充塞乎两大之内，绝不为稍挫。谓非"善建者不拔"乎？否则，有形有质，即岩岩泰山，高矣厚矣，犹有崩颓之患。盖以有形者，虽坚固而难久；惟无形之理气，不随物变，不为数迁，历万古而常新焉。此道立于己，化洽诸人，自然深仁厚泽，沦肌浃髓，斯民自爱戴输忱，归依恐后，无有一息之脱离而不相联属者。虽曰胶漆相投，可谓坚矣；水乳交融，可谓和矣。而聚散无常，变迁亦易，不转瞬而立见睽违。惟仁心仁闻，被其泽者爱之不忘，即闻其风者亦怀之不置，何异子弟之依父兄，如臂指之随心，无有隔膜不属者。谓非"善抱者不脱"乎？自此君子贤其而亲其亲，小人乐其乐而利其利，无非垂裳以治，共仰无为之休。圣人虽不常存，而其德泽之深入人心者，终古未常稍息。《诗》曰："子子孙孙，勿潜引之。"其斯之谓乎？昔孔子赞舜之大孝曰："宗庙享之，子孙保之。"足见德至无疆，子孙祭祀，亦万古蒸尝不绝，千秋俎豆维新。语云："有十世之德者，必有十世之子孙保之。有百世之德者，必有百世之子孙保之。"至于大德垂诸永久，虽亿千万年，而子孙继继绳绳，愈悠久，愈繁盛，其理固有如是之不爽者。此皆以无为自然之道，内修诸已而不坠，外及诸人而不忘，所以天体滋至，世享无穷焉。人以此道修之一身，而形神俱妙，与道合真。道即身、身即道，是道是身，两无岐也，德何真乎！以道修诸一家，亲疏虽异，一道相联，亲者道亲，疏者道疏，亲疏虽别，道无二也，德何余乎！且道修之乡，乡里联为一体；道修之国，国家视如一人。其德之长之丰，又何如乎？果能静镇无为，恬淡无欲，自然四方风动，天下归仁，民怀其德，无有穷期，德何普乎！此非以势迫之，以利啖之也。盖本固有之天良，以修自在之真心，如游子之怀家，故老之重逢，其乐有莫之致而至者。人与己，异体而不异心，同命而应同性，故明德即新民，安人由修己，无或异也。况乡为家之所积，国为乡之所增，天下之大，万民之众，无非一家一乡一国之所渐推而渐广，愈凑而愈多。知一人之道即家国天一之道，一己之修即家国天下之修。反求诸己，须推诸人，自有潜孚默化，易俗移风，而熙熙皞皞，共乐其乐也。故曰："有德化而后有人心，有人心而后有风俗。"其道在乎身，其德及乎家，而其化若草偃风行，无远弗届，将遍乡国以至于天下。呜呼！噫嘻！吾何以知天下之然哉？以此故也。

《易》曰："大哉乾元。刚健中正，纯粹精矣！"是知道为先天乾金，至刚至健，卓立于天地之间，流行于万物之内，体物无遗，至诚不息。势常伸而不屈，直而不挠，擎天顶地，摩汉冲霄，国未尝稍拔也。然皆无极之极，不神之神，以至于卓卓不摇如此。人能以无极立其体，元神端其用，即古云采大药于不动之中，行火候于无为多内，居中建极，浩然之气常充塞于宇宙间焉。自此一得永得，一立永立，神依于气，气依于神，神气交感，纽结一团，即归根复命，道常存矣。夫人之生也，神与气合；其死也，神与气离。人能性命混合，神气融和，即抱元守一。我命由我不由天矣，何脱之有？由是神神相依，气气相守，一脉流传，一真贯注，自能千变万化，没鬼出神，有百千万亿化身，享百千万亿之大年。谓非子生孙，孙又生子，子子孙孙，根深叶茂，源远流长，万代明禋不辍乎？要不过以元气为药物，以元神为火候而已。夫元气者，无气也；元神者，不神也。以神炼气而成道，如以火炼药而成丹。凡丹有成有毁，神丹则无终无始，故曰"金丹大道，历万年而不磨"。无非以己之德，修己之身，非由后起，不自外来，其德乃真矣。天地生人，虽清浊不同，贤否各异，而维皇诞降，由家庭以及天下，无不厥有恒性。故一心可以贯万姓，一德可以孚万民。是修身齐家，德有余矣；修身化乡，德乃长矣。至于治国平天下，莫非垂衣裳而天下化，究无有外修身而可以普获蚧蠓者，此治世之常道也。反之修身，又何异焉？论国家天下，原是由近而远，一层深一层之意，如精气神三者一齐都有，不是一步还一步。自初工言曰炼精，而气与神在焉。二步曰炼气，而神与精在焉。三步曰炼神，而精与气亦在焉。即还虚合道，道合自然，自始至终，俱不离也；离则无道矣。身比精，精非交感之精，乃受气生形之初，所禀太虚中二五之元精。修之身，即炼精化气。修行人初行持也，人得此精以生，亦得此精以长。以精修身，不啻以身修身矣，其真为何如哉？以气而论，精为近于身者，气则稍远。故曰："修之家，其德乃余。"夫采外边真阳之气，炼内里真阴之精，即如以身齐家，其得于己者不绰绰然有余裕耶？乡视身又更远，比家稍近，犹之神，然神如火也。热者属气，光者为神，是二而一。修之乡，即炼神还虚。故曰："其德乃长"，以其长生而悠久也。至于国视乡为近，比身又更远，其广宽非一目可睹。国比虚也，修之国即炼虚合道。夫炼至于虚，与清虚为一，朗照大千，而况天下乎？故曰："其德乃丰。"至于天下，则与道为一，纯乎自然，可以建天地而不悖，质鬼神而无疑，百世以俟圣人而不惑矣。而皆自然之精之气之神之虚之道，非有加增者也，故曰："其德乃普。"他如以身观身、家观家、乡观乡、国观国、天下观天下，无非以一己之身家，为天下身家之表率，以一人之乡国，为天下之乡国观型，默契潜孚，相观而化，天下皆然，何况托处宇内者哉？太上取喻，其意切近，其义精微。大道无他，精之又精，以至于虚无自然，尽矣！学大道者亦无他，惟损之又损，以至于无为自然，无为而无不为，尽矣！然内药外药，内丹外丹，取坎填离，抽铅添汞，种种喻象比名，要不外以身中禀受于天地之精气神——以其生来素具，只因陷于血肉躯壳之中，故曰"阴精、阴气、阴神"；以其与生俱来，故曰"内药"。修士兴工之始，必垂帘塞兑，凝其中，调其息，将三元混合于一鼎，一鼎烹炼乎三元——名曰炼精，实则神气俱归一窍。直待神融气畅，和合为一，于是气机发动，蒸蒸浮浮，是曰气化，又曰水底金生，又曰凡父母交而产药。此是人世男女顺以生人之道；若不知逆修之法，顷刻化为后天有形之精，从肾管而泄。故"固气留精，决定长生"。人欲长生，此精之化气，即是长生妙药。如有冲突之状，急需内伏天罡，外推斗柄，进退河车，收回中宫再造。此为炼内药也。精气神亦混合为一者也，岂仅气化云哉！一外一内，一坎一离，始而以身之所具，交会黄房，温养片晌，则气生焉。此以神入气，以身中之精，炼出天地外来灵阳之气，即炼精化气。继以此气采之而升，导之而降，送归土釜，再烹再炼，即是以铅制汞，以阳气伏阴精。盖精原己身素具，故曰"离己阴精"。气由精化而产，故曰"坎戊阳气"。非精属心中，气生肾内也。自涌泉以至气海皆属阳，阳则为坎；自泥丸以至玄关皆属阴，阴则为离。是水火之气为坎离，非以心肾为坎离也明矣。又曰坎中有气曰地魄——在外药，白虎是也；在内药，金丹是也。此丹从抽铅添汞合一而生者也，均属水府玄珠。内外之说，一层剥一层，非真有内外也。离宫有精曰天魂——在外药，青龙是他，在内药，己之真精是也。水中金生，即精中气化——在外药，白虎初弦之气是也，在内药，铅中之银是也。又曰金丹长生大药。只此乾元一气，陷入人身，非以神火下煅，则沉而不起。且欲动而倾，此如灯之油，灯无油则息，人无气则灭。人之生，生于此，故为长生大药。以其自乾而失于坎，今复由坎还乾，金丹之说所由来也。夫人欲求长生，除此水乡铅一味，别无他物。但此金丹，虽曰人人自有，然非神火烹煎，别无由生。及真金一生，再将白虎擒龙，自使青龙伏虎。龙虎二气复会黄房，二气相吞相啖而结金丹。运回土釜，会己真精，再以神火温养而结圣胎。既结胎，内用天然真火，绵绵于神房之中，外加抽添凡火，流转于一身之际，即日运己汞，包固真精，久则脱胎而出，升上泥丸，炼诸虚空，复归本来自然之地。不是精气神三宝攸分，亦不是内外二药各别，苟非坐破蒲团，磨穿膝盖，自苦自炼，安能了悟底蕴？吾今聊注大概，不过为后学指条大路耳。且道本平常，非有奇异，愈精深，愈平常。他如变化莫测，在世人视之，以为高不可望，妙无从窥，而以太上《道德》一经思之，即如三清太上，亦只是一个凡人造成。但凡人以生死为喜忧，仙则视生死如昼夜。一生一死，即如一起一卧，顺而行之，不尽安然。有谓长生不死为仙家乐事者，非也。人以长生为荣，仙则以顺理为乐。虽杀身成仁，舍生取义，亦所素甘。不然，刀锯之惨，谁不畏哉？古来志士仁人，多视鼎镬为乐地、死亡为安途者，盖见得理明，信得命定。其生其死，无非此心为之运行。生而不安，不如速死，犹醒而抱痛，不如长眠。只要神存理圆，生何足荣，死何足辱？一听造化运行，决不偷生于人世。如好生恶死，是庸夫俗子之流，非圣贤顺时应天之学也。否则，孔子何以七十而终，颜子何以三十而卒？顺天而动，不敢违也。此岂凡人所能见哉？窃愿学者，只求于内，无务于外，患难生死，一以平等视之。此心何等宽阔，何等安闲？谚云："认理行将去，凭天摆布来。"如此落得生安死泰，永为出世真人，岂不胜于贪生怕死之徒，时而欣欣于内，时而戚戚于怀，此心终无宁日耶？况有道高人，天欲留之以型方训俗，我不拒之，亦不求之，但听之而已，初何容心于其间乎？盖生死皆道也，尽其道而生，尽其道而死，又何好恶之有哉？凡有好恶于中者，神早乱，性早亡，不足以云仙矣。

【拓展阅读】王弼《道德经注》

善建者不拔,〈固其根,而后营其末,故不拔也。〉善抱者不脱,〈不贪于多,齐其所能,故不脱也。〉子孙以祭祀不辍。〈子孙传此道,以祭祀则不辍也。〉修之于身,其德乃真;修之于家,其德乃余;〈以身及人也,修之身则真,修之家则有余,修之不废,所施转大。〉修之于乡,其德乃长;修之于国,其德乃丰;修之于天下,其德乃普。故以身观身,以家观家,以乡观乡,以国观国,〈彼皆然也。〉以天下观天下。〈以天下百姓心,观天下之道也。天下之道,逆顺吉凶,亦皆如人之道也。〉吾何以知天下然哉?以此。〈此,上之所云也。言吾何以得知天下乎?察己以知之,不求于外也。所谓不出户以知天下者也。〉

第五十五章　不道早已

含德之厚，比于赤子①。蜂虿虺蛇不螫②，猛兽不据③，攫鸟不搏④。骨弱筋柔而握固⑤，未知牝牡之合而全作⑥，精之至也。终日号而不嗄⑦，和⑧之至也。知和曰常，知常曰明，益生曰祥⑨，心使气⑩曰强。物壮则老，谓之不道，不道早已。

【注释】

① 赤子：初生之子。孔颖达疏："子生赤色，故言赤子。"

② 螫（shì）：同"蜇"，蜜蜂之类的虫子用毒刺扎人。因虿（chài）、虺（huǐ）、蛇都是毒蛇，蛇类口吐信子本来是为了用嗅觉器官收集信息，但看起来却像要扎人貌，故用"螫"。

③ 据：兽类用爪子捕物曰据。

④ 攫鸟不搏：猛禽不搏击他。攫鸟，鸷鸟、猛禽。搏，禽

类用爪子捕物曰搏。

⑤握固：屈指成拳使之牢固。魏源正义："握固，谓以四指握拇指也。"

⑥全作：指男性外生殖器勃起（阴茎海绵体充血即会勃起，即立起来，这是男性天生的生理现象，并非只有性交过程中或有性欲时才会勃起，所以老子才会说"未知牝牡之合"）。全，一作"朘"（zuī），男性生殖器。

⑦嗄（shà）：嗓音嘶哑。

⑧和：冲和之气。

⑨益生曰祥：纵欲贪生叫不祥。益生，纵欲贪生。祥，特指凶兆。

⑩心使气：以人的欲念强制气息作用。气息本由自然而生，是"道"，非关人事，比如初生婴儿没有人之意识，却能自在呼吸，这并非此婴儿意念作用的结果，而是天然的，故不该以"心使"，以"心使气"就是强制而行，是"不道"。再比如，吃喝拉撒睡本是天经地义的，如果你不让人家吃喝拉撒睡，那这人肯定就会或憋死或饿死等，这就叫"不道"。不让人说话也是"不道"，没有"言论自由"，大家只好"道路以目"，最后迎接统治者的就是覆亡，这也是"心使气"的表现。

【译文】

有深厚德行的人，就像初生的婴儿一样纯净。蜂虿虺蛇不会螫他，凶兽不会捕击他，猛禽不会搏击他。虽骨头嫩弱，肌理柔软，但抓握东西时非常牢固；虽不懂男女交媾之事，但生殖器会自然立起来，这都是精气旺盛所致。整天号哭而嗓子不沙哑，这都是冲和之气互相作用的结果。懂得了什么是冲和之气，就懂得了什么是恒常不变；懂得了什么叫恒常不变，就懂得了什么是大道规律；懂得了什么叫纵欲贪生，就懂得了什么是大凶之兆；懂得了什么叫欲念行为，就懂得了什么叫逞强而亡。任何事物达到了鼎盛就会走向衰老，这就叫"不道"（不守恒道），不守恒道者就会早衰。

【阐说】黄元吉《道德经讲义》

《易》曰："天地絪缊，万物化醇。男女媾精，万物化生。"以发生之初，去天未远，其气柔脆，顺其势而导之，迎其机而养之，犹可抵于纯化之域、太和之天。孟子曰："大人者，不失其赤子之心者也。"以赤子呱地一声，脱离母腹，虽别具乾坤，另开造化，然浑浑沦沦，一团天真在抱，无知识、无念虑，静与化俱，动与天随。古仙真含宏光大，厚德无疆，较诸赤子，殆相等也。当父母怀抱之时，鞠育顾复，足不能行，手不能作。虽有毒虫，不能螫焉；虽有猛兽，不能据焉；虽有攫鸷，无从搏焉——以动不知所之，行不知所往，是无虞于毒虫，而毒虫不得螫之也；无虞于猛兽，而猛兽不得据之也。且危居在榻，偃息在床，不为攫鸷所窥，而攫鸷亦不得搏之也。倘年华已壮，动履自如，虽有游行之乐，不获静室之安，其能免恶物之患者，盖亦鲜矣。况赤子初生，气血调和，筋骨柔软，而手之握者常固，盖以阴阳不乱，情欲不生，未知牡牝之交，欢合而朘作，足见元精溶溶，生机日畅。人能专气致柔，如婴儿之初孩，则自有精之可炼。第其时，呱呱而泣，声声不断，虽至终日呼号，而咽嗌不嘎，此非随意而唤，任口而腾也。要皆天机自动，天籁自鸣，无安排，无造作，和之至矣。得知元和内蕴，适为真常之道，不假一毫人力以矫强之，而守其真常，安其固有。《诗》曰："既明且哲，以保其身。"其斯之谓欤？若非以和柔之气，修诸身心之中，安得生而益生，天体滋至于勿替，人之祥，莫祥于此。第自强壮而后，天心为人心所乱，精神之耗散者多。今以太和为道，大静乃能大动，至柔方克至刚。于是以心役气，务令此气同于赤子，不以气动心，致使此心乖乎太和，庶几和而不流，强哉矫矣，非独赤子为然也。观之万物，其始柔脆，其终强壮。柔脆者，生之机，强壮者，死之兆。是以物壮则老，不如物稚则生。生者其道存，老者其道亡。故曰物老为不道，不道不如其早已。世之修道者，盍早已其老之气，而求赤子之气乎？果得同于赤子，无恐无怖，无识无知，一片浑沦，流于象外，所谓和也。夫天道以和育物，人能知之，则健行不息，故曰常。知常则洞达阴阳，同乎造化，故曰明。修身立命，夺天地生杀之仅，人之祥瑞莫大于此。炼神还虚，得长生不坏之道，强斯至也，又何不道之有哉？

此教人修身之法，取象于赤子。庄子曰："儿子动不知所为，行不知所之，身若槁木，心如死灰，祸亦不至，福亦不来。"祸福无有，焉有人灾物害哉！"毒虫"几句即此意。后云采药炼丹，须取天一新嫩之水，此水即人生生之本。犹如一轮红日，夜半子初，清清朗朗，照耀于沧海之中；又如一弯秋月，发生庚震之方，正是修士玄关窍开，恍惚杳冥，方有此境。盖以初气至柔，犹万物折枝抽芽。于此培之养之，方能日增月长，至于复命归根，以成硕果之用。若桑榆晚景，则物既老而将衰，不堪采以为药。但老非年迈之谓也，是言药老不可以为丹。若以年而论，即老至八、九十岁，俱可以修成长生不老之仙。何者？一息尚存，此个太和之气俱足于身，无稍欠缺。非至人抉破水中之天，一身内外两个消息，则当面错过者多矣。学者欲修金丹大道，非虚心访道，积德回天，则真师无由感格，白虎首经莫觅，一任青年入道，必至皓首无成。更有误认邪师，错走岐路，一生之精力竟流落于禽兽之域者不少。学者慎之！

【拓展阅读】王弼《道德经注》

含德之厚，比于赤子。蜂虿虺蛇不螫，猛兽不据，攫鸟不搏。〈赤子，无求无欲，不犯众物，故毒螫之物无犯于人也。含德之厚者，不犯于物，故无物以损其全也。〉骨弱筋柔而握固。〈以柔弱之故，故握能周固。〉未知牝牡之合而全作，〈作，长也。无物以损其身，故能全长也。言含德之厚者，无物可以损其德，渝其真。柔弱不争而不摧折者，皆若此也。〉精之至也。终日号而不嗄，〈无争欲之心，故终日出声而不嗄也。〉和之至也。知和曰常，〈物以和为常，故知和则得常也。〉知常曰

明，〈不皦不昧，不温不凉，此常也。无形不可得而见，故曰
"知常曰明"也。〉益生曰祥，〈生不可益，益之则夭也。〉心使
气曰强。〈心宜无有，使气则强。〉物壮则老，谓之不道，不道
早已。

第五十六章 知者不言

知者不言^①，言者不知。塞其兑，闭其门，挫其锐；解其分^②，和^③其光，同^④其尘，是谓玄同^⑤。故不可得而亲，不可得而疏；不可得而利，不可得而害；不可得而贵，不可得而贱，故为天下贵。

【注释】

① 知者不言：智者不多言。知，智者，即了解"道"的人。言，过多言说。

② 解其分：破除纷扰。解，解除、破除。分，通"纷"，扰乱、纷乱。

③ 和：使……平和。

④ 同：混同、混合。

⑤玄同：微妙同一，指"道"。只有了解"道"，并遵从"道"行事的人才能称为"玄同"，也才能真正做到"塞其兑……同其尘"。

【译文】

智者不过多言说，过多言说者没有大智慧。堵住欲望之口，闭塞名利之门，挫平锐利之芒；破除纷乱之因，使所有光彩平和，让所有尘土混同，这就是"玄同"（微妙同一）。因此，了解"玄同"的人，不会让人太亲近，也不会让人太疏远；不会让自己独享其利，也不会让自己多受祸患；不会被过分重视，也不会被过分轻视。所以，这样的人才是值得天下人尊敬的。

【阐说】黄元吉《道德经讲义》

大凡无德之人，当其闻一善言，见一善行，辄欣欣然高谈阔论，以动众人之耳，取容悦于一时，不知革面洗心，返观内证。孔子曰："道听而途说，德之弃。"洵不诬也。若真知大道之人，方其偶有所知，朝夕乾惕之不暇，安有余力以资口说，徒耸外人之听闻耶？即令温故知新，悠然有会意处，亦自有之而自得之——犹饮食餍饫，既醉且饱，惟有自知其趣味，难为外人道也。彼好与人言者，殆有不足于己者焉。而况德为己德，修为己修，知之既真，藏之愈固，窃恐一言轻出，即一息偶离，斯道之失于吾心者多矣。此知者所以不言也。若言焉者，其无得于己，实不知乎道；使果有所知，又孰肯轻泄如斯乎？是言者不知，益审矣。又况不可言者精华，可言者皆糟粕。知者非不言，实难言也。言者非不知，盖徒见其皮肤耳。所谓"得了手，闭了口"者，诚知得道匪易，诟容以语言耗其气，杂妄损其神，矜才炫能标其异，徒取恶于流俗哉！以故有道高人，塞兑闭门，养其气也；挫锐解纷，定其神也；和光同尘，则随时俯仰，与俗浮沉，如愚如醉，若讷若痴，众人昏昏，我亦昏昏，不矜奇，不立异，与己无乖，于世无忤也。苟有一毫粉饰之心、驰骛之意，即不免放言高论，以取快于一堂。如此者，非为名，即为利。岂不闻太上告孔子之言乎："可食以酒肉者，我得而鞭扑。可宠以爵禄者，我得而戮辱。"惟闭户潜修，抱元守一，神默默，气冥冥，沉静无言，怡淡无欲，无为为为，无事为事，则人不可得而亲，亦不可得而疏，不可得而利，亦不可得而害，不可得而贵，亦不可得而贱。此求诸己，不求诸人，尽其性，复尽其命，故为天下之所最贵。三界之内，惟道独尊。我修我道，即我贵我道，天下无有加于此者。太上曰：知我者希，则我贵焉。学者亦知之否耶？

　　此言有道之人，必不轻言，以世上知道者少。苟好腾口说，不惟内损于己，亦且外侮于人。《易》曰："机事不密则害成。"古来修士，因轻宣机密，以致惹祸招灾者不少。是以君子慎密而不出也。即使可与言者，亦兢兢业业，其难其慎，试之又试，然后盟天质地，登坛说法，亦不敢过高过远，刺刺不休。足见古人韬光养晦之功，即见古人重道敬天之意。彼轻易其言者，皆无得于己，不知道者也。若果知之，自修自证之不遑，又安有余闲以为谈论耶？彼放言无忌者，非欲人亲之利之贵之乎？不知有亲即有疏，有利即有害，有贵即有贱，何如缄默不言，清净自养，使人无从亲疏利害贵贱之为得欤？夫以我贵我道，自一世可至万世，天下孰有加于此者？学者修其在己，刻刻内观，勿使议论之风生可也。

【拓展阅读】王弼《道德经注》

知者不言，〈因自然也。〉言者不知。〈造事端也。〉塞其兑，闭其门，挫其锐，〈含守质也。〉解其分，〈除争原也。〉和其光，〈无所特显，则物无所偏争也。〉同其尘，〈无所特贱，则物无所偏耻也。〉是谓玄同。故不可得而亲，不可得而疏；〈可得而亲，则可得而疏也。〉不可得而利，不可得而害；〈可得而利，则可德而害也。〉不可得而贵，不可得而贱。〈可得而贵，则可得而贱也。〉故为天下贵。〈无物可以加之也。〉

第五十七章　以正治国

以正①治国，以奇②用兵，以无事③取天下。吾何以知其然哉？以此：天下多忌讳，而民弥贫；民多利器，国家滋昏④；人多伎巧，奇物滋起；法令滋彰⑤，盗贼多有。故圣人云："我无为而民自化，我好静而民自正，我无事而民自富，我无欲而民自朴。"

【注释】

①正：与"斜、歪"等相对而言。《尚书·说命上》："惟木从绳则正。"这里指老子无为的施政观。

②奇：奇诡，出人意料，使人不测。《孙子兵法·始计篇》："兵者，诡道也。"

③无事：无为。以不强制干涉的态度治理天下。

④ 滋昏：更多混乱。滋，更多、增加。昏，同"混"，混乱。

⑤ 彰：明显、增多。

【译文】

以无为的思想治理国家，以奇诡的计谋用兵对敌，以不干预的态度治理天下。我怎么知道这些道理的呢？依据如下：天下禁忌越多，百姓就会越贫穷；百姓手握兵器者越多，国家就会越混乱；民众贪求奇技淫巧，社会乱象就会多发；法令多不胜数，盗贼就会越多（律法越多越森严，所施即苛政）。所以圣人才说："我不进行干预，而百姓自行被化育；我喜好平静，而百姓自行走正道；我不造事端，而百姓自行富足；我没有欲求，而百姓自行纯朴。"

【阐说】黄元吉《道德经讲义》

孔子曰："吾道一以贯之。"是知道只一道，而天下万事万物，无不是此道贯通流行。所谓"一本散为万殊，万殊仍归一本"是。治身治世，其大端也。治世之道，莫过士农工商，各安生理；孝悌忠信，各循天良。此日用常行之事，即天下之大经，万古之大法，固常道也，亦正道也。人人当尽之事，即人人固有之良。为民上者，躬行节俭，力尽孝慈，为天下先，而又庄之莅之，顺以导之，不息机以言静镇，不好事以壮规模，一正无不文，自有风行草偃，捷于影响者焉。孟子曰："一正君而国定矣。"又曰："天下之生久矣。"一治一乱，循环相因。自古及今，未有或爽。虽然，治则用礼乐，乱则用兵戎，一旦两军对垒，大敌交锋，社稷安危，人民生死，系于一将，顾不重哉？虽权谋术数之学，智计机变之巧，非君子所尚。然奉天命以讨贼，仗大义以吊民，又不妨出奇制胜也。兵法所以有掩袭暗侵，乘劳乘倦，离间反间，示弱示强，神出鬼没之奇谋焉。惟以奇用兵，战无不胜，攻无不克，不伤民命，不竭民财，而万民长安有道之天，共享太平之福，不诚无事也哉？然联山河为一统，合乾坤归一人，此中岂无事事？但任他事物纷投，而此心从容镇静，自然上与天通，而天心眷顾；下为民慕，而万民归依，天下于焉可取也。故曰："唐虞揖让三杯酒，汤武征诛一局棋。"惟见天下不甚希奇，取天下亦不介意，所以胸中无事，其量与天地同。故莅中国，抚四夷，有不期然而然者。此治世之道如是。吾何以知其然哉？以治世之道，不外治身，身犹国也。视听言动，一准乎礼；心思智虑，一定以情；内想不出，外想不入，性定而身克正矣。至于静养既久，天机自动。以顺生之常道，为逆修之丹法，临炉进火，大有危险。太上喻为用兵，务须因时而进，相机而行，采取有时，烹炼有地，野战有候，守城有方，不得不待时乘势，出之以奇计也。他如药足止火，丹熟温炉，超阳神于虚境，养仙胎于不坏，又当静养神室，毫无一事无心，而后丹可就、仙可成。此治身之道，即寓治世之功。吾所以知治世之道者，即此治身之法而知之也。夫取天下者在无事，而守天下者又不可以多事。否则，兴条兴款，悬禁悬令，使斯民动辄龃龉，势必奸宄因之作弊，民事于焉废弛。天下多忌讳，而民所以日贫也。金玉玑珠，舆马衣服，民间之利器弥多。而贪心一起，欲壑难填，神焉有不昏，气焉有不浊者哉？浑朴不闻，奸诈是尚。一有技巧者出，人方爱之慕之，且群起而效尤之，于是奇奇怪怪之物，悉罗致于前。呜呼！噫嘻！三代盛时，君皆神圣，民尽淳良，令悬而不用，法设而不施，所以称盛世也。今则法网高张，稠密如罗；五等刑威，违者不赦；三章法典，犯者必诛。顾何以法愈严而奸愈出，令愈繁而盗愈多乎？盖德不足以服民心，斯法不足以畏民志耳。古来民之职为乱阶者，未有不自此刑驱势迫使然也。秦汉以来，可知矣。古圣云："天以无为而尊，人以无为而累。"我若居敬行简，不繁冗以扰民，不纷更以误国，但端居九重之上，静处深宫之中，斯民日迁善而不知为之者。且淡定为怀，渊默自守，惟以诚意正心为事，而孰知正一己即以正朝廷，正百官即以正万民，皆自此静镇中来也。万民一正，各亲其亲、长其长，无越厥命，永建乃家。于是耕田而食，凿井而饮，日出而作，日入而息，仓箱有庆，俯仰无虞，而民自富矣。若此者，皆由上之人，顺其自然，行所无事，有以致之也。又况宁静守寂，恬默无为，一安浑浑噩噩之真，而民之感之化之者，有不底于忠厚长者之风，浑朴无华之俗，未之有也。《书》曰："一人元良，万国以贞。"其机伏于隐微，其效察乎天地。吾愿治世者以正君心为主，治身者以养天君为先焉。

此理已明，不容再赘。吾想打坐之顷，其始阳气沉于海底，犹冬残腊尽，四顾寂然；以神光下照，即是冬至阳回，此时虽有阳生，而阒寂无声，四壁萧条，仍如故也。从此慢慢气机旋运，不觉三阳开泰，而万物回春，花红叶绿，水丽山明，已见阳极之甚。天道如斯，人身奚若？惟有以头稍稍向下，以目微微下顾，即是阴极阳生。第此个工夫，不似前此下手，执著一个意思，去数呼吸之息。须将外火不用，内火停工，一任天然自然，随其气机之运动，但用一个觉照之心以了照之，犹恐稍不及防，又堕于夙根习气而不自知。此即存有觉之心，以养无为之性是也。迨至觉照已久，义精仁熟，又何须存，又何须养？一顺其天然之常而已。不然，起初不用力操持，则狂猿烈马，一时恐难降伏。乃至猿马来归，即孟子所谓放豚入苙，切不可从而束缚之，反令彼活泼自如者，转而局蹐难安也。其法维何？《易》曰："天地絪缊，万物化醇。"这个絪缊之气，在人身中，即是停内火外符，浑然不动，任气息之流行。在工夫纯熟者，斯时全不用意，若未到此境，觉照之心不可忘也。若或忘之，又恐不知不觉，一念起，一念灭，转转生生，将一个本来物事，竟为此生灭之心而汩没焉。古佛云："了知起处，便知灭处。"如此存养，久久而见起灭之始，又久久而见未有念之始，斯得之矣。至于黄庭之说，在不有不无，不内不外；又有色身之中，又不在色身之中。此个妙窍，到底在何处？古所谓"凝神于虚，合气于漠"是也。夫凝神于虚，合气于漠，亦犹是在丹田中，但眼光不死死向内而观耳，神气不死死入内而团耳。惟凝神于脐下，离色身肉皮不远，此即不内不外之说也。以意凝照于此，但觉口鼻呼吸之气一停，而丹田之气，滚滚辘辘，在于内外两相交结之处，纽成一团；直见绌绌缊缊、浑浑沦沦、悠扬活泼之机，一出一入，真与天之元气，两相通于无间。生精、生气、生神，即在此处，与天相隔不远。此即合气于漠之说也。昔人谓之"元气""胎息""真人之息以踵"者，非此而何？所谓元气者，即无思无虑、无名无象中，浑沦一团，清空一气是也。所谓胎息者，盖人受气之初，此身养于母腹，此时口鼻未开，从何纳气而生？惟此脐田之气。与母之脐轮相通，是以日见其长。及至呱地一声，生下地来，此气即从呱鼻出入往来，所谓各立乾坤者此也。吾示脐轮之气，与外来之天气相接，不内不外，细缊混合，打成一片，即是返还于受气之初，而与母气相连之时，即是胎息也。所谓"真人之息以踵"者，盖以真人之息，藏之深深，达之亹亹，视不见，听不闻，搏不得，深而又密，如气之及于脚底是也。彼口鼻之气，非不可用，但当顺其自然，不可专以此气为进退出入。若第用此气，而不知凝神于脐下一寸三分之地，寻出这个虚无窟子，以纳天气于无穷，终嫌清浊相间，难以成丹。昔人云，天以一元真气生人，此气非口非鼻，非知觉运动之灵可比。又云："玄牝之门世罕知，休将口鼻妄施为。饶君吐纳经千载，怎得金乌搦兔儿。"即此数语观之，明明道出玄入牝，实在脐下丹田，离肉一寸三分之间，氤氤氲氲，凝成一片者是。学道人，无论茶时饭时，言语应酬时，微微用一点意思，凝神于虚无一穴之中，自然合气于漠，直见真气调动，有不可名言之妙。然于此调息，则知觉不入于内，而坎水自然澄清。此历代仙圣不传之秘，吾今一口吐出，后之学者，勿视为具文而忽之也。

【拓展阅读】王弼《道德经注》

以正治国，以奇用兵，以无事取天下。〈以道治国则国平，以正治国则奇兵起也。以无事，则能取天下也。上章云，其取天下者，常以无事，及其有事，又不足以取天下也。故以正治国，则不足以取天下，而以奇用兵也。夫以道治国，崇本以息末，以正治国，立辟以攻末，本不立而末浅，民无所及，故必至于以奇用兵也。〉吾何以知其然哉？以此。天下多忌讳，而民弥贫；民多利器，国家滋昏；〈利器，凡所以利己之器也。民强则国家弱。〉人多伎巧，奇物滋起；〈民多智慧，则巧伪生；巧伪生，则邪事起。〉法令滋彰，盗贼多有。〈立正欲以息邪，而奇兵用；多忌讳欲以耻贫，而民弥贫；利器欲以强国者也，而国愈昏弱。皆舍本以治末，故以致此也。〉故圣人云："我无为而民自化，我好静而民自正，我无事而民自富，我无欲而民自朴。"〈上之所欲，民从之速也。我之所欲唯无欲，而民亦无欲自朴也。此四者，崇本以息末也。〉

第五十八章　祸福相倚

其政闷闷①，其民淳淳②；其政察察③，其民缺缺④。祸兮福之所倚，福兮祸之所伏。孰知其极？其无正⑤。正复为奇，善复为妖。人之迷，其日固久。是以圣人方而不割⑥，廉而不刿⑦，直而不肆⑧，光而不耀⑨。

【注释】

① 闷闷：愚昧、蒙昧，表示政令不明显、宽松。

② 淳淳：敦厚的样子。

③ 察察：洁净、一丝不染，表示政令严苛。

④ 缺缺：狡黠、耍小聪明。

⑤ 正：标准、准则。

⑥ 割：生硬。

⑦ 刿（guì）：侵害。

⑧ 肆：放肆。

⑨ 耀：刺眼。

【译文】

国家政令宽松，百姓就很纯朴厚道；国家政令严苛，百姓就很狡黠难治。祸患的发生往往伴随着另一种好事的到来，好事的发生往往伴随着另一种祸患的到来。谁能说清楚它们的边界呢？没有恒定不变的标准啊。（在一定条件下）方正的会变成奇诡的，善良的会变成邪魅的。人们陷入迷惑一途，日子已经很久了。所以，圣人方正但不对百姓强硬，廉洁但不侵害百姓，直率但不残虐百姓，光亮但不刺伤百姓。

【阐说】黄元吉《道德经讲义》

天地无心而化育，帝王无为而平成。此无为之道，圣人开天辟地，综世理物之大经大法。人主统摄万民，纲纪庶物，无有过于此者。若涉于有为，则政非其政，治非其治，虽文章灿著，事业辉煌，而欲其熙熙皞皞，共乐时雍之化也不能。故太上曰"政者，正也"，以己正，正人之不正也。自古为民上者，肇修人纪，整饬天常，有知若无知，有作若无作，一任天机自动：初无有妄作聪明，创矩陈规，悬书读律，而一德相感，自有默喻于语言之表者。故其政闷闷，若愚朴无知者。然而其民之感乎，亦淳淳有太古之风，无稍或易。上以无为自治，下以无为自化，上下共安无事之天，休哉，何其盛欤！苟为上者，励精图治，竭力谋为，拔去凶邪，登崇俊杰，小善必录，大过必惩，赏罚无殊冰镜，监观俨若神明，其政之察察，无有逃其藻鉴者，此岂不足重乎？而无如上好苛求，下即化为机巧，缺缺然无不以小智自矜。上以有为倡之，下以有为应之，甚矣，民心之难治也！夫非上无以清其源，斯下无以正其本也哉！盖无为者，先天浑朴之真，有为者，后天人为之伪。闷闷察察，其效纯驳如此。此可知，道一而已，二之则非。况先天太极未判，纯朴未分，无阴阳之可名，无善恶之可见。《易》曰："易则易知，简则易从。"其政之所以可大可久也。若后天太朴不完，贯阴阳于始终，互祸福为倚伏，祸中有福，福中有祸，祸福所以循环无端也。故有为之为，未必不善；但物穷则变，时极则反。阴阳往复之机，原属如此。有孰知底级而克守其正耶？且正之复则为奇，善之反则为妖。无为之政，政纯乎天。有为之政，政杂以人。杂以人者，正中有奇，善中有妖，其机肇于隐微，其应捷于影响，其势诚有不容稍闲者。无怪乎尔虞我诈，习与性成，执迷而不悟也。其日固已久矣。是以圣人御宇，一本无为之道，整躬率物，正己化人。本方也，不知其为方，殆达变通权而不假裁截者欤？本廉也，竟忘其为廉，殆混俗和光而不伤残者欤？时而直也，虽无唯诺之风，亦非径情之遂。认理行持，不敢自肆。其梗概风规，真有可敬可畏者。它如化及群生，恩周四表，几与星辉云灿，上下争光，而独自韬藏，不稍炫耀，其匿迹销声为何如哉？此无为为体，自然为用，从欲以治，顺理以施，四方风动，有不于变时雍，共游于太古之天也。有是理乎？

道曰大道，丹曰金丹，究皆无名无象。在天则清空一气，在人则虚无自然。修炼始终，要不出此而已。人能知冲漠无朕，是大道根源、金丹本始，从虚极静笃中，养得浑浑沦沦，无知识、无念虑之真本面，则我之性情精气神，皆是先天太和一气中的物事——以之修道则道成，以之炼丹则丹就，又何奇邪可云、危险可畏哉？惟不知无为为本，第以有为为功，则知识不断，纷扰愈多，虽有性有情，皆后天气质之私，物欲之伪，至于精气神，又乌得不落后天有形有色之杂妄耶？太上以政喻道，以民比身，道炼先天无为，则成不坏法身；道炼后天有识，安有不二元神？纵炼得好，亦不过守尸鬼耳，乌能超出阴阳，脱离生死，永为万代神仙！又况一堕有为，则太极判而阴阳分，阴阳分而善恶出，祸福于以相往来也。孰知修道之极功，虽其炼命一步，不无作为之用，然必从有用用中无用，无功功里施功，方不落边际。孟子曰“必有事焉而勿正”，修道之要，即在于此。论人心，有一动则有一静，有一阴则有一阳，邪正善恶，原是循环相因，往来不息。故有正即有邪，有善即有恶。惟一归浑忘，不分正邪，安有善恶？否则，正反为奇，善复为妖。庄子曰：“天以无为为尊，人以有为为累。”是知有为之时，亦必归于无为，方免倾丹倒鼎之患。无奈世上凡夫俗子，开口言丹，即死守丹田；固执河车路径，即在身形之中，其未了悟无为之旨也久矣。惟圣人知修炼之道，虽有火候药物、龙虎男女、鼎炉琴剑，种种名色，犹取鱼兔之筌蹄：鱼兔未得，当用筌蹄；鱼兔入手，即忘筌蹄。若著名著象，皆非道也。故方则方之，廉则廉之，直则直之，光则光之，要皆为无为、事无事，一归浑没之天焉。愿学者，以无为自然之道为体，体立然后用行，虽有为，仍是无为也。知否？信否？

【拓展阅读】王弼《道德经注》

其政闷闷，其民淳淳；〈言善治政者，无形无名，无事无政可举。闷闷然，卒至于大治，故曰"其政闷闷"也。其民无所争竞，宽大淳淳，故曰"其民淳淳"也。〉其政察察，其民缺缺。〈立刑名，明赏罚，以检奸伪，故曰"其政察察"也。殊类分析，民怀争竞，故曰"其民缺缺"也。〉祸兮福之所倚，福兮祸之所伏。孰知其极？其无正。〈言谁知善治之极乎！唯无可正举，无可形名，闷闷然而天下大化，是其极也。〉正复为奇，〈以正治国，则便复以奇用兵矣。故曰"正复为奇"。〉善复为妖，〈立善以和万物，则便复有妖之患也。〉人之迷，其日固久。〈言人之迷惑失道固久矣。不可便正善治以责。〉是以圣人方而不割，〈以方导物，令去其邪，不以方割物。所谓大方无隅。〉廉而不刿，〈廉，清廉也；刿，伤也。以清廉导民，令去其邪，令去其污，不以清廉刿伤于物也。〉直而不肆，〈以直导物，令去其僻，而不以直激拂于物也。所谓大直若屈也。〉光而不耀。〈以光鉴其所以迷，不以光照求其隐匿也，所谓明道若昧也。此皆崇本以息末，不攻而使复之也。〉

第五十九章　治人事天

治人事天^①莫若啬^②。夫唯啬，是谓早服^③。早服谓之重积德，重积德则无不克，无不克则莫知其极。莫知其极，可以有国；有国之母^④，可以长久。是谓深根固柢^⑤、长生久视^⑥之道。

【注释】

① 治人事天：治理百姓和保养身心。

② 啬：吝啬，指爱惜。

③ 早服：早从事，指早做准备。

④ 母：根本。

⑤ 柢：直根，树的主根。《韩非子·解老》："柢也者，本之所以建生也。"

⑥长生久视：长久存在。久视，长寿、不老。

【译文】

治理天下百姓和保养个人身心，没有什么比爱惜更好的办法了。因为爱惜，所以才会提前做好准备。提前做好准备就要不断积累德行，只有不断积累德行才能战无不胜，战无不胜就让敌人无法探知他的最终实力；无法探知他的最终实力，国家就可以让他治理了；国家有了根本，才可以维持长久的稳定。这就是让国家根深蒂固、长治久安的根本方法。

【阐说】黄元吉《道德经讲义》

治人之道，即事天之道，天人固一气也。故治人所以事天，事天不外治人。莫谓天道甚远，即寓于人道至迩之中。不知天道，且观人心。能尽人事，即合天道。虽一高一卑，迥相悬绝，惟在于安民为主，民治定则天心一矣。其要在于重农务本，教民稼穑为先。夫以民为邦本，食为民天。啬事既治，则衣食有出，身家无虞。孟子所谓树艺五谷，五谷熟而民人育。又曰："圣人治天下，使有菽粟如水火，而民焉有不仁者乎？"是知为人上者，以啬为急图，而民得以乐业安居、养生送死。早有以服民心于不睹不闻之际，而欣然向往，如享太牢之荣，如登春台之乐矣。是不言修德而德自修，不言尚德而德自尚。且耕三余一，耕九余三，多黍多稌，为酒为醴，以畀祖妣，以洽百礼，其德之积与积之重，不谓此而谁谓耶？如此重开有道之天，大被无穷之泽，自然兼弱攻昧，取乱侮亡，而无往不克矣。即所向披靡，无敢交锋，非特接壤邻封，云霓慰望，即彼殊方异域，亦时雨交欢。若此东被西渐，北达南通，声教四讫，伊于胡底，夫谁知其极也哉？既无其极，立见帝道遐昌，皇图巩固，而得有其国也。《汉书》云："黄河如带，泰山如砺。国以永宁，爰及苗裔。"夫固有不爽者。人既抚有一国，即有得国之由，其由维何？国之母气也。若无母气，焉能得国？此根本之地，人所宜急讲者。在未有其国，必须寻母；既有其国，尤当恋母。国之有母，犹树之有根，水之有源，可以长久而不息。此治世之道，通乎治身。学道人能守中抱一，凝息调神，始以汞子求铅母，继以铅母养汞子，终则铅汞相投，子母混合，复还本来，返归太朴，是谓深根固蒂，长生久视之道。如此则凡也而圣，人也而天矣。治身之道，又岂异治世哉？

此治人事天，即尽人事以合天道。以"天人本一气，彼此感而通。阳自空中来，抱我主人翁"，非易易事也。其道不外虚无，其功同乎稼穑。始而存养省察，继而以性摄情，迨水火混融，坎离和合，先天气动，运转周天，所谓"乾坤交媾罢，一点落黄庭"是。此取坎中之满，填离中之虚，即命基巩固，人仙之功之矣。此犹治啬者，开田辟土，载芟载柞，然后可得而耕之，以树艺乎五谷也。由是再将离中阴精，下入于坎户之中，将坎中阳气，合离中阴精，配成一家，种于丹田，炼而为药。所谓彼家无而我自有之，彼家虚而由我实之。直待此中真铅发生，即以阳铅制阴汞，汞性之好飞者不飞矣；又以阴铅养阳铅，铅情之好沉者不沉矣。《悟真》云："金鼎欲留朱里汞，玉池先下水中银。"待至铅金飞浮，如明窗中射日之尘，片片飞扬而去，将坎府外之余阳化尽，收入离宫，又将离己阴汞、私识一并消化，复还纯阳至宝之丹，可以升汉冲霄，飞灵走圣，即神胎成、仙婴就矣。虽然，其功岂易及者！始须持志养气，如农者之耕耘，不无辛苦；终则神闲气定。内而一理浑然，外而随时处中，非偶一为之，即与大道适。由其修性炼命，早有以宾服乎起之缘，而万累齐绝，一丝不存，尽人道以合天德也，匪伊朝夕矣。犹国家然，保赤诚求，深仁厚德入于民心，沦肌浃髓，其德之积与积之重也，岂有涯哉？自是欲无不除，己无不克，天怀淡定，步伍安详。无论处变处常，自有素位而行，无入不得之慨。若此者，以之炼性而性尽，以之修命而命立矣。冲漠无朕之中，万象森然毕具，真有莫知其底极者焉。太上所谓"内观其心，心无其心。外观其身，身无其身。远观其物，物无其物。空无所空，无无亦无"——能悟之者，可传圣道。此即外其身而身存——身犹国也。即如王者无为而治，可以正南面而有国有天下。亦犹阴精在己，杂于父精母血之中者已久，非得先天阳气，不能自生自长。盖后天阴精原从先天生来，但阴精难固，情欲易摇，非得天地外来灵阳之气，必不能结而成丹，长生不死。故曰："有国之母，可以长久。"惟圣人以真阴真阳，二气合为一气，三家融成一家，煅出黍米玄珠，号曰金丹、曰真铅、曰白虎首经，要无非先天一气而已。从色身中千烧万炼，千磨万洗，渐采渐凝，时烹时炼，而金丹乃成，英英有象，所谓人盗天地之气以为丹母者是。是即深根蒂固，长生久视之道。夫以天地灵阳，合一己真气，结成圣胎，即古仙云"先天一阳初动，运一点己汞以迎之"。于是内触外激而有象，外触内感而有灵，如磁吸铁，自然吻合。即汞子造水府而求铅母，既得其母，复依其子。子母和谐，团聚中宫，而大丹成，神仙证矣。夫炼丹始终本末，太上已曾道尽，学者细心体会，迹象虽相似，而精粗大有分别。然未到其时不能知，非得真师指授，亦无由明。此须天缘地缘人缘三缘凑合，始可入室行工。后之学者，第一以积诚修德，虚己求师，庶可结三缘而入室，切勿一得自喜，即无向上之志，务要矢志投诚，一力前进，迤逦做去可也。惟下手之初，无缝可入，无隙可乘，不啻咀嚼蜡丸，淡泊无味。朱子云："为学须猛奋，体认耐烦辛。"苦做一晌，久之苦尽甘来，闷极乐生，道进而心有得矣。当此理欲杂乘，天人交战，最难措手。其进其退，就在此关。此关若攻得破，孔子所谓宗庙之美，百官之富，赏玩之不置矣。切不可萎靡不振，自家精神放弱，则终身不得其门而入焉。尤要虚其心，大其志，鼓其神，立德立功，修性修命。须知是天地间第一大事，非有大力量不能成。昔有联云："撑起铁肩担道义，放开辣手著文章。"噫！世间一材一艺，小小科名之取，犹要辛苦耐烦，做几件大功德，用满腹真精神，始可为神天默佑，用观厥成，何况道也者，天大一件事乎！所以佛说，我为大事因缘下界，吾亦尔尔。学者既遇真师，须以真心真意体认吾言，始可算人间大大丈夫也。

【拓展阅读】王弼《道德经注》

治人事天，莫若啬。〈莫若，犹莫过也。啬，农夫。农人之治田务，去其殊类，归于齐一也。全其自然，不急其荒病，除其所以荒病。上承天命，下绥百姓，莫过于此。〉夫唯啬，是谓早服；〈早服，常也。〉早服谓之重积德；〈唯重积德，不欲锐速，然后乃能使早服其常，故曰"早服谓之重积德"者也。〉重积德则无不克，无不克则莫知其极；〈道无穷也。〉莫知其极，可以有国；〈以有穷而莅国，非能有国也。〉有国之母，可以长久；〈国之所以安，谓之母。重积德，是唯图其根，然后营末，乃得其终也。〉是谓深根固柢，长生久视之道。

第六十章　大国小鲜

治大国，若烹小鲜[1]。以道莅[2]天下，其鬼不神[3]；非其鬼不神，其神不伤人。非其神不伤人，圣人亦不伤人。夫两不相伤[4]，故德交归[5]焉。

【注释】

① 小鲜：小鱼。河上公注："鲜，鱼。不去肠，不去鳞，不敢挠，恐其靡也。"

② 莅：管理、统治。

③ 其鬼不神：鬼神不能发挥其神威。鬼，归也，人死即鬼，指异化之人。

④ 两不相伤：指鬼神和圣人不侵害百姓。

⑤ 德交归：德行恩泽于百姓（指异化后的那部分百姓）。

德，德行。交，交融、融合。归，回归。

【译文】

治理大国，就像烹煮小鱼。遵从"道"来治理天下，百姓就不会滋生邪念去祸乱人；非但不能祸乱人，就算想祸乱也伤害不到人。鬼神伤害不到人，圣人不伤害人。鬼神和圣人不互相侵害百姓，圣人之德与鬼神之德互相交融，最后又恩泽他们（百姓）自身。

【阐说】黄元吉《道德经讲义》

夫道者，天下人物共有之理也。以此理修身，即以此理治世。欲立立人，欲达达人。不待转念，无俟移时，何其易而简欤？故太上曰："治大国若烹小鲜。"夫国大则事必烦，人必众，苟不得其道，则必杂乱繁冗，犹治乱丝之不得其绪，势必愈治而愈棼。惟以人所共有之道，修诸一人之身，统御万民之众——其理相通，其气相贯，而其势亦甚便焉。不然，徒以法制、禁令、权谋、术数之条，号召天下，明则结怨于民，而民心变诈多端矣，幽则触怒于鬼，而鬼怪灾殃叠见矣。盖人者，鬼神之主也。人君横征暴敛，淫威肆毒，民无所依，则鬼怪神奸亦无所附丽，不得不兴妖作祟，凶荒疫疠所不免焉。故石言于晋，彗见于齐，蛇斗于郑，伯有为厉，申生降灵，二竖梦而病入膏肓，有莘降而虢遂灭亡，若皆鬼神为之，亦由上无道以致之也。为民上者，诚能以道修身，即以道化民，鬼虽阴气，得所依归，鬼即冥顽，咸为趋附——人无怨讟，鬼不灾殃。山川弗见崩颓，物产不闻怪异，熙熙皞皞，坐享升平。《书》曰"古我先王，方懋厥德。罔有天灾，山川鬼神亦莫不宁"是也。此岂鬼之不神哉？盖魑魅魍魉，以及山精水怪，亦皆依傍有所，血食有方，顺其自然，毫无事事。虽有神，亦无所施，即有施，亦乌得为祟？故阴阳人鬼，共嬉游于光天化日之中，又何伤人之有哉？亦非神不伤人也。由圣人有道，无事察察之智，无矜煦煦之仁，慎厥身修，敦叙彝伦，居敬行简，不务纷纭，无有一毫伤乎人者。在乎阴阳和而民物育，祀典崇而鬼神安。幽冥之间，两不侵害。故天下咸服圣人德而交归焉。呜呼！无为之治，近取诸身，远取诸物。不识不知，顺帝之则。以视尚政令者严诰诫，希劝勉者重典型，孰难孰易，为简为烦，奚啻云泥之判。人何不反求基本哉！

此大国喻大道，烹小鲜喻炼丹。小鲜者，羔羊鱼肉之类。其烹也，惟以醯醢盐梅，调和五味。扶其不及，抑其太过，而以温养之火，慢慢烹煎，不霎时而滋味出，口体宜矣。大丹之炼，亦惟取和合四象，攒簇五行，使三花聚于一鼎，五气聚于中田；于是天然神火慢慢温养，不用加减，无事矫持，逆而取之，顺而行之。七返九还，易于反掌间矣。古云："慢守药炉看火候，但安神息任天然。"何便如之？是故无为之道，即临驭天下之道，亦即炼吾人大还之丹。太平盛世，治臻上理，重熙累洽，上无为而自治，下无为而自化。一切鬼怪神奸，不知消归何有，非谓其灭迹亡形也，亦化开自然无为之道，而诪张变幻无所施，旱潦疫疠无从作矣。其在人身，鬼，阴静无知觉者；神，阳动有作为者也。大修行人，心普万物而无心，情须万物而无情。阴中含阳，阳中含阴，静而无静，动而无动。一动一静，交相为用；一阴一阳，互为其根。非谓无觉竟无觉，有为竟有为也。其实无觉中有觉，有为中无为焉。曰"其鬼不神"，非谓蚩蠢而无灵爽也。盖无觉之觉，实为正等正觉；无为之为，无非顺天所为。岂似有觉者之流于伪妄，有为者之类于固守，而有伤乎本来之丹也哉。曰其神不伤人，亦非神不伤人也，以无为而为之道，原人生固有之天真，生生不已之灵气，至诚无息，体物无遗。虽有造化，实无存亡；虽有盈虚，原无消息。所谓不扰不惊，无忧无虑者此也，又何伤人之有耶？亦非圣人之不伤人也，盖以勃发之生机，裕本来之真面；以调和之三昧，养自在之灵丹。立见神火一煅，而鬼哭神号，阴邪退听，真人出现矣。谓为两不相伤，谁曰不宜？天上人间，皆归美其德。噫！幽明交格，非德之神，乌能至此？

【拓展阅读】王弼《道德经注》

治大国，若烹小鲜。〈不扰也，躁则多害，静则全真。故其国弥大，而其主弥静，然后乃能广得众心矣。〉以道莅天下，其鬼不神；〈治大国则若烹小鲜，以道莅天下，则其鬼不神也。〉非其鬼不神，其神不伤人；〈神不害自然也，物守自然，则神无所加。神无所加，则不知神之为神也。〉非其神不伤人，圣人亦不伤人。〈道洽，则神不伤人。神不伤人，则不知神之为神。道洽，则圣人亦不伤人。圣人不伤人，则亦不知圣人之为圣也。犹云非独不知神之为神，亦不知圣之为圣也。夫恃威网以使物者，治之衰也。使不知神圣之为神圣，道之极也。〉夫两不相伤，故德交归焉。〈神不伤人，圣人亦不伤人；圣人不伤人，神亦不伤人，故曰"两不相伤"也。神圣合道，交归之也。〉

第六十一章　大者宜下

大国者下流①，天下之交②，天下之牝③。牝常以静胜牡，以静为下。故大国以下④小国，则取小国；小国以下大国，则取大国。故或下以⑤取，或下而⑥取。大国不过欲兼畜人⑦，小国不过欲入事人⑧，夫两者各得其所欲，大者宜为下。

【注释】

①下流：居江河之下，可纳天下江流，大意就是大国势力居下，可令天下小邦归服。

②交：交汇。

③牝：本义为雌性，与"牡"相对，引申为母本、根本。《大戴礼记·易本命》："丘陵为牡，溪谷为牝。"

④以下：通过居下流。以，通过某种方式。下，即下流。

300

⑤以：指大国可资凭借的方法达到目的。

⑥而：指小国可资凭借的渠道达到目的。这两句是对"故大国以下小国，则取小国；小国以下大国，则取大国"的总结，即只要方法得当都可达到自己的目的。

⑦兼畜（xù）人：即兼并小国之民成就更大的国。畜人，将他国之民变成自己治下的百姓。

⑧入事人：并入大国之列以存续小国宗庙。事人，小国势微，主动并入大国既可保自己宗庙不毁，也可保自己治下百姓免遭屠戮。

【译文】

大国往往居于江河下游，因为这里是江河的汇合处，也是大国存续的根基。雌性总是能以安静守定战胜雄性，因而雌性以安静守定作为居于下游的手段。所以，大国通过居于小国下游的方式，来收服小国；而小国通过居于大国之下的方式，来取信大国。或者大国凭借居于下位的方式来达到目的，或者小国凭借屈居大国之下的方式来达到目的。大国不过是想兼并更多土地以养育更多百姓，小国不过是想并入土地以让自己治下的百姓得以安身。无论大国和小国，他们都实现了各自想实现的目标，所以想成就大国就应当居于下位。

【阐说】黄元吉《道德经讲义》

太上言修道炼丹之学，皆当以柔为主，以静为要。虽曰柔懦无用，孤寂难成，而打坐之初，要必动从静出，刚自柔生，方是真正大道。喻曰"大国者下流"，言水有上有下，上之水必流于下而后已。如大国自谦自抑，毫无满假之思，必为天下所景仰，犹下流之地，为万派所归，其势有必然者。故曰："天下之交。"夫天下交归，以其能自下也。自下则其气最柔也，非至刚也。彼物之至刚者，孰有过于牡乎？物之至柔者，孰有过于牝乎？牡为阳为刚，牝为阴为柔。宜乎阳刚之牡当胜阴柔之牝矣。顾何以牝常胜牡耶？夫亦曰牝之能静焉耳。古云静以制动，其言不爽，亦同下之承上，其势必然。何况抚兹大国者，卑以自牧，虚以下人，而万国有不来享来王者乎？是下诚为高之基，静又为下之本也。古今来，或大国以下小国，如成汤下葛伯，卒取葛之地，抚而有之是也；或小国以下大国，如勾践下吴王，卒取吴之业，兼而有之是也；又或大国不自大而自小，所以取小国如反掌也；抑或小国安于小而事大，所以取大国如拾芥也。论赫赫大邦，实为诸国表率，而抚绥有道，怀柔有方，不欲并吞天下，以山河为一统，乃欲并蓄小国，以天下为一家，实非有大过人之德者，不能休休有容也。宜天下归仁，万方奉命矣。区区蕞尔，同属分封藩臣，而贡献频来，幸趋恐后。不欲高人以取辱，莫保宗社之灵长，惟期事人以白全，幸延苍生之残喘，亦非有大过人之智者，不能抑抑自下也。宜人心爱戴，天命来归矣。况乎人必有所志，而后有所欲。今大国欲兼畜人，小国欲入事人，两者所欲，一仁一智，已各得所欲，而不流于人欲之私，足见大小诸邦，名循其理、安其分，而无敢越厥职者焉。

虽然，小者自下，其理固然；彼大者尤宜居下，始见一人之端拱，为天下之依归。治世如此，治身又何异乎？

"大国"喻元神也，"下流"喻以神光下照丹田，而阴精亦下流入丹田，神火一煅，精化气矣。此个丹田，即玄关也。夫人一身之总持，五气之朝元，三花之凝聚，结丹成胎，出神入圣，无不于丹田一穴是炼焉。故曰"天下之交"，犹百川众流之朝宗于海也，炼丹之所在此。而合药之道，又贵以柔顺为主，故取象于天下之牝。牝，柔也，和也，即太上所谓"道"，又曰"专气致柔"。如此至柔至和，则元精溶溶，可以化气而生神。且元精在内，静摄肾气于其中，迨神火一煅，精化为气，于是行逆修之术，运颠倒之功，升而上之，饵而服之，送归土釜，以铅制汞，即以牡制牝，此河车以后之事。若在守中之始，心本外阳而内阴，肾本外阴而内阳。以后天身形而论，心之外阳为牡，肾之外阴为牝。今自离中虚而为阴，坎中满而为阳，即《悟真》云"饶它为主我为宾"；又曰"阳本男身女子身，阴虽女体男儿体"，此颠倒乾坤，离反为牡，坎反为牝矣。修炼之法，务令心之刚者化柔，动者为静；肾之柔者化刚，静者反动。是以离之柔和，温养坎之阳刚，此即"火中生木液，水里发金刚"。以心使气，以性节情。情不妄动，无非以默以柔，谦和忍下。以炼心性。故上田美液，流入元海；液又化气而入丹田。"大国下小国"，即由上田到下田也。"取小国"者，采取丹田金水之气，逆运河车，上转天谷是也。"小国下大国"，又从下田上昆仑是也。取大国者，并合昆仑金液，共入黄庭也。或以上田甘津美液，流入下丹田以生气，则取丹田之气者，是为大国之自下以取也。又或丹田之气，逆上天谷以生液，则吞天谷之气，是为小国之自下而取也。此即金水上升，铅气合髓，精凝息调，片响间化为甘露神水，流于上腭，滴滴归源，即液化气之候也。待气机充壮，又运河车，送上昆仑，吞脑海髓精，复降下黄庭，是气又化液之时也。然"大国者下流"，以柔以静，休休有容，诚有大过人之度，此即神化气而气化精，予以充满丹田也，故有欲兼畜人之德。小国亦有内朗之智，自知势力不敌，甘愿入觐奉命，诚有大过人之量。此即精生气而气生神，亦以归依黄庭也，故有欲入事人之道。两者所欲，均无外慕，故丹成九转，道高九天，永与乾坤并寿焉。其德之交归为何如哉？修身妙诀，无出于此，得者宝之，勿轻泄焉。

【拓展阅读】王弼《道德经注》

大国者下流，〈江海居大而处下，则百川流之；大国居大而处下，则天下流之，故曰"大国者下流"也。〉天下之交。〈天下之所归会者也。〉天下之牝，〈静而不求，物自归之也。〉牝常以静胜牡，以静为下。〈以其静，故能为下也。牝，雌也。雄躁动贪欲，雌常以静，故能胜雄也。以其静复能为下，故物归之也。〉故大国以下小国，〈大国以下，犹云以大国下小国。〉则取小国；〈小国则附之。〉小国以下大国，则取大国。〈大国纳之也。〉故或下以取，或下而取。〈言唯修卑下，然后乃各得

其所欲。〉大国不过欲兼畜人，小国不过欲入事人。夫两者各
得其所欲，大者宜为下。〈小国修下，自全而已，不能令天下
归之。大国修下，则天下归之。故曰"各得其所欲，则大者宜
为下"也。〉

第六十二章　万物之奥

　　道者，万物之奥①，善人之宝②，不善人之所保③。美言可以市④，尊行可以加人⑤。人之不善，何弃之有？故立天子⑥，置三公⑦，虽有拱璧⑧以先驷马⑨，不如坐⑩进此道。古之所以贵此道者何？不曰：以求得，有罪以免邪？故为天下贵。

【注释】

　　①奥：本义是房屋的西南角，也是古人设置神龛处，当指本源。河上公注："奥，藏也。道为万物之藏，无所不容也。"

　　②宝：珍宝、宝贝。

　　③保：持有、保持。

　　④市：交易，指善言有其特定的价值。《史记·卫青传》："美言可以市，尊行可以加人。君子相送以言，小人相送

以财。"

⑤ 加人：德行高尚之人。

⑥ 天子：古代中国臣民对帝王的尊称。班固《白虎通德论》："天子者，爵称也。爵所以称天子者何？王者父天母地，为天之子也。"

⑦ 三公：周朝时在天子之位下设立太师、太傅、太保三职，共同辅弼天子管理国家。

⑧ 拱璧：双手捧璧，表示贵重。

⑨ 驷马：四匹马驾一车曰驷，非显贵不可配享。

⑩ 坐：本义是双膝跪地，把臀部靠在脚后跟上，是古代的一种坐姿。引申为坚守。

【译文】

"道"是万物的本源，善良的人将它当作珍宝，不善良的人也受到它的庇佑。善良的言辞可以得到别人的尊重，善良的行为可以使自己成为高尚的人。虽然有些人并不善良，但怎么能丢弃他们呢？所以尊天道设立天子，又在天子之下设立太师、太傅、太保三职，虽享有精金美玉和尊贵的身份，但不如坚持把"道"进献给他们。古代圣贤为什么如此珍视"道"呢？不正是因为：在"道"的庇护下一定可以得到满足，犯了过错一定可以得到宽宥吗？所以，"道"被天下人视作珍宝。

【阐说】黄元吉《道德经讲义》

大道者，生于天地之先，混于虚无之内，杳冥恍惚，视不见，听不闻，搏不得，而实万物所倚以为命者也。子思子曰："君子之道费而隐。"无道无物，无物无道。大周沙界，细入微尘，不可以迹象求，不可以言语尽，诚至无而含至有，至虚而统至实，浩渺无垠，渊深莫测。万物之奥，莫奥于此。善者知此道为人身所最重，故珍而藏之，炼而宝之，不肯一息偶离；不善者亦知有道，则身可存而福可至，无道则命难延而祸亦多。保身良策，莫道若也。况本中庸之道以发为言，则为美言，犹美货之肆于市朝，人人知爱而慕之，且欲抚而有之。本寻常之道以见诸行，则为尊行，犹王公大人之身价，人人皆敬而礼之，且各尊而上之。若非言可为表，市之反以遭辱；若非行可为仿，加之又以致谤。《诗》曰："天生蒸民，有物有则。民之秉彝，好是懿德。"足见善恶虽殊，而其好德之心一而已。见有善者，吾当敬之。即有不善者，亦乌可恶之？不过气质之偶偏，物欲之未化，而有戾于道耳。而其源终未有或异也。人能化之导之，即极恶之人亦可转而之善。甚矣，天地无弃物，圣人无弃人也。如有弃人，是自弃也，岂有道者所忍出哉？天生民，而立之君，即作之师，将以君临天下，而置三公，无非统驭群黎，化导万姓。正一身以正朝廷，正朝廷以正天下。务使万邦协和，而四方风动，天子长保其尊，三公长享其贵而后已。假使不能奉若天道，以与斯民维新，又安有永保天命以享无疆之福乎？虽有拱璧之贵，罗列于前，驷马之良，驰驱于后，亦不能一息安也。

又何如日就月将，时时在道，朝乾夕惕，念念不忘，而坐进此道也哉？《楚书》曰："楚国无以为宝，惟善以为宝。"《尚书》曰："所宝惟贤，则迩人安。"是道也，自古帝王公卿所贵重者也。古之所以重此道者何？以道为人人固有之道，求则得之，其势最为捷便。人能奉持此道，则为人间一大丈夫；若违悖此道，则为天地一大罪人。岂但有过而不免入于邪途也耶？子思子曰："道也者，不可须臾离也。"人其勉之！

此言道为人生一件大事，无论天子三公，都宜珍重。虽有拱璧驷马，不如坐进此道之为愈，切勿谓衰迈年华，铅汞缺少，自家推诿，可也。要知金丹玉丹，虽借后天精气神，而成仙证圣，此却一毫用不着。古云"太和所谓道"，又曰"虚无即道"。可见学道人不悟虚无之理、太和之道，纵使炼精伏气，修入非非，亦与凡夫无别。所以吾道炼丹，必须以元神为主，元气为助神之用，以真呼吸为炼丹之资。若无元神，则无丹本；若无元气，则无丹助。是犹胎有婴儿，不得父精母血之交媾，亦是虚而无著。既得元神元气，不得真正胎息，则神气不能团凝一处，合并为一，以返于太素之初。吾更传一语曰：夫人修炼，既得元神元气，又有真息运用，使之攒五簇四，合三归一。然非真意为之主帅，必然纷纷驰逐，断无有自家会合而成丹也。虽然，真意又何自始哉？必从虚极静笃、无知无觉时，忽焉气机偶触而动，始有知觉之性，此即真意之意，非等凡心凡性也。故古云：仙非它，只此一元真性修之而成者。然不得水中之金、精中之气，以为资助，则元性亦虚悬无着，不免流于顽空。既知金生，不得真息调摄，又安能采取烹炼而成丹？然则真息为炼丹之要具，而真意尤为真息之主宰。学道人，未得神气合一，安能静定？苟得神气归命，必要酝酿深厚，而后金丹使得成就。切不可起大明觉心，直使金木间隔，坎离不交也。吾借此以明道奥，后之学者，有得于中，尚其宝之慎之！

【拓展阅读】王弼《道德经注》

道者万物之奥。〈奥，犹曖也。可得庇荫之辞。〉善人之宝，〈宝以为用也。〉不善人之所保。〈保以全也。〉美言可以市，尊行可以加人。〈言道无所不先，物无有贵于此也。虽有珍宝璧马，无以匹之。美言之，则可以夺众货之贾，故曰"美言可以市"也。尊行之，则千里之外应之，故曰"可以加于人"也。〉人之不善，何弃之有？〈不善当保道以免放。〉故立天子，置三公，〈言以尊行道也。〉虽有拱璧以先驷马，不如坐进此道。〈此道，上之所云也。言故立天子，置三公，尊其位，重其人，所以为道也。物无有贵于此者，故虽有拱抱宝璧以先驷马而进之，不如坐而进此道也。〉古之所以贵此道者何？不曰：求以得，有罪以免邪？故为天下贵。〈以求则得求，以免则得免，无所而不施，故为天下贵也。〉

第六十三章　抱怨以德

为无为，事^①无事，味^②无味。大小多少，报怨^③以德。图难^④于其易，为大^⑤于其细。天下难事必作于易，天下大事必作于细，是以圣人终不为大，故能成其大。夫轻诺必寡信，多易必多难，是以圣人犹^⑥难之。故终无难矣。

【注释】

① 事：从事。

② 味：品味。

③ 报怨：怨恨。

④ 图难：实现困难之事。

⑤ 为大：谋求大事。

⑥ 犹：总是。

【译文】

以"无为"成就有为，以"无事"成就大事，以"无味"品出妙味。大由小积累而成，多由少积累而成，怨恨要以德行来回报。要实现困难的事就得从容易处入手，要谋求大事业就得从细节处入手。天底下所有困难的事都是从容易处入手的，天底下所有大事业都是从细节处入手的。所以，圣人看起来似乎始终不做大事，最后却能成就大事。轻易承诺者必定信誉不足，总是看轻事情者必定遭遇艰难，所以圣人将一切事情都看得很艰难，最终也就没有那么艰难了。

【阐说】黄元吉《道德经讲义》

道本中庸，人人可学，各各可成。只因物蔽气拘，不力剪除，安能洞见本来面目？如浣衣然，既为尘垢久污，非一蹴能去，必须慢慢洗涤，轻轻拔除，始能整敝为新。若用力太猛，不惟无以去尘，且有破衣之患。修士欲洞彻本原，又可不循序渐进哉？始而勉强操持，无容卤莽之力；久则从容中道，自见本来之天。功至炼虚合道，为无为也；须应自然，事无事也。平淡无奇，何味之有？既无其味，何厌之有？它如大往小来，裒多益少，以至报复者不以怨而以德，此皆极奇尽变，备致因应之常。然而称物平施，无厚薄也；以德报怨，无异情也。且德为人所共有之良，以德报之，即以自然清净之神施之。因物付物，以人治人，即以大小多少投报，亦皆动与天随，头头是道，处处无差，而于己无乖，于人无忤焉。噫，此道之至难而至易，至大而至细者也。无如世之修士，计近功，期速效，往往好为其难，喜务其大，不知图难于易；为大于细，鲜有不蹶者。夫易为难之基，故天下难事必作于易，细为大之本，故天下大事必作于细。况道为万事万物之根，可不由易而难，自细而大乎？不然，进之锐者退必速矣，又安望几于神化之域哉？是以古之圣人，知道有由阶、学有由进，不思远大之图，惟期切近之旨，淘汰渣滓，涵养本源，如水之浸灌草木，自然日变月化，不见其长而日长。所以自微之著，由粗之精，从有为有事中，而至于无为无事；愈淡愈浓，弥近弥远，而至于美大之诣。圣人终不为大，故能成其大也。今之学者，初起下手，便望成仙，心愈大，事愈难，竟至半途而废者多矣。惟有坚固耐烦，矢以恒久不息之心，庶几易者易而难者亦易，细者细而大者亦细耳。愿学者图难于易，为大于细，出以持重老成，不至暴躁浅率，得矣。不然，非但斯道之大，务以敦厚居心，始克有得，即此一应诺间，轻于唯者必寡信，而后悔弥深；一进取内，好易者每多难，而退缩在即。其事有必然者。故圣人修炼之始，虽从易从细以为基，而惟日孜孜，其难其慎，此心终未已也。所以先为其难，而其后顺水推舟，行所无事。故曰"终无难"焉。

此"为无为"三句，是纯任自然工夫。以下图难于易一节，是欲造精深必由浅近之意。至于丹道言铅言汞，究是何物？不妨明辨之：要知此个物事，不外阴阳两端。以汞配铅，即如以女配男，交媾之后，化生元气出来，又将元气合阴气入中宫，然后成丹。在先天，离是纯阳之乾，坎是纯阴之坤。因气机一动，乾之中爻走入坤宫，坤之中爻走入乾窍，乾遂虚而为离，坤遂实而为坎。故乾虽阳而有阴，坤虽阴而有阳，即非先纯阴纯阳，太极浑沦之旧，然犹不失真正也。久之，神则生精，气则化血，而气质之性、气数之命，从此出矣。盖以有思虑知觉之心，气血形体之身，不似乾坤原物。至人以法追摄离中一点己汞（汞为心液，液虽属阴，却从离火中出，带有火性），下入坎宫，熏坎宫一点阴血（血为坎水，水虽属阳，却从坎水中生，实为寒体）——古人谓"火入水乡"，"神入气里"——犹冰凝之遇火，如炭火之热釜，自然温暖，生出阴硗一脉动气来。虽然，火入水中，犹釜底加炭，热气熏蒸，蓬勃上腾，即真铅生也。自此以神运之而上升泥丸（主宰之而已），犹烤酒甑中，热气被火而升入天锅，则成露珠滴入瓮中（此即吾教曰"真汞"，又曰"忙将北海初潮水，灌济东山老树根"），其实气化为液而已。复行归炉温养，液又化气，循环不已，一升一降，直将气血之躯，阴气剥尽，凡身化为金身，浊体变为乾体，仍还我太极虚无，不生不灭之法身焉。昔朱元育云："对坎离言，身中离精坎气，皆属凡铅，直到坎离交媾，真阴真阳会合，生出一点真阳出来，才算先天真铅种子。"然未得明师口诀，纵使勉强把持，也只可以固色身，到得下元充壮，久必倾泄矣。学人得此阳生，只算一边工夫，安望结胎成圣？惟将此阳气引之上升，复合周身阴精，更与泥丸绛宫之神髓灵液，交合为一——此正谓"东家女（木汞也），西舍郎（金铅也），配合夫妻入洞房。

黄婆劝饮醍醐酒，每日熏蒸醉一场"。此乾坤交而结丹，前只是坎离交而产药。有此真铅真汞一合，才可还丹。铅即水中所生之金，汞即火中所生之木。前只算凡铅凡汞；到此才算真铅真汞。学人照此用工，运神不运气，庶不至误事焉。

【拓展阅读】王弼《道德经注》

为无为，事无事，味无味。〈以无为为居，以不言为教，以恬淡为味，治之极也。〉大小多少，报怨以德。〈小怨则不足以报，大怨则天下之所欲诛，顺天下之所同者，德也。〉图难于其易，为大于其细；天下难事必作于易，天下大事必作于细。是以圣人终不为大，故能成其大。夫轻诺必寡信，多易必多难。是以圣人犹难之，〈以圣人之才犹尚难于细易，况非圣人之才，而欲忽于此乎？故曰"犹难之"也。〉故终无难矣。

第六十四章　千里之行

　　其安^①易持，其未兆易谋，其脆易泮^②，其微易散。为之于未有，治之于未乱。合抱^③之木，生于毫末；九层^④之台，起于累土；千里之行，始于足下。为^⑤者败之，执者失之。是以圣人无为，故无败；无执，故无失。民之从事，常于几成^⑥而败之。慎终如始，则无败事。是以圣人欲不欲^⑦，不贵难得之货；学不学^⑧，复众人之所过。以辅万物之自然，而不敢为。

【注释】

　　① 安：静笃、安定。

　　② 泮（pàn）：融解、破碎。

　　③ 合抱：两臂合围之木，指树木粗壮。

　　④ 九层：指楼台等建筑高。九，表示多，非实指九层

之数。

⑤ 为：强行而为，与"无为"相对。

⑥ 几（jī）成：将近于成功。几，接近、将近。

⑦ 欲不欲：追求他人不愿追求的。

⑧ 学不学：学习他人不愿学习的。

【译文】

事物静笃安定的时候容易维持，事物未出现征兆的时候容易谋划，事物脆弱的时候容易破裂，事物细微的时候容易散逸。要想坏事不发生，就得在它尚未发生前处理好；要想治国不动乱，就得在尚未动乱前管理好。合抱粗的大树，是由细小的萌芽成长而来的；九层高的楼台，是由每一堆土堆积而成的；千里远的路程，是从脚下第一步开始走出来的。强行作为将会招致失败，执着不放将会遭受损失。因此，圣人以"无为"行事，所以不会招致失败；未曾执着，所以不会遭受损失。普通人做事，总是在即将成功的时候归于失败。（为什么呢？）因为在即将成功的时候他们没有保持谨慎的态度。因此，圣人追求别人不愿追求的，不看重难得的身外之物；学习别人不愿意学习的，纠正众人常犯的过错。以这样的方式帮助万物回归自然，而不会强行干预。

【阐说】黄元吉《道德经讲义》

修身之道，遏欲为先。遏欲之要，治于未然则易，治于将然则难；治于将然犹易，治于已然则难。故太上曰："其安易持，其未兆易谋。"言人当闲居独处时，心不役于事，事不扰于心，寂然不动，安止其所，其持己守身，最为易易。且不闻不睹，无知无觉，杳无朕兆可寻，于此发谋出虑，思闲邪以存诚，其势至顺，其机甚便。以凡气柔脆，凡心细微，未至缠绵不已，辗转无休，于此而欲破其邪念，散其欲心，以复天道之自然，至诚之无妄，又何难情缘遽断，立见本来性天？此岂别有为之哉？不过曰"为之于未有"而已。古君子防患于未萌，审机于将动，所以烟云尽扫，荆棘不生。又如天下太平，偶有强梁小丑乘间作乱，亦不难单骑独出，立见投诚，治之于未乱，其便固如斯也。此炼己之工，犹易就耳；若欲修成九转，又未可以岁月计者。胡碌碌庸流，不知道为乾坤大道，人为宇宙真人！或有法会偶逢，而一世竟成者；或有因缘不遇，而数世始成者；或有重修数劫，历遇良缘，而功德未圆，性情多僻，势将成而又败，竟败而无成者，甚矣！大道之奥，未易几也。人不知道有由致，请观物所以成彼：夫合抱之木，其生也，特毫末耳，因阴阳煦妪，日变月化，而遂成大木焉；九层之台，其起也，仅累土耳，因人工凑集，日新月盛，而顿见为高台焉；又如一统山川，千里邦畿，欲造其途、底其境，岂容举足便至，计程可期者哉？其始也，无非足下一步一趋，由近及远，而始至其地焉。道而曰大，实具包天容地之量，生人育物之能，岂不劳层叠而至、曲折而前乎？惟知道之至人，不求速效，不计近功，金玉有磨而心志不磨，春秋有变而精进不变，庶由小而大，自卑而高，从近及远，一如合抱之木、九层之台、千里之行，而顿见奇观。虽然，道为自然之道，而功须自然之功。孟子集义生气，功在勿助勿忘。始合天地运行而造化维新也；同日月往来而光明如故也。若使有为而为，则为者败矣；有执而执，则执者失矣。夫天地日月，古今运转不停者，不其无心而成化也。倘天地有为以迭运，日月有执以推移，又安能万古不磨耶？俗云"天若有情天亦老，日惟无意日常明"，不其然乎？是以古之圣人，精修至道，妙顺天然。为而无为，功无败也；执而不执，德何失焉？奈今之从事于道者，为无为有，或作或辍，不知时行则行，时止则止，动静偶乖，与道远矣。又有几成而忽败，一败竟无成者矣。《书》曰："慎厥终，惟其始。"所以历亿万年而不替。至于难得之货，人所贵也。圣人混俗和光，与人无异，独欲道而不欲货，初不知人世间有此珍重者，故不贵之，其淡泊明志如此。它如视听言动，日用云为，其荡检逾闲者无论矣。即有从事于道，为虚为实，著有著无，皆为过失。兹独效法前人，遵行古道，特抒臆见，以为大道权衡，非不称卓卓者。第思道为我之道，学为我之学，我自有之而自得之，又何学之足云？况人多过举，我独无为。以我无为之道，补众人之过举，即正己以正人也。且以我无为之道，辅万物之不及，即整躬以率物也，其不敢为如此。此圣人重德而贱货，正己以正人，民自迁善而不知为之者。噫！此圣人之身，即道之所寄、民物之所依，讵可一息偶为哉？

开首言"其安易持"数句，是言玄关一窍，寂然不动，感而遂通。且不睹不闻之际，此中有无善无恶之真。佛曰"那个"，儒曰"缉熙"，皆是此物。如初日芙蓉，晓风杨柳，娇红嫩绿，嫣然可爱。《易》曰："天地绸缊，万物化醇。男女媾精，万物化生。"无非言初气致柔，去天未远。朱子诗曰："半亩方塘一鉴开，天光云影共徘徊。"此言道心人心，瞥眼分明。于此持志养气立教，割断牵缠，诞登彼岸。《礼》曰："人生而静，天之性也。"感于物而动，性之欲也。犹天地一元初复，万象回春。虽物交物感，情欲有动，犹是天性中事，也于虚静，本乎自然。只须些些把持，无容大费智谋，即可遏欲存诚，闲邪归正。以萌蘖脆嫩，根芽孱弱，人欲不难立断，天理即可复还。古人谓之玄关一窍，又曰生门死户。以人心退藏，天心照耀，皆由未有未乱之时，而为之治之也。但一阳初动，其机甚微，其势甚迅。至于二阳三阳，则神凝气聚，真精自动，浩浩如潮生，溶溶似冰泮。要皆自微而著，由小而大，自近而远。至于进火退符，河车搬运，阳铅再生，阴汞复合，时烹时炼，渐结渐凝，神完气壮，药熟丹圆，更有六根震动，六通具足之盛，皆自玄关一动始也。惟此时初动，水源至清。古云"白虎首经至宝，华池神水真金"是也。此时一觉而动，把持得定，由此日运己汞，包固阴精，恰如初三一痕新月，至上弦而半轮，至十五而盈满矣。是以圣人知天下事物，无不由卑至高，由近及远，俱有自然之道在。于是为而无为，执而无执，一若天不言四时行、百物生，岂若民之隳乃事、败乃功者哉？若此者，皆由一片虚灵，浑然无间。自不知所欲，亦并忘为无欲。故曰："欲不欲。"至于黍珠之贵，实不曾有为，其自无而有，所以既有仍无，修道人素所自具，不待外求。即使有所学，仍是无所学。故曰："学不学。"它如以一己之纯，化天下之驳；合天下之驳，归一己之纯。其诱掖众人，辅相万物，亦本乎自然而已矣，岂同逞其私智者哉？

【拓展阅读】王弼《道德经注》

其安易持，其未兆易谋。〈以其安不忘危，持之不忘亡，谋之无功之势，故曰"易"也。〉其脆易泮，其微易散。〈虽失无入有，以其微脆之故，未足以兴大功，故易也。此四者，皆说慎终也，不可以无之，故而不持，不可以微之，故而弗散也。无而弗持，则生有焉，微而不散，则生大焉。故虑终之患，如始之祸，则无败事。〉为之于未有，〈谓其安未兆也。〉治之于未乱。〈谓闭微脆也。〉合抱之木，生于毫末；九层之台，起于累土；千里之行，始于足下。为者败之，执者失之。〈当以慎终除微，慎微除乱。而以施为治之，形名执之，反生事原，巧辟滋作，故败失也。〉是以圣人无为，故无败；无执，故无失。民之从事，常于几成而败之。〈不慎终也。〉慎终如始，则无败事。是以圣人欲不欲，不贵难得之货；〈好欲虽微，争尚为之兴；难得之货虽细，贪盗为之起也。〉学不学，复众人之所过。〈不学而能者，自然也。喻于不学者过也。故学不学，以复众人之所过。〉以辅万物之自然，而不敢为。

第六十五章　善为道者

古之善为道者，非以明^①民，将以愚^②之。民之难治，以其智多。故以智治国，国之贼^③；不以智治国，国之福。知此两者^④，亦稽式^⑤。常知稽式，是谓玄德。玄德深矣，远矣，与物反矣，然后乃至大顺^⑥。

【注释】

①明：使……充满智慧。

②愚：纯朴，并非解为愚蠢，与"智"相对。智多而诡诈，故言"民之难治"，所以老子推崇让百姓回归纯朴。

③贼：祸患、祸害。

④此两者：指前面"故以智治国，国之贼；不以智治国，国之福"。

⑤ 稽式：法则。

⑥ 大顺：大道、自然规律。

【译文】

古代那些善于遵从"道"的圣人，不是教导百姓智勇多谋，而是教导百姓纯朴实诚。百姓之所以难于管理，就在于他们太智勇多谋了。所以用智勇多谋来治理国家，国家必然灾祸连连；不用智勇多谋来治理国家，国家才会和谐稳定。懂得了这两种治国方式上的巨大差异，也就懂得了大道法则。了解了这个大道法则，就领悟了什么是"玄德"。玄德非常深刻，也非常邈远，和具体事物往往相向而行，但又极大地顺应了自然法则。

【阐说】黄元吉《道德经讲义》

天下凡事尚智，惟道不尚智而尚愚，愚则近乎道矣。圣门一贯薪传，惟愚鲁之曾子得之。故古之圣人，以道治天下。与民相见以道，不若与民相化于道，浑浑噩噩，同归清静之天——而一时耕田凿井者，日出而作，日入而息，忘帝力于何有，顺帝则于不知，休哉！何俗之醇欤？降及后世，士大夫不尚愚而尚智，则机械频生，人心愈坏，贪鄙日甚，风俗弥偷。斯民之败度灭礼，犯法违条，愍不畏死者，殊难枚举。要皆尚才华、重聪明之智者，希图取伪，斯民之愚者亦好阴谋。民之天真凿矣，诡谲多矣，而熙来攘往，彼诈此虞，为上者固有治之不胜治者焉。故曰："以智治国，国之贼；不以智治国，国之福。"其故何哉？盖使民有知识，已破其浑沌之真；若能不识不知，乃完其无名之朴。两者智愚分焉，利害判焉。与其尚智而有害，何如尚愚而获利？知此两者，非但治世如是，即修身亦然，均堪为楷式焉。知此楷式，则近道矣。大修行人，于不睹不闻也，返其无思无虑之神，非屏耳目、黜聪明，不能归于定静也。苟有一毫计较，一念谋为，则太朴不完，混沌不天丧矣。知智之有损于己，愚之有益于身，不逞其智，乐守其愚，是即谓之玄德。大凡可名者非玄德，惟不可以名言，深无其极，远莫能知，乃可为玄德。虽与飞潜动植，蚩蚩蠢蠢之物，同一无欲无知。但物不能即绪穷源，终日昏聩而已；人则由粗及精，从原达委，以至于三元合一，太极归真，犹可底于神化，至于大顺，不诚与物反哉？

治国不尚智，而修道尤贵愚。诚以智为国之贼，愚为道之种也。夫愚可以为道种哉？试思混沌中，无念虑、无知识，非所谓愚耶？忽焉一觉，即是我不生不灭之本来。人莫说把持此觉，修成无上正等正觉，方能免却轮回，不受阴阳鼓铸，不为鬼神拘执；即此混混沌沌中，忽然一觉，我以真意守而不散，此一觉已到般若波罗蜜。果能拳拳服膺，常常把持，而轮回种子即从此断矣。若另起一念、生一见，就是后天识欲之神夹杂其中，所谓"无量动来生死本，痴人唤作本来人"是也。要之，神一也，有欲则为二矣。二意三心，即是杂妄根尘，所以有生死之路。惟有一心，无二念，有正念，无妄心，道在是矣。若能并将此一心正念而悉化之，是为太极还于无极，金仙之成即在此炼虚之中。何谓炼虚？即如混沌之际，懵懵懂懂，如愚如醉，无觉无知，即虚也。坐功到无人无我，何地何天，即炼虚也。又曰学道之要，始而忘人，继而忘我，终而忘法，以至于忘忘之极，乃为究竟。人能以把此一刻为主，以真觉为用，道不远矣。然炼虚之法虽是如此，其功必自炼性始。炼性，古人名为铸镜也。若心有不炼，则昏昏罔罔，冥然无觉，虽近在眼前，尚且不知，何况具六通者乎？若皆由私欲之杂乱其心志，而未至于虚也。如真觉之后，不许一丝半蒂存于胸中，即灵台之宝镜常放光明，而又非必功满行圆，乃放毫光也。即此混混沌沌中，忽然一知，不复它知，忽然一觉，不更它觉，此一刻中，即洞彻光明，四达不悖。虽然，学人满腔私欲，忽期洁白晶莹，如玉如金，夫岂一念之虚所能了哉？必要先铸雌雄二剑，以去有形无形之魔。此剑不利，则欲魔、色魔、天魔、人魔，难以扫除净尽，现出乾元真面目也。盖人欲天理，混杂多年，虽欲独立中流，势有难于抵敌者。以故明知之而明蹈之，皆由引之入人欲者众，引之入天理者少也。今为学人告，欲成清净法身，必先有清净之神；欲得清净之神，必有浩荡之气。所云铸剑无他，即由平旦之气，直养无害，以至于浩然刚大。斯神剑成而锋芒利，可以斩妖断邪。斯时也，莫说淫声绝色入耳目而心不乱，即有美女同眠，亦不知也；莫说凶魔恶曜到身边而神自如，即有泰山崩前而亦不畏也。此神剑之造成者，自有志气如神之一候，只恐工行不深，或作或辍，不肯当下立定

脚跟耳。若能一刀两断，一私起即灭除，灭除不复再生，此断
生死轮回之路矣。学道人别无他妙，只怕认不得明镜神剑耳。
如能认得，此刻中有明镜普照，恶妄不容，慧剑长悬，欲魔立
断，自此一念把持将去，然后神室可成，而仙丹可炼矣。此明
镜慧剑，为修道人之要务。设剑锋不利，安能断绝邪魔？所以
心愈制而愈乱也。宝镜无光，难以分别理欲，所以己弥克而弥
多也。孟子言养气而不言养心，诚谓气足而心自定耳。彼徒强
制夫心，而不知集义生气，去道远矣。李二曲云："人心本自
乐，自将私欲缚。私欲一萌时，良知还自觉。一觉便消除，此
心依旧乐。"拙翁云："光明寂照遍河沙，凡圣原来共一家。一
念不生全体现，六根才动被云遮。断除烦恼重增病，趋向真
如亦是邪。世事随缘无挂碍，涅槃生死等空华。"有心性学者，
当三复斯言！

【拓展阅读】王弼《道德经注》

　　古之善为道者，非以明民，将以愚之。〈明，谓多智巧诈，
蔽其朴也。愚，谓无知守真、顺自然也。〉民之难治，以其智
多。〈多智巧诈，故难治也。〉故以智治国，国之贼；〈智，犹治
也，以智而治国，所以谓之贼者，故谓之智也。民之难治，以
其多智也。当务塞兑闭门，令无知无欲。而以智术动民，邪心
既动，复以巧术防民之伪，民知其术，随防而避之。思惟密
巧，奸伪益滋，故曰"以智治国，国之贼"也。〉不以智治国，
国之福。知此两者，亦稽式。常知稽式，是谓玄德。玄德深

矣，远矣，〈稽，同也。古今之所同则，不可费。能知稽式，是
谓玄德。玄德深矣，远矣。〉与物反矣，〈反其真也。〉然后乃至
大顺。

第六十六章　百谷之王

　　江海所以能为百谷王^①者，以其善下之，故能为百谷王。是以欲上^②民，必以言^③下之；欲先^④民，必以身后之。是以圣人处上而民不重，处前而民不害，是以天下乐推^⑤而不厌。以其不争，故天下莫能与之争。

【注释】

　　① 王：同类中居首位或特别大的。江海所汇者为百谷之王，百姓所聚者为万姓之王。

　　② 上：居于……之上，引申为统治、管理。

　　③ 言：言说、话语。

　　④ 先：居于……之前。

　　⑤ 乐推：乐意拥戴。

【译文】

　　江海之所以能够让百川河流汇聚一处，就在于它善于处在地势低的地方，所以才能成就百川之王。因此，圣人要想居于百姓之上（居上位），对百姓说话就得学会谦卑。要想居于百姓之前（为领导），就得把自己的利益放在百姓的利益之后。所以，圣人的地位虽然居于百姓之上，但百姓并不感到负担沉重；居于百姓之前，但百姓并不觉得自己的利益受到了损害，这就是天下百姓乐意拥戴他而不感到厌倦的原因。因为圣人不与百姓争利，所以天下没有谁能和他争抢。

【阐说】黄元吉《道德经讲义》

　　夫人莫不欲人之服己也，乃有不欲服而人服，益欲服而人愈不服者，无他，以其自高自大，而不肯低其心、下其气也。试观江海为百谷之所归往者，以其能下之故，所以为百谷王。设江海如百谷之自处于上，百谷虽有归往之势，奈彼无容受何？是以圣人早见及此，欲上人，必以言下之，如尧之咨于四岳，舜之询于四门——举凡教条号令，事事访于臣邻而不自高其智，此所以愈下而人愈上也。欲先人，必以身后之，如禹、皋、伊、旦，虽属先知先觉，而在在让人以先，自处以后，此所以愈后而人愈先也。惟其自处于下与后，虽居帝王之位，而无震慑之威，所以不重也。掌神灵之统而无凌厉之气，所以不害也。故天下乐推而为先，绝无厌恶之心焉。《诗》曰："在彼无恶，在此无斁。庶几夙夜，以永终誉。"此岂有他哉？以其不争人上、不争人先，而人自上之先之，服教畏神，沐恩戴德之不已，又安忍争上争先，而与圣人角胜竞长也哉？

此喻炼丹之学，始以神火下入丹田，然后火蒸水沸，水底金生，长生之药始得而有。夫人受天地之中以生，原是完完全全；自有生后，气质拘之，物欲蔽之，所得于天之元气，悉散漫于一身尸气之间，不能荟萃一区者久矣。今欲攒簇五行，和合四象，会于中宫，归于玄窍，其必万缘放下，一私不起，垂帘塞兑，以目视鼻，由鼻对脐，降心火于丹田——不过片晌工夫，即见玄关窍开，一阳来复，周身之气自然齐集丹田，融融泄泄，乐不可名。但观照之初，火不紧则金不出矿，火太猛则又烧灼精血，窒塞灵机。惟有不粘不脱，若有若无，而下丹田之气自跃跃欲动。此犹江海之能下百谷，百谷所以归往。圣人能下天下，天下所以归心。夫人一身，心为至大至贵，百体皆小焉贱焉者耳。太上故以江海之大、圣人之贵喻心，以百谷之小、万民之贱，喻百体，喻下田。修道者亦当以下为本，以贱为基，而不自处于高于贵，庶低下于人，所成自易。若论凡人，原以神为主，气则随之动静，所以生男育女而有生有死。至人则以气为主，而神则听之转移。《悟真》云"饶它为主我为宾"是。大修行人，于气机之动，逆施造化，颠倒乾坤， ·听其上下往来，归炉封固，再候真信，循环运转，全不以神为主持。但观真气之冲和，逆施倒行，功成九转，丹熟珠灵，岂不高高乎在上、赫赫乎居先，而为万夫之仰、天下之观者耶？惟其处下居后如此，则一片活淡之志、谦和之心，所以无倾丹倒鼎，汞走铅飞之害。故处上而人不重，处前而人不害，以其不争，故天下莫能与之争也。

【拓展阅读】王弼《道德经注》

江海所以能为百谷王者，以其善下之，故能为百谷王。是以欲上民，必以言下之；欲先民，必以身后之。是以圣人处上而民不重，处前而民不害，是以天下乐推而不厌。以其不争，故天下莫能与之争。（注：王弼本此章无注解。）

第六十七章　我有三宝

　　天下皆谓我道大^①，似不肖^②。夫唯大，故似不肖。若肖，久矣其细^③也夫！我有三宝，持而保之：一曰慈，二曰俭，三曰不敢为天下先。慈，故能勇；俭，故能广^④；不敢为天下先，故能成器长^⑤。今^⑥舍慈且^⑦勇，舍俭且广，舍后且先，死矣！夫慈，以战则胜，以守则固。天将救之，以慈卫^⑧之。

【注释】

　　①大：宏大。因为"道"无法具体描述出来，但又包罗世间万物，故言"道大"。

　　②肖：像……物。具体物才能对比，因"道大"，所以才说"似不肖"。

　　③细：细小、渺小。

第六十七章　我有三宝

　　天下皆谓我道大[1]，似不肖[2]。夫唯大，故似不肖。若肖，久矣其细[3]也夫！我有三宝，持而保之：一曰慈，二曰俭，三曰不敢为天下先。慈，故能勇；俭，故能广[4]；不敢为天下先，故能成器长[5]。今[6]舍慈且[7]勇，舍俭且广，舍后且先，死矣！夫慈，以战则胜，以守则固。天将救之，以慈卫[8]之。

【注释】

　　[1]大：宏大。因为"道"无法具体描述出来，但又包罗世间万物，故言"道大"。

　　[2]肖：像……物。具体物才能对比，因"道大"，所以才说"似不肖"。

　　[3]细：细小、渺小。

④ 广：多，指财富巨大。

⑤ 器长：万物之首。器，本义是器具，指万物。《说文解字》："象器之口，犬所以守之。"

⑥ 今：用作副词，如果、假如。

⑦ 且：用作动词，求、取。

⑧ 卫：保卫、保护。

【译文】

　　天下人都说我阐述的"道"非常宏大，不像任何具体事物。正因为"道"非常宏大，所以才不像任何具体事物。如果"道"像任何一个具体事物，那么它就会日渐渺小了。我有三件法宝，可一直保有它而不消失：第一件是仁慈；第二件是节俭；第三件是不敢居于天下人之前。因为心中有仁慈，所以能保持勇武；因为生活节俭，所以能保持大方；因为不敢居于天下人之前，所以才能成为百姓的领袖。如果丢弃仁慈而追求勇武，丢弃节俭而追求大方，舍弃退让而事事争先，结局只有死路一条。以仁慈之心来征战，就一定能够胜利；以仁慈之心来守卫，城池就一定很坚固。上天要救助谁，就会用仁慈之心护佑他。

【阐说】黄元吉《道德经讲义》

　　夫道，本无极而太极者也。无大无细，非大非细，即大即细。固有言思拟议所不以罄者。若强以大名之，则"浩然之气，至大至刚，充塞乎天地之间"是。如欲以细状之，则"无名之璞，至隐至微，藏于太空之际"是。其在人也，得之则生，失之则死。要皆自无而有，由微而著。盖以微者其原，而大者其委。与其言大以明道，不如言细以显道也。所以太上曰："天下皆谓我大。"夫"我"即道也。道本无方无体，今以大称，是道有方体可拟，似不相肖。夫惟大莫名其大，故不肖人之所谓大。若欲形天之道，肖我之身，自开天以至于今，体天立极、阐道明教之圣人，久矣乎——皆以无极之极，不神之神，至细至微，而为道也。顾道如此无声无臭，恍惚杳冥，学者又从何下手哉？太上曰："我有三宝，持而保之。"拳拳弗失，宝而珍之，念念不忘，则可返本还原，以复维皇之诞降。三宝者何？一曰慈，慈即仁也。仁慈蔼蔼，为天之元，君子体仁，足以长人。且统乎四端，兼乎万善，仁在其中，即道在其中。充之至极，可以包罗天地，贯注古今。此为金丹之本，修士所宜珍念也。顾其道及乎至大，其机起于至微。若不知万念俱忘，一灵内照，徒务广而荒，求博而泛，于仁无得，于道无有焉。惟反求诸己，笃守于心，欲立立人，欲达达人，守约施博，古所谓得其一，万事毕，非此俭欤？夫俭为求仁之方、修道之要。学者既知其慈，尤当养之以俭，始可与道同归。虽然，使自高自大，不有谦和之度，则在内只知一己，在外渺视诸人，自诩聪明，矜言智慧，居然以先和先觉自命，往往视天下人无有能处己先者。究之，性不恬静，气不和平，而欲丹成九转、道极九天也，难矣。古云修丹要诀，以灵觉为道之体，冲和为道之用，庶在在处处，不敢为天下先也。且夫慈也者，人心之良能也。

尽一己之心，以立万物之命，誓愿何其宏也？养寸衷之性，以求万物之安，精力何其壮也！是守慈之人，即养勇之人。曾子谓子襄曰："自反而不缩，虽褐宽博，吾不惴焉；自反而缩，虽千万人，吾往矣。"非一片仁慈，毫无私屈者，能有如此之大勇乎？必所守者约而后所施者博，是非约无以为博也。惟能慎举动，省思虑，致一心于方寸，收百体于丹田，绵绵密密，不贰不息，继继纯纯，无怠无荒，自然修其身而天下平。非俭何由广乎？至若不敢为天下先，正谦尊而光，安贞之吉。其能柔顺乎天下，而天下莫与之争，即能顺承乎天道，而天道默与以成。非有冲和之德，不敢为天下先，焉能大器晚成如是乎？是知慈也、俭也、后也，皆求道之本始也；勇也、广也、先也，皆奉道之末效也。今之学者不然，舍慈且勇，必生忍心；舍俭且广，心怀贪念；舍后且先，必有争竞——皆取死之道。即或幸存，亦行尸走肉，滥厕人群，其与死又何异哉？总之，慈为人之生理，性所同然。惟能守之以约，出之以和，则慈惠恻怛，自出真诚，天下未有不心折而屈服者。惠足使人，仁者无敌，焉有战之不胜、守之不固，而贻羞于天下之有耶？《书》曰："惟天阴骘下民，相协其居。"俾之以生以遂，永享无事之天，所谓天将救之者，此也。《诗》曰："维天之命，于穆不已。"足见清空一气，流行不息，发育无疆，夫亦曰以慈卫之而已矣。

道曰大道，其实无极而太极也。然非从无极之始，混混沌沌中觅出津涯，又安知太极之根能测其起止乎？学者须先明道原，于不睹不闻之中，寻出至隐至微之体，即所谓虚而灵者是。

顾其细已甚，曰黍珠一粒，又若有可象者。总之，无形之形，无状之状，迎之不见其首，随之不见其后，即人心中蔼然一片仁慈是也。虽至顽至劣之夫，亦不泯仁慈之性。孔子曰："我欲仁，斯仁至矣。"修丹岂有他哉？不过守此仁慈而已。何谓仁慈？如齐王见牛之觳觫而不忍，乡人见孺子坠井而恻然，此皆仁心发端，天心来复。由此思之，此个动机动念，无时不有，第恐人不及觉耳。学者从天真发动处，扩充行去，自为炼丹有基。但不可务博而荒，只须守约而微。一心皈命，五体投诚。古云："心要在腔子里，念不出总持门。"由此愈约愈博，愈微愈彰。其约弥精者，其拓之愈广也。学者可不以俭为本乎？虽然俭德为怀，固以约鲜失之良法，苟不出以谦和，又恐躁暴之性，起火伤丹，故守约尤须致和，在在自卑自小，不居人先，始为虚己下人。仁心常存，道气常存矣。若不尚慈而尚勇，不务俭而务广，不居后而居先，如此则心是凡心，气是凡气，人身虽存，天性已灭，其不死亡者，未之有也，安望我有三宝，持而不失乎？且人有仁慈，尤足得人之欢心，以之出战，战必胜；以之守城，城必固。此即喻临炉进火，烧退下贼三尸；守城沐浴，则保固胎婴元神。是柔和之心，为炼丹养道之要。况天之生人，予人以生、无不予以仁慈，能克念归仁，长生永命之丹，即在是矣。

【拓展阅读】王弼《道德经注》

天下皆谓我道大，似不肖。夫唯大，故似不肖。若肖，久矣其细也夫！〈久矣其细，犹日其细久矣。肖则失其所以为大矣，故日"若肖，久矣其细也夫"。〉我有三宝，持而保之。一曰慈，二曰俭，三曰不敢为天下先。慈，故能勇；〈夫慈，以陈则胜，以守则固，故能勇也。〉俭，故能广；〈节俭爱费，天下不匮，故能广也。〉不敢为天下先，故能成器长。〈唯后外其身，为物所归，然后乃能立成器为天下利，为物之长也。〉今舍慈且勇，〈且，犹取也。〉舍俭且广，舍后且先，死矣！夫慈，以战则胜，〈相愍而不避于难，故胜也。〉以守则固。天将救之，以慈卫之。

第六十八章　不争之德

善为士^①者不武^②，善战者不怒，善胜敌者不与^③，善用人者为之下。是谓不争之德，是谓用人之力，是谓配天古之极^④。

【注释】

① 士：武士，指将帅。

② 武：动用武力。

③ 与：交往，引申为交战。

④ 配天古之极：符合天道和古代的最高法则。配，符合。

【译文】

善于领兵打仗的将帅，并不推崇武力；善于征战的将帅，不会轻易发怒；善于战胜敌人的将帅，万不得已不会与敌人正面对抗；善于用人的将帅，始终以谦卑待人。这就是不与人争斗的上佳品德，是善于用人的能力，也是符合自然之道和古代的最高法则。

【阐说】黄元吉《道德经讲义》

士，士师也。士师用兵，原是尚武。《易》曰："刚中而应，行险而顺，神武而不杀。"是用武而不武，士之善为士者。及大敌交锋，两军对垒，不得不陈师鞠旅，称干比戈，势奔山河，声震雷电。然究其心，只诛无道，非有恶于人也，虽战而无战，是为善战。纵师徒他出，士卒无多，而强敌忽然压境，不难弹琴退中原之寇，和曲解敌国之围。所谓不怒而威于铁钺者是。迨至班师振旅，奏凯言旋，人皆盈廷奏绩，而彼独逊谢不前——所谓大树将军者，可以无愧矣。即或上赏频加，而反躬常觉赧颜——此善胜敌者所由不争也。《书》曰："汝惟不争，天下莫与汝争能"，其斯之谓欤？若此者，皆由推诚布公，集思广益，不自恃其才，善用众人之才以为才；不自矜其智，善用众人之智以为智。所谓卑以下人者，此也。倘非察纳雅言，咨诹善道，虚怀若谷，谦尊而光。乌有此善战善胜之能王天下犹反掌耶？是皆无争之德有以服民心也。是皆用人之力有以威天下也。是皆下顺民心，上合天道，与天地参，而立万古之人极也。噫，非圣人至诚尽性，焉能于干戈扰攘之际，隐然寓太平揖让之风，用武不武，行怒不怒，相争不争如此乎？又况宽以御众，虑以下人，贤者在位，能者在职，天下之士皆效忠抒悃，而愿赴功趋事，舍生奉命于其间。一如天道不言，四时流行，万物献瑞，此所以配天地而立极也。《诗》曰："思文后稷，克配彼天，莫匪尔极。"微斯人，其谁与归？

此喻药生进火，虽有猛烹急练工法，然亦因时为动，顺势而行，用武无武，所以无倾丹倒鼎之患也。纵气机之动，真阳之生，至大至刚，充塞乎两大，何异战者之赫然震怒，所向披靡！况采取进火，只因其气之浩然者扩充之，非好为其强也。故一经洗练，而凡骨化为玉骨，凡身化作金身。所谓一战而天下平，无非因民之怒，而己无与焉，所以取金丹于反掌，犹取天下如拾芥也。惟其神凝无凝，息调无调，纯任乎天，不杂以人。虽天人交争，理欲迭起，不得不存理以遏欲，尽人而合天。迨至学粹功深，义精仁熟，毫无胜私克己、争功争能之心，仁者所以无敌于天下也。若是者，皆由谦和柔顺，虚己下人，一听气机之动静而与为转移。故丹之成也，有不见而章，不动而变，无为而成者焉。何殊善用人者为之下乎？修炼之道，果能在在安和，时时柔顺，欲不用遏而自遏，理不用存而自存，是谓不争之德也。且以不争之心，顺理以施，随机而运，犹用人之力以成一己之功，是能范围天地之化而不过也。孔子曰："天何言哉？四时行焉，百物生焉。"圣人与道合真，正不啻天经地纬，而立万世之人极也。

【拓展阅读】王弼《道德经注》

　　善为士者不武，〈士，卒之帅也。武，尚先陵人也。〉善战者不怒，〈后而不先，应而不唱，故不在怒。〉善胜敌者不与，〈与，争也。〉善用人者为之下。是谓不争之德，是谓用人之力，〈用人而不为之下，则力不为用也。〉是谓配天古之极。

第六十九章　哀者胜矣

用兵有言："吾不敢为主而为客，不敢进寸而退尺。"是谓行无行[1]，攘[2]无臂，扔[3]无敌，执无兵。祸莫大于轻敌，轻敌几丧吾宝[4]。故抗兵相若[5]，哀[6]者胜矣。

【注释】

①　行（háng）：行列，指军阵。

②　攘：捋起。

③　扔：摧残，指交战。

④　吾宝：指第六十七章所言的"一曰慈，二曰俭，三曰不敢为天下先"之三宝。

⑤　若：相当。

⑥　哀：哀痛之极。

【译文】

曾有位善于用兵的人说："我不敢主动出击，而采取守势对敌；我不敢盲目前进一寸，宁可后退一尺以保全。"这就像虽然摆了阵势，却像没有摆阵势一样；虽然奋力举起了手臂，却像没有举臂膀一样；虽然与敌人交战了，却像没有与敌人交战一样；虽然手握兵器，却像没有手握兵器一样。最大的祸患莫过于轻视敌人，轻敌会令我丧失"三宝"。所以，在两军实力旗鼓相当的情况下，更悲痛的那一方最终会获胜。

【阐说】黄元吉《道德经讲义》

古人用兵，著为战策，其有言曰：吾不敢为主而为客。主犹君也，君主出令，得专其政；客犹臣也，臣主奉令，一听之君，所谓"饶他为主我为宾"是。是以吾为主，即以后天人心作主，而先天道心反退听焉。吾岂敢以后天人心为主，而先天道心反退听焉？其必以先天道心为主，而以后天人心为客，在在依之以为命也可。不敢进寸而退尺者，盖谓战胜而进，即一寸也宜固守之；如败而退，即跬步也不可让之。若进有寸功，而退以尺计，是得少失多，难成易败。在用兵，为不才之将；在修道，为无功之人，吾岂敢哉？亦惟让彼为主，逊我为宾，则彼有可乘之机，我无可抵之隙，所谓制人而不为人所制，庶无挫辱之虞矣。见可而进，知难而退。其进也，必鼓其迈往之神；其退也，不予以可攻之势。如此小心，其难其慎，无非凡事让人以先，而己独处于后焉。故其行军也，若人能行而己似不能行者然。及其挺身而往，攘臂而前，又若人有臂而己无臂者然。迨至对垒交锋，两军相仍而战，又若人能敌而我无能敌者然。虽伐鼓渊渊，振旅阗阗，彼有所执，我岂独无兵哉？然而善用兵者，有如涉春冰，履虎尾，一似人有兵而己无兵者焉。如此进不轻进，退不轻退，诚知社稷存亡，国家成败，系于一战，敌其可轻视乎哉？试观古来慎敌者往往成功；轻敌者常常败绩。如管子之伐山戎，子玉之战城濮，可见矣。况朝廷之兴衰，视将帅之得失。如不临事审慎，逞其才、恃其智，而谓人莫己若，似孟明之超乘以过，高固之出贾余勇，未有不败国家亡家、覆宗灭祀者。圣人之大宝曰信，轻敌者必丧人君之信。惟两敌相抗，两兵相加，而自弱自柔，至慈至惠。常以杀伐之气，有于天地之和为忧；不以兵革之威，得辟土地之利为乐。有时用兵疆场，亦出于万不得已。虽未哭泣徇师，而仁慈恻怛心之心、哀痛迫切之情，早已流灵于陈师鞠旅之间，而三军共沐其生成，万姓咸相为感激也。所以君子有不战，战必胜矣。非哀痛之心有以及人身而入人心也哉？

此喻真阳发生，气机充壮，方可进火行工。如不静候铅气之动，而慢以神升降进退，循环运转，未有不邪火焚身，大遭困辱者。当其四候之际，必候坎气之自动，而离不得以专主，故曰："吾不敢为主而为客。"修炼之道，进行则常，退后则灾。如天之运行不息，水之流行不停，始克蒸蒸日上。若时作时辍，一暴十寒，则是进寸而退尺，功少而过多，终身必无成功矣。若此者，由不知归根复命之道，乃日用常行之道，不可以智计取，不可以作为得；惟逆修丹道，顺运自然，学如不学，功而无功，相因而造，顺势而前，无少阻滞，无一把持，若禹之治水，行所无事而已。倘进火行符，轻于进退，犹行兵者之轻视敌人，未有不火起伤丹，炉残鼎败，以致铅汞一齐飞散者。噫，纯任自然，敬慎不败，固缉熙于光明；若妄作聪明，长生之宝，必因此后天尸贼，为之戕害无存，又安望其成丹而可大可久哉？惟仁慈一片，哀痛十分，而后出之以和平，行之以柔顺，自然所向披靡，战无不胜。学人慎勿以后天识神为主，而先天元气皆退听焉，庶几其不差矣。

【拓展阅读】王弼《道德经注》

用兵有言：吾不敢为主而为客，不敢进寸而退尺。是谓行无行，〈进遂不止。〉攘无臂，扔无敌，〈行，谓行陈也，言以谦退哀慈，不敢为物先。用战犹行无行，攘无臂，执无兵，扔无敌也。言无有与之抗也。〉执无兵。祸莫大于轻敌，轻敌几丧吾宝。〈言吾哀慈谦退，非欲以取强无敌于天下也。不得已而卒至于无敌，斯乃吾之所以为大祸也。宝，三宝也，故曰"几亡吾宝"。〉故抗兵相加，哀者胜矣。〈抗，举也；加，当也。哀者必相惜而不趣利避害，故必胜。〉

第七十章　被褐怀玉

吾言①甚易知，甚易行，天下莫能知，莫能行。言有宗②，事有君③。夫唯无知，是以不我知④。知我者希，则⑤我者贵，是以圣人被褐怀玉⑥。

【注释】

① 吾言：指"我"关于"道"的言论。

② 宗：主旨。

③ 君：根据。

④ 不我知：即不知我。

⑤ 则：用作动词，效法。

⑥ 被褐怀玉：身穿粗衣，怀揣美玉。被，通"披"，穿着。玉，心中之玉，指才华。

【译文】

我的话非常容易理解，也非常容易施行，可惜天下竟无人能理解，更无人照此实行。我所持的言论是有主旨的，所说之事也是有根据的。因为大家不理解"道"的本质，所以才不理解我所懂得的。能理解我的人少之又少，而愿意效法我的人就更难得了，这就是为什么圣人总是穿着粗布衣服，却心中怀揣着美玉。

【阐说】黄元吉《道德经讲义》

夫道者，人心固有之良，日用常行之事，至近至约，不可须臾离也。离则无道，无道则无人，又何言之有？况吾之所言，虽累千累万，盈篋盈箱，不可胜数，要皆切于人心，近于日用，无有难知难行者。顾何天下莫能知、莫能行也？岂吾言之不易知、不易行乎？盖言有宗也，即人所不学而知之良知也；事有君也，即人所不学而能之良能也。惟言知有宗，则近取诸身，而言皆善言；事知有君，则默窥其隐，而行皆善行。夫道若大路然，岂难知难行者哉？反身而诚，乐莫大焉。若不知言之有宗、事之有君，而求诸高远之地。广博之乡，是以玩物丧志，务广而荒，心为形役，性为气累，而本来天德之良，迷而不悟，竟以吾言之甚易者，转似大而莫之纪、远而无可稽，不良可慨欤？虽然，其知也，于我何加？其不知也，于我何损？况我之所以为我，初不因人之知不知也。知我者希，则我之贵乎我者仍自若也。是以圣人外被至贱之褐，内怀至贵之玉，晦迹山林，藏身岩穴，亦惟顺性命之理，参天地之道，以修其在己，而人之知否从违，概不问焉。此所以圣者益圣，而愚者愈愚矣。

太上之言，头头是道，字字切身。即人以言道，即道以言身，易莫易于此矣。夫何难知难行者哉？顾人之昧昧者，良由道在迩而求诸远，事在易而求诸难。不务真常大道，反求糟粕绪余。如辞章记诵、刑名术数之类，学愈博而心愈荒，事愈繁而性愈劣，无怪乎太上道言。当时为人心所同，后世为太上所独也。良由不明言之有宗、事之有君耳。夫宗者君者，即人身之"中"也。尧舜授受心传，无非"允执厥中"而已。后如文之"纯一"，参之"慎独"，轲之"良知"，莫非人身之一"中"也。此个"中"字，所包甚广。其在人身，一在守有形之"中"——朱子云"守中制外"。夫守中者，回光返照，注意规中。于脐下一寸三分处，不即不离是。一在守无形之中——《中庸》云："喜怒哀乐未发谓之中。"罗从彦教李延平："静中观喜怒哀乐未发气象，此未发时不闻不睹，戒慎恐惧，自然性定神清，方见本来面目。然后人欲易净，天理复明。自古圣贤仙佛，皆以此为第一步工夫。但始须守乎勉然之中，终则纯乎自然之中。"三圣人名目各有不同，总不外此"中"字，为之宗、为之君。即如吾教以凝神调息为主，然后回观本窍，心无其心，气无其气，乃得心平气和。心平则神始凝，气和则息始调。其要只在心平二字。心不起波之谓平，能执其中之谓平；平即在此中也。心在此中，即丹经之玄关一窍。到得神气相依，玄关之体已立，此为大道根源，金丹本始。它如进火退符，搬运河车，有为有作，总贵谦和柔顺。以整以暇，勿助勿忘。有要归无，无又生有。至有无不立，方合天然道体。此即得一而万事毕，吾道"一以贯之"之旨也。学者如此，太上之经可解，庶不为旁门左道所惑也。若不知言之有宗，事之有君，未许升堂入室而不迷于他往者。人能知此行此，自然有得于中，无慕乎外，如圣人之被褐怀玉，而融融泄泄不已焉。

【拓展阅读】王弼《道德经注》

吾言甚易知，甚易行。天下莫能知，莫能行。〈可不出户窥牖而知，故曰"甚易知"也。无为而成，故曰"甚易行"也。惑于躁欲，故曰"莫之能知"也。迷于荣利，故曰"莫之能行"也。〉言有宗，事有君。〈宗，万物之主也。君，万事之主也。〉夫唯无知，是以不我知。〈以其言有宗、事有君之故，故有知之人，不得不知之也。〉知我者希，则我者贵。〈唯深，故知之者希也，知我益希，我亦无匹，故曰"知我者希，则我者贵"也。〉是以圣人被褐怀玉。〈被褐者，同其尘；怀玉者，宝其真也。圣人之所以难知，以其同尘而不殊，怀玉而不渝，故难知而为贵也。〉

第七十一章　圣人不病

　　知不知^①，上^②；不知知，病^③。夫唯病病^④，是以不病^⑤。圣人不病，以其病病，是以不病。

【注释】

　　① 知：通"智"，智慧、聪明。老子始终是反"智"的，因为他认为"智"使人奸，天下因此而乱，如第六十五章就有以"愚"（纯朴）治民的思想。

　　② 上：通"尚"，最好、最佳。

　　③ 病：毛病、弊病。

　　④ 病病：把缺点当作缺点。

　　⑤ 不病：没有缺点。这里的"夫唯病病，是以不病"一句看似荒谬，其实老子的这个观点是很客观的，因为人无完人，

不存在绝对完美者，所以一个人只有直面自己的缺点，才能最终克服自己的缺点，达到"不病"的境界。圣人直面自身缺点，而庸者回避自身缺点，这就是二者的本质区别。

【译文】

　　知道自己并非无所不知，这是值得推崇的；不知道自己所知有限，这是非常糟糕的。把这种缺点当作缺点，所以他才没有缺点。圣人之所以没有缺点，正是因为他把缺点当作缺点，所以才说圣人没有缺点。

【阐说】黄元吉《道德经讲义》

　　睿智所照，自如明镜无尘，止水无波，物来毕照，毫无遁情。此神明洞彻，自然而知；因物为缘，如心而出。非臆度以为明，悬揣以为知者。其知也，由于性光之自照，而不是有前知之明，却能知人所不知。此上哲之士，非凡人所能及也。凡人智不能烛理，明不能照物，往往拟议其人之诚伪，逆料夫事之兴衰——幸而偶中，人谓其明如镜，自亦诩其烛如神。此等揣摩之知，非神灵之了照，乃强不知以为知：虽有所知，其劳心苦虑，病已甚矣，是自作聪明者，自耗神气者也。夫惟以强知为病，于是病其所病。而穷理以尽性，修命以俟天。慧而不用，智而若愚，自然心空似水，性朗如冰，一灵炯炯，照彻三千，又何营回之苦、机巧之劳以为患也哉？是以不病。圣人明烛事机，智周物理。自有先觉之明，绝无卜度之臆。故凡人有病而圣人不病焉者，以其能病所不知，病所不明，而于是一心皈命，五体投忱，尽收罗于玄关一窍之中，久之，灵光焕发，烛照无遗，固随在皆宜，亦无往不利也。以其病病，是以不病。

此言慧照之知，是为上等；若矫情之知，实为大患。惟以强知之患为患，是以无患。圣人之得免于患者，常以此患为患，所以无患。大旨已明，兹不复赘。今再将道妙详言之：大凡打坐，必先从离宫修定，做一响而后自考自证，果然空空无物，于是始向水府求玄。夫离宫修定，是修性也，心空无物，即明心见性矣。所以吾尝云：静坐之初，此心悬之太虚，待身心安定，意气和平，然后徐徐以意收摄，回照本宫。到得了无一物，介于胸间，从此一觉一照，即十方三界，无在而不入我觉照之中。然而觉性不生、觉性不灭，不过了了自了、如如自如而已。以此求玄，则水源至清，自可为我结丹之本。一霎时间，自然性光发现。何以见之？即吾前日所示恍恍惚惚中，忽然一觉而动，是修道之要始，而以性摄情，若不先讨出性真本来，突地下水府中求玄，不知既无性矣，何以摄得起情来？夫既有虚灵之性，能招实有之情，由此一阳萌动，自然肾间微痒，有氤氲蓬勃之机。要知离非属心也，凡凝耳韵、含眼光、戒香味触法，皆是神火主事，故曰属离；坎非在肾也，一身血肉团子，无非是精，凡精所有，无非是气，精气所在，即是属坎。即以神入血中，火热水里，未必即有气机发动——务须左提右挈，摄起海底之波，上入丹田，久久烹炼。火功既足，忽然天机发动，周身踊跃，从十指以至一身，跳动不止。身如壁立，意若寒灰。丹田气暖，此即火之不老不嫩，合中之时。若非有此效验，尚是微微，不可行火。若久见此景而不知起火，气已散矣始行用火，是为药老无用。学者审之辨之。然微阳初动，未必即有此盛气，只要心安意适，气息融和，亦可行子午河车。盖人身有形有质之血，不经火煅，尚是污污浊浊、一团死血。惟用神火之照，血中自生出一点真气出来，即佛所云"我于五浊恶世修行而得成道果"是。又古谓"鬼窝中取宝，黑山下求铅"是，皆不外浊精败血内，以神火煅出此一点真气来。气既动，阳即生，又当知子进阳光、午退阴符、卯酉沐浴诸法，方能采得此真阳，运行流通，内以驱除脏腑之阴私，外以招摄天地灵阳之真气。久久用功，气质亦变。此河车一法，有无穷妙义也。古有言"气明子午抽添"，抽即抽取水府之铅，添即添离宫之汞。汞即心中灵液，后天中先天。从色身浊精败血中，以神火煅炼出而成甘露者是。铅即血中之气。气即古人谓水中之金，此为后天中先天，只可以固凡林，不可以生法身。此是坎离交而生出来的药物，犹不可以作神丹。必要以性摄情，以性归性，性情和合，同煅于坤炉之中，忽地真阳发动，此为乾坤交而结丹。始可炼神丹为真仙子。总之，修炼别无他法，只是一个河车运转。初关河车，犹须勉强；中关河车，天人合发；到得上关河车，纯乎自然之天，不失其时而已。至于卯酉沐浴诸法，不过恐初学人心烦火起，行工不得不然。

若到纯熟，不须法矣。总在学人，神而明之可也。

【拓展阅读】王弼《道德经注》

知不知，上；不知知，病。〈不知知之不足任，则病也。〉夫唯病病，是以不病。圣人不病，以其病病，是以不病。

第七十二章　民不畏威

民不畏威^①，则大威^②至。无狎^③其所居，无厌^④其所生。夫唯不厌，是以不厌。是以圣人自知，不自见^⑤；自爱，不自贵^⑥。故去彼取此^⑦。

【注释】

① 威：威慑，指君主之威。

② 大威：大威之势，指百姓的威势，民为君之本，故曰"大"。

③ 狎：胁迫。

④ 厌：厌恶、压迫。

⑤ 见：通"现"，表现。

⑥ 贵：高贵。

⑦ 去彼取此：舍弃"自见""自贵"，保持"自知""自爱"。

【译文】

当百姓不再畏惧君主的权威时，天下大乱就要来临了。不要迫使百姓居无定所，不要阻碍百姓谋生之道。只有不压迫百姓，百姓才不会厌恶君主。因此，圣人不仅有自知之明，而且从不表现自我；不仅有自爱之心，而且从不自视高贵。所以要舍弃自见、自贵，而保持自知、自爱。

【阐说】黄元吉《道德经讲义》

所谓威者，纲常名教之大，天理所最难犯者。使知慎独于衾影，畏天威于隐微，自然天锡纯嘏，眉寿无疆。《诗》曰："畏天之威，于时保之。"若天威俨在咫尺，而戒慎弗懔旦明，致令伦常澌灭，礼义消亡，则天良无存，天罚不贷，而凶灾不免，性命难全。是民不畏威，大威至矣。若是者，皆由不知知仁为安宅，旷安宅而弗居；义以生气，舍生气而自丧也。呜呼！彼民不幸，未生太古之世，以德威为畏，德明为怀，故愚昧外恣，天显罔顾，而旱干水溢，疫疠灾荒，种种祸患兴矣。惟在上者，导以天下之广居，使游心于太和之宇，无狭隘为居，而日蹈于危亡也；引以浩然之正气，使直养于清虚之天，无厌弃其生，而自罹于断绝也。夫惟自爱其生之理，自保其天之良，而不稍厌斁，即《诗》云"敬天之怒，无敢戏豫；敬天之渝，无敢驰驱"也。天监厥德，俾尔炽而昌，俾尔寿而臧，实有与天地同为悠久者焉，是以不厌。非圣人，其孰能之？古帝王，恭己无为，懋昭大德，日就月将，洗心涤虑，精参造化之妙，洞

晰本来之天，惟自知之耳。至若德业文章，外之所著，圣人绝
不以之表见于人。且朝乾夕惕，重道守身，一息不肯离乎仁，
天下无有加于己。其自爱为何如？它如名位声华，人之所尊重
者，圣人绝不以之足贵。虽圣人自知自爱之端，亦凡人共知共
爱之端——特凡人知之而必见之，爱之而必贵之；圣人自知不
自见，自爱不自贵。其慎幽独，而不致炫耀于人；重保养，而
不敢矜尚于世。岂凡人所可同日语乎？夫亦曰去欲取理，尽人
合天，以至超凡入圣，绝类离群，而成亿万年不朽之神者，皆
由此自知广居之安，自爱长生之乐，一于此，不二于彼，而民
自迁善而不知为之耳。舍此，乌能若是哉？

此言无狭所居，其所居者必大。无厌所生，其所生者必长。
虽然，用工之际，元神识神，不可不知。夫人受气之初，从父
母媾精时，结成一点黍珠，此时缊缊缊缊，只有一团太和之气，
并无一点知识。然而至神至妙，极奇尽变，作出天下无穷事业
出来，都由此一点含灵之气之神，从无知无识而有知有识，从
无作无为而有作有为，莫非由此而始。此时，天人一理，物我
同源，体用兼赅，显微无间，故曰元神。此是天所赋畀的。到
得血肉之躯既成，十月胎圆，呱地一声，婴儿落生，此时识神
始具。夫元神者，先天之元气，天地人物一样，都藏于太虚中。
一到人身，则隐伏于人身虚无窟子之内。此是天所赋者。修行
人欲修成大道，夫岂可着空着色以求之哉？惟有一无所知，一
无所有，扫却一切尘氛，而个中消息自现，灵妙自生。至若识
神，乃人身精灵之鬼，万劫轮回种子，必要五官具备，百骸育

成，将降生落地时，然后精灵之魂魄方有依附。古人谓后天识神因有形魄而生者此也。此元神识神之大分别处也。但有生之后，元识两神交合一处——有时元神用事，识神退听，则后天之意气虽动，要皆由仁义礼智而发为喜怒哀乐，识神亦化为元神者此也；有时识神用事，元神隐没不见，虽仁义礼智之见端，亦皆变为私恩、私爱、私憎、私嫌，元神亦化为识神者此也。总之，为口耳一身起见者，皆是识神。一到识神用事，焉有光明正大，可以对天地、质鬼神的事业出来。惟混混沌沌中，忽焉一感而动，此时天理纯全，毫不挟后天识见，如能稳立脚根，端然行去，即纯乎天理，而无一毫人欲之私。吾故教人于无知无觉时寻玄关一窍，良以此时，与天地一体，与虚空一致。能从此把握行将去，则天地之生生，不难自我而为生生；虚空之变化，不难自我而神变化。此时一觉，诚为天地人之根源。修士不从此下手，又从何处以为仙圣之阶哉？要之，无思无虑而出者，元神也；有作为见解、自色身而生者，识神也。元神无形，识神有迹。一自虚无中来，一从色身中出，二者大不相侔。既明得元神生于虚无，识神生于色身，我于是正本清源，务令内外三宝闭塞，不许一知一见从有形有象、有思有虑而出。如此操持，如此涵养，久久尸魄之灵皆化为清净元神，八万四千毫毛亦转为护法灵神。所谓化识为元，转阴成阳者此也。此在人实力于虚无一边，不要为色身起见着想得矣。

【拓展阅读】王弼《道德经注》

民不畏威，则大威至。无狎其所居，无厌其所生。〈清静无为谓之居，谦后不盈谓之生。离其清静，行其躁欲，弃其谦后，任其威权，则物扰而民僻，威不能复制民。民不能堪其威，则上下大溃矣，天诛将至。故曰"民不畏威，则大威至。无狎其所居，无厌其所生"，言威力不可任也。〉夫唯不厌，〈不自厌也。〉是以不厌。〈不自厌，是以天下莫之厌。〉是以圣人自知不自见；〈不自见其所知，以耀光行威也。〉自爱，不自贵。〈自贵，则将狎居厌生。〉故去彼取此。

第七十三章　天网恢恢

　　勇于敢^①则杀，勇于不敢则活。此两者，或利或害。天之所恶，孰知其故？是以圣人犹难之^②。天之道，不争而善胜，不言而善应，不召而自来，繟然^③而善谋。天网恢恢^④，疏而不失。

【注释】

　　①敢：勇敢、刚强，主要指外在表现，轻易暴露锋芒。与"不敢"相对而言。

　　②是以圣人犹难之：此句在第六十三章中已出现，有不少学者认为是错简重出。

　　③繟（chān）然：坦然、宽舒。

　　④天网恢恢：大道广大无边。天网，指道。恢恢，宏大貌。

【译文】

有勇气却轻易暴露锋芒之人易身死，有勇气但善于隐藏锋芒之人易存活。这两种勇气的结果，一者得利，一者受害。上天所厌恶的，有谁知道是什么原因吗？这是连圣人也解释不清楚的。自然的规律是，不相斗却善于取胜，不言说却善于回应，不召唤却自动而来，襟怀坦荡又善于谋划。大道无边无际，看似稀疏，却没有漏洞。

【阐说】黄元吉《道德经讲义》

《诗》曰："维天之命，于穆不已。"人盗天地之气以为丹，即盗于穆不已之天命。此命在天即清虚一气，在人即太和一气。惟由平旦直养，直至浩然充塞乎两大，即返本复命，上下与天地同流矣。养之维何？一在于死妄心——死妄心贵于刚，刚则不屈于物，而令正气常伸；一在于生真心——生真心贵于柔，柔则能悦诸心，而令浩气常凝。此两者，一往无前、奋其果敢之力者，死机也。逡巡不前，甘为懦弱之材者，生气也。勇于敢则杀，勇于不敢则活，此进为退基，负为胜本。《易》曰："日中则仄，月盈则蚀。"天地盈虚，与时偕行，或利或害，往往与世相反。故人之所喜，天之所恶也。且夫天亦何所恶哉？好生者彼苍之心，有时不用生而用杀；尚德者上帝之意，有时不以德而以刑。此盖生中寓杀，杀中有生，其意深微，有非人所能测度者。天之所恶，孰能知其故耶？是以修道之圣人，知福为祸基，柔为刚体，酌经权而用其中，忘利钝而守其正，不与凡人争利害，惟于一己辨从违。至于降灾赐福，惠吉逆凶，虽圣人犹难测其微矣，况下焉者乎？夫圣之道，亦天之道也。圣人纯任自然，而进退升降，自运转于一身之中。天道无为自然，而生长收藏，常流行于太虚之表，所以不与万物争强。而修短频临，究无一夫之能傲，是不争而善胜矣。不与下民言理，而祸福所及，卒无一地之或逃，是不言而善应矣。虽其中或迟或速、或重或轻，暗中自有权衡，有不由人谋者在。故曰："不召而自来，坦然而善谋。"任他才智过人，奸巧绝世，而肺肝洞见，虽张皇掩饰，有何益乎？"天网恢恢，疏而不漏"，洵不诬也。

遏欲贵果，不果则人心放纵，人欲缠绵，故勇于敢者杀——所以杀，人心也。存理贵柔，不柔即凡气暴躁，元气动摇，故勇于不敢则活——所以活，元神也。然死心所以活神，害中有利；活神方能死心，利中有害。或利或害，两者相济。人心易死，道心易生，顾其中有天道焉。天有好恶，刑与德并施，生与杀共用，人或知之矣；而具生机于杀机之中，伏活机于死机之内，世人未易窥测焉。天之所恶，孰知其故哉？圣人心同天地，知恶之正所以好之——且非恶无以成好。此中循环妙用，虽圣人犹难知之。然而圣人之道，亦即天之道也。天不与凡民争是非而发育万物，无有不荷其煦妪而驾而上之之者；不与凡民言感孚而阴阳迭运，无有不相为默契而悖而驰之者。盖天人一道，寂然不动，感而遂通，化何神也？物我同源，廓然大公，物来顺应，措何当欤？至人以无思无虑之真，默运神功于生杀之舍，暗袭天机于造化之宫，入水府，造金乡，踔希夷，绝视听，杀者生之，生者杀之，初不知其何以相胜相应，如子母夫妇，不召自来，不谋自合。如此其感孚之捷而神耶？至灾祥予夺，祸福贞淫，天网恢恢，诚无有逃而脱之者。以虚空即道，道即天，不能逃虚空，即不能逃天网。人不违道，即不违天，天休不于以滋至哉？

【拓展阅读】王弼《道德经注》

勇于敢则杀，〈必不得其死也。〉勇于不敢则活。〈必齐命也。〉此两者，或利或害。〈俱勇而所施者异，利害不同，故曰"或利或害"也。〉天之所恶，孰知其故？是以圣人犹难之。〈孰，谁也。言谁能知天意邪，其唯圣人也。夫圣人之明，犹难于勇敢，况无圣人之明而欲行之也。故曰"犹难之"也。〉天之道，不争而善胜，〈夫唯不争，故天下莫能与之争。〉不言而善应，〈顺则吉，逆则凶，不言而善应也。〉不召而自来，〈处下则物自归。〉繟然而善谋。〈垂象而见吉凶，先事而设诚，安而不忘危，未兆而谋之，故曰"繟然而善谋"也。〉天网恢恢，疏而不失。

第七十四章　民不畏死

民不畏死，奈何以死惧之？若使民常畏死，而为奇①者，吾②得执而杀之，孰敢？常有司③杀者杀，夫代司杀者杀，是谓代大匠斫④。夫代大匠斫者，希有⑤不伤其手矣。

【注释】

①奇：奇诡、诡异。不平常就是"奇"，所以出格、违法等都可以当作"奇"来看待。

②吾：指统治者，老子只是代言，故曰"吾得执而杀之"。

③司：负责、主管。

④斫：砍、削。

⑤希有：少有、鲜有。

【译文】

当百姓并不畏惧死亡时，你为什么还要用死亡来恐吓他们呢？倘若百姓始终畏惧死亡，那对待为非作歹之人，把他抓起来杀掉就可以了，如此，谁还敢为非作歹呢？一个人的生死自有天道在掌管，你非要代替天道去杀他，就如同代替能工巧匠去削砍木头。但凡那些代替能工巧匠削砍木头的人，从来没有不伤及自身的。

【阐说】黄元吉《道德经讲义》

古之治天下者，必因乎民情之所易动，而预为之防。不因人君之喜忧，惟视民情之好恶，顺其势而利导之，所以其教不肃而成，其政不烦而治。若民之灭纪败伦，干名犯分，而毫无畏死之心，我以五刑之设，悬于象魏，读之月吉，是徒劳其设施，而无补于国计民生也，岂不枉费心力哉？惟因民之贪生而惧死，有敢为奸邪奇诡者，吾乃从而杀之，正所谓制一以警百，少惩而多诫。斯民自父训其子，兄勉其弟，不敢职为乱阶，以自戕生而就死。然杀之虽在乎上，而所以杀之，亦视乎其人。惟至仁杀至不仁，则民自杀之而不怨，死之而亦甘。孟子谓"惟天吏则可以杀之"是。夫天吏乃可杀人，是常有司杀人者矣。若非天吏，而以暴诛暴，是以乱治乱，不惟民乱益甚，而且代司杀者杀，犹之代工匠而运斤成风，挥斧斫轮，其能神乎技而妙于成哉？历观古今匠士，其身不能大匠，而代大匠斫者，奚有不伤其手耶？彼民不幸，不获生于有道之世，是以寇贼奸宄，殊无忌惮。又不幸不遇司杀之人，则启沃无从，反还奚自？以致薄者愈薄，而厚者亦薄矣，不亦大可伤乎！

以畏死喻慎独。人惟慎独功深，则天人辨白，理欲分明。欲寡过而未能，思免愆而不得——于此兢兢业业，汲汲皇皇，省察其几微，克制其伪妄，不难欲净理纯，立见本来面目。若于不睹不闻之地，平日无操存涵养之功，而于欲动情胜时，思拔除恶孽，顿见性天，势必不除恶而恶多，愈洗心而心乱。太上曰："民不畏死，奈何以死惧之。"理势乃相因也，惟能慎几于幽独，既有以知欲念之非，乃克遏欲于临时，庶可以还天心之正。一念扫除，一念清净，自不萌芽再生于其际。此民常畏死，而为奇者，吾得执而杀之，孰敢颠越不恭，败坏伦常？盖以有道驱无道，犹人君抚绥万姓，统驭群黎，以至仁杀不仁，以大义诛不义，自然没有顺而存者安，近者悦而远者来，不致有倒戈相向，反戟为攻，而为仇为害也。学者欲去伪存诚，反本归根，其必杜之以渐，守之以恒，庶一窍通而窍窍俱灵，元神安而神听命。所谓"人能常清净，天地悉皆归"；又曰"人能一正其神，则诸邪自不敢犯"。此与司杀者从而杀之不怨、死之亦安，同一自然之道、希有之效焉。

【拓展阅读】王弼《道德经注》

民不畏死，奈何以死惧之？若使民常畏死，而为奇者吾得执而杀之，孰敢？〈诡异乱群，谓之奇也。〉常有司杀者杀，夫代司杀者杀，是谓代大匠斫，夫代大匠斫者，希有不伤其手矣。〈为逆，顺者之所恶忿也；不仁者，人之所疾也。故曰"常有司杀"也。〉

第七十五章　贤于贵生

民之饥，以其上食税^①之多，是以饥。民之难治，以其上之有为，是以难治。民之轻死^②，以其求生之厚^③，是以轻死。夫唯无以生为者，是贤于贵生^④。

【注释】

① 食税：征收的赋税。

② 轻死：看轻死亡之事，指不怕死。

③ 厚：强烈。

④ 贤于贵生：珍视生命之人。贤，胜过、超过。贵生，重视生命。《吕氏春秋·贵生》："圣人深虑天下，莫贵于生。"

【译文】

百姓之所以遭受饥荒，是因为统治者横征暴敛，导致百姓陷入饥荒。百姓之所以难以管理，是因为统治者强加干涉的结果，导致百姓难以管理。百姓之所以敢于反抗不怕死，是因为他们求生存的渴望非常强烈，导致百姓敢于反抗不怕死。只有那些看不到生存希望之人，才会无比珍视自己的生命。

【阐说】黄元吉《道德经讲义》

从来民为邦本，食为民天。国无民则国谁与辅？民无食则民何以生？是在为人上者，有以开田辟土，浚其源于未食之先；制礼谨变，节其流于已食之后；而复省耕以补不足，省敛以助不给——民自家给人足，而无庚癸之呼，饥馑之叹矣。即干旱不一，饥馑荐臻，而仓箱有蓄，自凶荒无忧。无如世之人主，骄淫不靖，縻费日繁：或珍奇玩好以为娱，或琼宫瑶室纵其欲，往往仓廪一空，而用度不减。正供尚缺，又加以重征：始而添租益税，犹胥畏乎民岩；继则暴敛横征，并不顾乎天命。声色是尚，奢华并臻。取万民之脂膏，纵一己之淫荡。即至国帑空虚，而诛求不稍贷焉。夫天地生财，只有此数。若此苛求不已，取民无度。即大有频书，丰年屡庆，而欲其不饥也，得乎？郅隆之世，衣衣食食，宅宅田田，各亲其亲，各长其长。其君子无礼义之防，而自居仁由义；其小人无忠厚之好，而自乐业安居。盖上以无为为治，下以无为自化。俗不期淳而淳，风不求古而自古。懿铄休哉，何其盛欤？迨其后，科条愈设而风谷愈偷，法令频彰而盗贼弥炽。其在暴虐之君无论矣，甚至英睿之主，奋发有为，励精图治，政愈繁而伪愈多，法愈严而奸愈出。是岂气数之难回、天心之莫易乎？抑以不知穷源固本，而徒求之于末流？不惟无补于民生，反有累于世道焉。盖民心本无事也，而上以政令扰之；民情本无欲也，而上以章程乱之。朝廷多一政令，百姓多一奸欺；朝廷多一章程，百姓多一奇巧。无怪乎世道之大非，民情之日变，而愈治愈难也。惟在上者端拱垂裳，斯在下者自安分守命。上与下相安于无为之天，不亦乐乎！且民以谋衣谋食，多欲多累，为求生之计，不知逐末即以忘本，重外乃致轻内，其劳心也日繁，其损精也愈甚，而神气因之消亡，身命因之殒灭，愈贪生，愈速死矣。是以求生之厚，反轻死也。惟不以生为荣，且不以求生为重，衣食随缘自奉，用度与物无争，则心安而身泰，自性复而命延，永享无疆之福也。养其太和，自邀天眷，较之以生为贵者，不贤于万万倍耶？

君喻神也，民喻精也。顺行常道，以神为主，而精随之以行。故神一驰，精即泄。精之消耗，由神之飞扬——喻民之饥，由上食税之多。其事不同，其理则一。心为身主，天君泰然，百体从令；天君不宁，则一身精气耗矣，岂但下田倾倒已哉？是以神仙有返还之术，以气为主，而神听其号令——犹君从人欲、顺民情，庶气足神完，而民安国泰。此以上奉下，以上之有余补下之不足者。即以一人事天下，不以天下事一人之意也。丹道虽曰有为，亦要从无为而有为，有为仍还无为，方是先天之神气，可以入圣超凡。若一概有为，则神不静而气亦弱，势必不炼而气不聚，愈炼而气愈纷。惟因其势而利导之，顺其时而措施之，修身治民，皆作如是观。若恐货财不足，身命难存，于是竭精疲神，希图养后天之命，日夜焦劳，寤寐辗转，神气之消灭者多矣。又况惟天之命，非人所求。君恐求生者，不惟无以幸生，且促其生于死地。惟不贵后天有限之生，而隐以持先天无穷之命，庶性全而命固，身形亦足贵矣。

【拓展阅读】王弼《道德经注》

民之饥，以其上食税之多，是以饥。民之难治，以其上之有为，是以难治。民之轻死，以其求生之厚，是以轻死。夫唯无以生为者，是贤于贵生。〈言民之所以僻，治之所以乱，皆由上，不由其下也。民从上也。〉

第七十六章　强大处下

　　人之生也柔弱，其死也坚强[1]。万物草木之生也柔脆[2]，其死也枯槁。故坚强者死之徒，柔弱者生之徒。是以兵强则不胜，木强则兵[3]。强大处下，柔弱处上。

【注释】

　　① 坚强：指僵硬。

　　② 柔脆：柔弱。

　　③ 兵：刀兵，指良木易遭砍伐。一本作"木强则折"。

【译文】

　　人活着时身体是柔弱的，死后就变僵硬了。万物草木生长时通体也是柔弱的，死后就变干枯了。所以，僵硬之物往往属于已死一类，柔弱之物往往属于尚生一类。同理，军队过于强大就容易遭到覆灭，树木过于强大就容易遭到砍伐。凡是强大之物常常居于下位，凡是柔弱之物常常居于上位。

【阐说】黄元吉《道德经讲义》

人禀阳和之气则生，阴寒之气则死。一当阳和气聚，则四体柔顺，一身酥绵，而生机不息矣；一当阴寒气结，则肌肤燥煤，皮毛槁脱，而死气将临矣。试观釜甑之间，蒸蒸浮浮，则阳气氤氲，物融而化；到寒冻时候，物冷而坚。又观天地，春夏之交，阳气炽而万物畅茂，无不发荣滋长；迨至秋冬之会，阴气盛而万物飘零，无不枯槁难荣。是知人之生也，逢阳气之温和则柔；人之死也，遇阴寒之气凝固则刚。其生也柔脆，其死也枯槁，人物一源，无分彼此。是知天下万事万物，无不以坚强为死之徒，柔弱为生之徒也。譬诸用兵，往往强者取败，弱者取胜——如子玉过刚败绩，伯比嬴师胜随是也。其故何耶？盖以强者衰之渐，弱者兴之几，宜其不胜矣。再观诸木，木至坚也，阴气盛而阳气衰，宜其大止拱把，而无由滋育焉。夫强大者，生气尽而死气临，诚物之至下者也；柔弱者，阴气消而阳气盛，乃物之至上者也。人奈何不自弱而自强，不处下而处上哉？

修炼之道，最重玄关一窍，是为天地人物生生之始气。此气至柔而刚，至弱而强，且刚柔强弱俱无所见。惟恍惚杳冥中，忽焉阴里含阳，杀里寓生，似有似无，若虚若实，此真无声无

臭，上天之载之始机也。人能盗此虚无元始之气，则先天生生
之本已得，而位证天仙不难矣。即盗得玄关始气，以为金丹之
宝，然二候采药，亦当专气致柔，如稚子骨柔体弱而握固，始
得初气以为丹本。四候行火，又要知一身酥软如绵，美快无比，
方是先天絪缊蓬勃之机，冲和活泼之象。有此阳气，可炼仙丹。
再于退符之候，归炉封固，入鼎烹调，犹当绵绵密密，了了如
如，无怠无荒，如醉如痴，神懒于思，口懒于言，所谓"天上
春云如我懒，谁知我更懒于春"。如此之柔之弱，方是先天阳
气，可以长存而不敝。总之，十月怀胎，三年乳哺，九载面壁，
无非先天柔弱之气，为之丹成而仙就耳。修士当寻此柔脆之气，
始不空烧空炼，枉劳精神也。

【拓展阅读】王弼《道德经注》

　　人之生也柔弱，其死也坚强。万物草木之生也柔脆，其死也
枯槁。故坚强者死之徒，柔弱者生之徒。是以兵强则不胜，〈强
兵以暴于天下者，物之所恶也，故必不得胜。〉木强则兵。〈物所
加也。〉强大处下，〈木之本也。〉柔弱处上。〈枝条是也。〉

第七十七章　不欲见贤

天之道，其犹张弓与！高者抑①之，下者举②之；有余者损③之，不足者补之。天之道，损有余而补不足。人之道④则不然，损不足以奉有余。孰能有余以奉天下？唯有道者。是以圣人为而不恃，功成而不处，其不欲见贤⑤。

【注释】

① 抑：抑制、降低。

② 举：往上托举。

③ 损：减损、减少。

④ 人之道：社会法则或规律。与"天之道"相对而言。

⑤ 见贤：展现贤能。

【译文】

自然法则，难道不像一个人拉弓射箭吗？标靶高了就拉低一点，标靶低了就托高一点；弓弦拉得太满就松弛一些，弓弦拉得不足就拉紧一些。自然法则，从来都是减少富余的来补充不足的。可（如今）社会法则不是这样的，它是减少不足的来补充富余的（即"不道"）。那么，谁能以自己的富余来补充百姓的不足呢？只有有道之人能如此。所以，只有圣人愿意舍己为人又不自恃其功，有所成就又不占其功，因为他不愿在世人面前展现自己的贤能。

【阐说】黄元吉《道德经讲义》

天道流行，发育万物，无非一阴一阳，往来迭运，大中至正，无党无偏而已。故阴极生阳，阳极生阴。阴盛阳衰，则抑阴扶阳；阳盛阴衰，则抑阳扶阴。消息盈虚，与时偕行，庶生生化化，以成自在无为，万年不敝之天。何异张弓者然？持弓审固，内志既正，外体复直，务令前后手臂平正通达——高者抑之，下者举之，有余者损之，不足者补之。然后顺手而发，随机自中，不患其或失。况天之道，亏盈而益谦，损有余以补不足；人则多好多诈，不若天道之自然——取民脂膏，饱其囊橐，往往损不足以奉有余。孰能以君上之有余，而奉天下之不足哉？惟有道之圣人，法天道而顺人情，损者损之，补者补之，不使小民有怨咨之叹也。虽为者自为，亦顺承天道而已，绝不矜所为焉；成者自诚，亦至诚尽性而已，绝不居其功焉。斯人也，殆与天道无为而化成，同归自然运度，不欲见有为之迹、成物之功，赫赫照人耳目，非贤而不欲以贤见耶？此所以为天无极，惟圣人合天也。

人生之初，原是纯阴纯阳，至平至正，无有胜负参差。故日征月迈，骨柔体弱而滋长焉。迨有生后，火常居上，水常居下，水火不交，是以阴常有余，阳常不足。阳水每为阴火所灼，故人心益多，凡气愈炽，而天心所以日泊，真气所以渐亡，生生之机无有存焉者矣。惟天之道，火居上而必照下，水居下而必润上，如张弓者之高者抑、下者举，则水火平矣。使阴火之有余，下补阳水之不足；既补阳水之不足，仍制阴火之有余——如张弓者然，有余者损，不足者补，则阴阳正矣。此皆水火自运，阴阳自交，而天亦不知其为之也。夫人道以有为而累，天道以无为而尊。修炼岂有他哉？惟以后天阴阳返还先天阴阳，流行不息，自在无为得矣。

【拓展阅读】王弼《道德经注》

天之道，其犹张弓与！高者抑之，下者举之；有余者损之，不足者补之。天之道，损有余而补不足。人之道则不然，〈与天地合德，乃能包之，如天之道。如人之量，则各有其身，不得相均。如惟无身无私乎？自然，然后乃能与天地合德。〉损不足以奉有余。孰能有余以奉天下？唯有道者。是以圣人为而不恃，功成而不处，其不欲见贤。〈言谁能处盈而全虚，损有以补无，和光同尘，荡而均者？唯有道者也。是以圣人不欲示其贤，以均天下。〉

第七十八章　正言若反

　　天下莫柔弱于水，而攻坚强者莫之能胜，其无以易①之。弱之胜强，柔之胜刚，天下莫不知，莫能行。是以圣人云："受国之垢②，是谓社稷主③；受国不祥④，是为天下王。"正言若反。

【注释】

　　① 易：替换、更换。

　　② 垢：屈辱。

　　③ 社稷主：一国之主，指君主，和"天下王"同。

　　④ 不祥：不祥之兆，指灾祸。

【译文】

普天之下没有什么东西比水更柔弱，而攻克坚硬之物没有什么东西能胜过水的，也没有什么能替代水的。柔弱胜过强大，柔弱胜过刚强，普天之下没有谁不知道，但能达到水的境界的人少之又少。所以，圣人常说："能承受一个国家的屈辱，才有资格成为一个国家的君主；能承受一个国家的灾祸，才有资格成为天下的君王。"真正有道理的话听起来就像在反着说。

【阐说】黄元吉《道德经讲义》

太上前章言柔弱者生之徒，坚强者死之徒，是以柔弱处上，坚强处下，可知至柔而至刚，至弱而至强。人当日夜行习，在在以柔弱为重，而不以刚强自用矣。不知人身，试观诸水。夫水，至柔而至弱，善利万物而不争，常处污下而不厌。虽一滴之微，人得侮之；一勺之多，人得轻之。及其积而为渊，汇而为海，则汪洋浩瀚，能载舟亦能覆舟，能成物亦能戕物。不惟天下无以胜之，即善攻坚强者，无坚不破，无强不摧，亦莫与之抗衡。是知天下之至柔，能御天下之至刚；天下之至弱，能驱天下之至强。水哉水哉！何其柔弱如此，而刚强如彼哉？且夫天下之事，无有易于攻水者，而坚强卒莫能胜。人何以不居柔而居刚、不为弱而为强者，随在皆是也？岂不知柔之胜刚、弱之胜强乎？盖以天良之动，莫不有知，而一动之后，顿为情欲所染、习俗所移，故悻悻自雄，不肯安于柔弱。是以机巧熟而义理生，嗜好偏而天真没。致令道心离，人心起，客气盛，正气消，生理无存，生机已灭，欲其生生不息也，难矣。圣人云"受国之垢，是为社稷主"，如成汤言"朕躬有罪，无以万方；万方有罪，罪在朕躬"。退步即为进步，所以受天命于无穷也。受国之不祥，是为天下王。如武王曰："受克予，非朕文考有罪，惟予小子无良。"自后即为自前，所以荷天休于勿替也。岂同后世之卧薪尝胆、蒙垢纳污者，所得而拟议哉？此真常不易之理，万古不磨之经，是为天下正言，而圣人则反求诸己，又何尝以此苛求于人哉？

水，喻一阳初动，真精始生，其机至弱，其势至柔。而渐采渐结，日益月增，以至于浩然之气，至大至刚，塞乎两大，统乎万物，而无坚不入，无强不破者焉。《悟真》云："白虎首经至宝，华池神水真金。上善若水利源深，不比寻常药品。"顾气之柔弱有似于水：至柔而寓自刚，至弱而兼至强，实有擎天顶地、捧日举月、呼风唤雨、驱雷掣电之威，是天下之坚强者。虽曰浩气，其实真精。须以至柔至弱之神养之，而以无为为为、无功为功，庶几得矣。其曰"受国之垢，是为社稷主；受国之不祥，是为天下王"者何？即古人反躬自责，朕实不德，民有何辜之意也。学者求之于人，何苦反修诸身之为得耶？

【拓展阅读】王弼《道德经注》

天下莫柔弱于水，而攻坚强者莫之能胜，其无以易之。

〈以，用也。其谓水也，言用水之柔弱，无物可以易之也。〉弱之胜强，柔之胜刚，天下莫不知，莫能行。是以圣人云："受国之垢，是谓社稷主；受国不祥，是为天下王。"正言若反。

第七十九章　天道无亲

和^①大怨，必有余怨，安^②可以为善？是以圣人执左契^③，而不责于人。有德司契^④，无德司彻^⑤。天道无亲，常与善人。

【注释】

① 和：调和、调节。

② 安：疑问代词，怎么。

③ 左契：契约凭证的一种，也叫"左券"，由债权人保管，上面注明了负债人的信息。与负债人保管的"右契"相对。

④ 司契：掌管契据。

⑤ 司彻：掌管税制。彻，繁体字写作"徹"，通"辙"。（本章王弼注仍保留之，可参看。）

【译文】

哪怕调节了深仇大恨，也必定会有小恩怨遗留，如此怎么称得上处置妥当呢？所以，圣人虽然手握借据，却不强制别人还债。有德之人掌管契据，无德之人负责税收。虽然天道是没有情感的，但它常常帮助为善之人。

【阐说】黄元吉《道德经讲义》

修身之道，惟善为宝；为善之道，自治为先。盖道在内而不在外，修在己而不在人。惟事事内观，时时返照，过则改之，善则加勉。庶明善诚身，永为天地之肖子，圣贤之完人，而不至有所缺矣。足见为善者只问己之修省，不问人之从违。如责人而不自责，观外而不观内，虽一时小忿，积而至于大怨，纵能十分解散，而不至于成仇。然内无返躬自责之道，惩忿窒欲之功，虽能解之于外，而不能释之于隐微，安能清净无尘，潇洒自乐，而复乎本然至善之天地哉？故和大怨必有余怨，安可以为善？惟圣人持身接物，处己待人，一以修己为主，而人之是非好恶，概不计较。譬如合同契约，分左右而执之，永以为凭，明"尔无我虞、我无尔诈"之意。圣人执德如执左契，只修诸己，不责诸人，此所以与天地同其大也，是谓"有德者司契"。无德之人，重外轻内，常以察察为明，而人之恩怨必较，此为"无德者司彻"。夫"司彻"者，以考过为事，全不自省，而民弗从，何如司契者，责己重，责人轻，而人无不相孚以信！可知责人者轻己，己之善难完；责己者轻人，己之善克复也。

人底于善，而天心眷顾，自亿万年而不朽。《书》曰"皇天无亲，惟德是辅"，即太上"天道无亲，常与善人"之谓欤？

圣人之学，惟洗心退藏于密，以外之善恶好丑，是非从违，一概不计，所以汰虑沉思，凝神默照，以至于心明性见，欲净理纯，上与天合德，历万古而不磨。其功始于守中，其成由于胎息，人亦知之乎？古人言胎息，学人莫看作外息外气，的是凡息停时，那丹田中真阴真阳，元神元气，融会一团，混成一气，氤氤氲氲，蓬蓬勃勃，若开若阖，若有若无，视不见，听不闻，想象之而有迹，恍惚之而有形者。此殆人生之始气，心得之而有体，性得之而有用，人非此气不能生。欲成上品之仙，亦离不得此气为之主。古云人生之始，因理有气，因气有形，此天地生人之顺道也。返还逆修者，实从形形色色中，慢慢运起阳火阴符，收归五明宫内，而以太乙祖气、天然神火烹之，即可化形而为一气。又由此气一炼，即可化气成神。于此固守虚无，保养灵阳，即不还于无极之初，可以出则成形，入则无迹。道有何异于人哉？总之，此个胎息，即返到父母媾精，一团气血之候。人能养此胎息，日夜以无为有为、无思有思之真意，保宁之，团聚之，即结成灵胎而为元神。迨至十月形全，脱壳而出，上透顶门，直冲霄汉，可以骖鸾鹤、上云霄，遨游天外，飞升玉京，直顷刻间事耳。然此胎息，虽从凡人色身中炼出，却又不是凡精凡气凡神结成；炼丹者虽离不得后天有形有色之精气以为之本，却又不全仗于此也。盖后天精气，皆有形质，便有气数，生死轮回，势所不免。又况粗精粗气，尽属蠢钝之物，焉能有灵？要不过借此凡色身中所有之顽物，千烧万炼，取出那点清净无尘、至灵至神之精气神，以为真一之气，而返之于我，以成仙胎神丹耳。所谓抽铅添汞之说，不过如此。其余着形着色，皆非道之正宗。古人云："胎从伏气中结，气从有胎中息。"是知欲结神丹，成就不老之躯，非养胎息不能；欲得胎息凝聚虚无丹田中，非结得有胎，他亦不肯来归。而纯纯乎动静与俱，若有一点凡气夹杂，凡神外驰，则神必外游，气必外泄，不能如子母夫妇，聚而不散也，知否？

【拓展阅读】王弼《道德经注》

和大怨，必有余怨，〈不明理其契，以致大怨已至。而德以和之，其伤不复，故有余怨也。〉安可以为善？是以圣人执左契，〈左契，防怨之所由生也。〉而不责于人。有德司契，〈有德之人，念思其契，不令怨生而后责于人也。〉无德司彻。〈彻，司人之过也。〉天道无亲，常与善人。

第八十章　小国寡民

　　小国寡民^①，使有什伯^②之器而不用，使民重死而不远徙。虽有舟舆^③，无所乘之；虽有甲兵，无所陈^④之。使人复结绳^⑤而用之。甘其食，美其服，安其居，乐其俗。邻国相望，鸡犬之声相闻，民至老死不相往来。

【注释】

　　① 小国寡民：使国小而民稀。因为国小民稀则弱，弱则不争，不争则居上位，则各得其所，各食其力，这是老子的一种政治理想。但很明显，这只是早期部落文明的思想遗留，随着奴隶制文明的大力推进，到了春秋及后世封建制文明中，政治大势无不是走向大融合的，这也是人类社会进步的趋势，并不以个人意志为转移，所以老子这一"开倒车"的政治理想历来遭

到批评。

②什伯：各种各样，言多。"什伯"是古代兵制，十人为什，百人为伯，后来衍变出了十倍、百倍的意思。

③舟舆：木船和马车。

④陈：通"阵"，军阵。

⑤结绳：上古先民尚未发明文字，每遇大事便以结绳记之。

【译文】

使国家变小，百姓也会相应变少（这样他们各得其所，各食其力），即使有不计其数的器具也用不上了，由于重视生命安全也不会向远方迁徙了；即使有船只和马车，也不用再乘坐它们了；即使有武器和铠甲，也没有排兵布阵的必要了。使百姓回到过去结绳记事的朴素状态。（这样百姓就会）吃得香甜，穿得漂亮，住得舒适，活得快乐。国与国彼此相望，鸡鸣狗吠充斥于耳，但百姓从生到死，互相之间却不来往。

【阐说】黄元吉《道德经讲义》

小国寡民，地僻人稀，欲成丰大之邦，敦上礼之俗，似亦难矣。然能省其虚费，裁其繁文，使有什伯人之器而不用，则糜费少而器物多，国家之富可致也。且不纵欲而轻生，营私而罹死，远游他乡，贸居人国，而惟父子相依，兄弟是恋，重死而不远徙，则康乐和亲之世可臻也。以故"媚我君王，念兹土宇"，虽有舟舆，不肯远适异国，以离父母邦焉。朝廷深仁厚泽，沦肌浃髓，恩同父子，谊若弟昆，是以叛乱顽徒悉化为良善，虽有甲兵，亦无所陈之矣。如此上恬下熙，民安国泰，使复行结绳之政，乐太和之风，亲亲长长，宅宅田田，甘其饮食，美其衣服，予以安居而乐俗，敦厚以成风，又何患国小民寡，难以惇大成裕，仁厚可风也哉？第见民爱君如父母，君视民如子弟，忠心耿耿，系念殷殷，纵顷刻之别离亦不忍也。虽邻国在即，举目能窥，鸡犬相闻，倾耳可听，而民则自少至壮，自生及死，不与邻国一相往来。此盖民之感恩戴德，沐化涵情，于君上者深矣！是以安无为之治，享有道之天，而不肯一步稍离。如此，则国岂犹患小，民岂犹患寡哉？势必声教四讫，风声远播，而天下归仁，万国来同也。

此喻年老精衰者修炼之法。夫人到老来，精气耗散，铅汞减少，欲修金丹大道，亦似难乎其难。不知金丹一事，非属后天精气，乃先天铅汞。得其至一之道，采而取之，饵而服之，不论年老年少，皆可得药于一时半刻，成功于十年三月。特患不闻先天真一之气，徒取服于后天有形之精，不惟老大无成，即少壮之士，亦终无得也。惟下手之初，勉强支持，使手不妄动，足不轻行，目不外视，耳不他听，口不闲言，心无妄想，自朝至暮，涤虑洗心，制外养中，退藏于密，不使一丝之牵，不令半毫之累，积之久久，诚至明生，自然目光内照，舌神内蕴，心灵内存，四肢舒徐，头头合道。此喻"什伯人之器而不用"，然后用之无不足也。"民"比身也。人到老来，莫不畏死情极，好生心深。然畏死而不知求生，徒畏亦无益耳。惟谨慎幽独，时时内观，刻刻返照，不离方寸之中，久则致中致和，虽天地可位，万物可育矣！何况近在一身，而有不位不育者乎？此立玄牝，养谷神；绵绵若存，用之不勤；惺惺常在，守之不败；寂而常照，照而常寂（即常应常静，无文无武）。所谓动观自在，静养中和者此也。固不事河车运转，斗柄推迁；亦无须戡乱以武，野战则宜，守城以文，沐浴为尚，取喻于临炉进火，用师克敌也。此清净而修之法，非阴阳补益之工。不但老人行持，可得药还丹，即少年照此修持，亦可绵绵密密，不二不息，上合乎于穆之天。第躁进无近功，急成非大器，惟优游餍饫，如水之浸润，火之熏蒸，久则义精仁熟，而道有成矣。故"虽有舟舆，无可用之；虽有甲兵，无所陈之"也。且夫进退升降、朝屯暮蒙之法，太上前已喻言："兵者不祥之器，圣人不得已而用之，师之所处，荆棘生焉。大军之后，必有凶年。"足见临炉采药行火，特为后天气拘物蔽之深者立一法程——倘不如此，则凡气无由化，真金不可还也。若能静养为功，不施烹煎之术，惟守虚静中，则不知不觉，无为无思，自然浑浑沦沦，纯乎以正，默然合天，不待言思拟议，而与天地流行无间。此即"使民复结绳而用之"。不立文字，不假言诠，而"善记不用筹策"也。"甘其食，美其服"，即精贯于中，气环于外。内甘而外美，有不可名言者。"安其居，乐其俗"，则中心安仁，随其所之，无不宜也。修炼至此，了了常明，如如自在，对境可以无心，遇物何能相染——虽有所见所闻，亦若无见无闻，绝不因色声而生其心。故曰："邻国相望，不相往来。"此无上上乘，无下下乘，玄之又玄，妙而又妙之功。呜呼！学至于此，与道大适矣。

若论修道，古人有两等修法：有清净而修者，有阴阳而补者。清净而修，即炼虚一著，不必炼精炼气为也。然非上等根器，不能语此。若果根蒂不凡，从此一步做去，都是顺天地自然之道，不似吾师今日之教，尚多作为也。盖人身之中，原有阴阳坎离、乾坤阖辟、日月水火、升降进退之机，犹天之运行，皆自然而然，无须为之推迁。但只一正其元神，使之不知不觉，无思无虑，那清空一气，浩浩荡荡，自然一呼一吸，上下往来，如乾坤之阖辟，日月之往来，水火之升降，阴阳之否泰进退，如此而已矣。虽有火候，不过清心寡欲，主静内观，使真气运行不息而已。虽有进退升降，不过以真水常升，真火常降而已。纵道沐浴，亦不过惩忿窒欲，涤虑洗心，令太和在抱而已。虽有得药成丹，亦不过以神为父，以气为母，两两扭结一团，融通无间，生出天地生我之初一点真灵，即所谓离宫之真精，又谓人身之真汞；以我神气炼此一个真汞，结胎成婴，日后生出阳神，官骸血脉，五脏六腑，毛发肌肤，灵明知觉，无一件不与人肖——分之可化为万身，合之仍归一气——要皆自神父气母，两两交媾，而煅出这个真汞之精，以为阳神者也。然此真汞，须有生发之候。盖心为五脏之中炁，中炁一升，五脏之气随升，中炁一降，五脏之气随降。其生也，由于真汞之动；其息也，由于真汞之静。要之，动静升降，皆属自然之道，惟顺其自然之运用可矣。但此步工法，自古神仙少有从此一着下手者。盖以清静之道，听其自然，顺之不逆，非上等根器不能语此，且亦见效最迟，不若阴阳两补为较易也。何谓阴阳两补？必先识得太极开基，先天一阳发生，然后将我这一点真阳之气，投入丹田之中，犹父母交媾，精血合作一团，入于胞胎之内，此为先天真种，种在乾家交感宫，日运铅汞，渐生渐长，它日出胎，方成脱壳神仙。若无此个真种，是空炼也。虽有所得，亦不过保固色身，不能生出法象也。知之否？有此一点真阳之气，入于胞胎，然后加以神光下照，久之真阳有动机，不妨将坎中之水，引之上升，离宫之火，导之下降，直将色身所有阴滓尸气炼化，只取得一味真气，配我灵阳，合而为丹，养之为神，可以飞升变化。然此亦自然之道也。凡人落在后天，神气多耗，年华又老，犹走路之人，离家已远，不得不从远处回来，所以必要费力也。夫以神气两分，未能合而为一，日间打坐，必用一点意思，几分气力，将我神气两两入于丹田之中，不许一丝外走，一息出，一息入。我惟顺其呼吸之息，自一而十，自十而百，而千而万，在所不拘。如此紧闭大门，存神丹扃，作一阵，然后外息暂停，真息始动。我于此又温养一阵，然后真阳之气蓬蓬勃勃，真如风涌云腾一般，我急忙开关引之上升。其升也以神不以气，但须凝神了照尾闾一路之上，足矣。到得真气冲冲，温养片刻，然后下降。总之，真阳初动，必须用点气力，然后可升可降。盖以凡身浊气太重，必十分鼓荡，乃能祛其尘垢，而后有清清白白之神气，为我炼成丹本。所以古人云：始而采药，非用武火猛烹急炼，则真金不能出矿——

此武火所以名为野战也。至于升降已毕，丹田气满，心神安泰，然后以炼虚之法，顺其气机而为之，足矣。此虽勉强，亦是自然当如此者。生须照此行持可也。

【拓展阅读】王弼《道德经注》

小国寡民。〈国既小，民又寡，尚可使反古，况国大民众乎！故举小国而言也。〉使有什伯之器而不用，〈言使民虽有什伯之器而无所用，何患不足也。〉使民重死而不远徙。〈使民不用，惟身是宝，不贪货赂，故各安其居，重死而不远徙也。〉虽有舟舆，无所乘之；虽有甲兵，无所陈之；使人复结绳而用之。甘其食，美其服，安其居，乐其俗。邻国相望，鸡犬之声相闻，民至老死不相往来。〈无所欲求。〉

第八十一章　信言不美

信言不美①，美言不信。善者不辩，辩者不善。知者不博②，博者不知。圣人不积③，既以为④人，己愈有；既以与⑤人，己愈多。天之道，利而不害；圣人之道，为而不争。

【注释】

① 美：漂亮，这里指好听的话。

② 博：广博，引申为卖弄、显摆。

③ 积：本义是堆积谷物，这里指占有。

④ 为：指帮助。

⑤ 与：给予。

【译文】

实话往往不好听，好听的话往往不真实。善良的人往往不善诡辩，善于诡辩的人往往不善良。越有智慧的人越不会卖弄自己的智慧，越是卖弄自己智慧的人往往没有真知灼见。圣人不存占有之心，而是尽力帮助百姓，反而令自己更加富足；尽力给予百姓，反而令自己更加充裕。自然的准则，在于让万物获利，而不损害万物；圣人的准则，是做自己该做的事，从不与人发生争夺。

【阐说】黄元吉《道德经讲义》

此章总结通部，示人《道德》一经，皆真实无妄之言，不得以文词不美，将此经置之高阁，而不论不议也。须知道本无名，强名曰道；道本无言，有言皆障。然为教化众生，不得不权立虚名，以为后学津梁。既有言矣，则言必由衷，发皆中节。此诚笃实之论。酌于古而不谬，准之今而咸宜，无虚饰，无妄吐，不须文采，何事繁多？单传直指，立见性天。言而信也，不求美焉。若夫文章绚烂，词旨风流，殆文人学士之言，尚虚华以悦世，不足以为信也。彼言既信而为善，不求穿凿以惑人，又有何辩哉？其辩之者，殆聋耳目之聪明，饰闻见于伦类，掩耳盗铃，不足以云善也。夫善在一己，知在一心，岂必多乎？孔子曰"吾道一以贯之"；孟子曰"夫道，一而已矣"。有何博欤？其博之者，殆道不明其统宗，语不知其归宿，泛滥于诸子百家，此记诵词章之学，非圣人博学于文，约之以大中至正之礼，不足以言知也。要之，道也者，浑于杳茫之际，悬于清空之中，流通于天地人物之内，无时不有，无物不然，取之无禁，用之不穷者。圣人空而不空，有而不有，不啻明镜高悬，清波朗照，何积之有？若有所积，是镜有尘垢之污，水有沙泥之染，非圣人空洞了灵之本体，不足言廓然而大公也。惟其空灵若此，则因应随缘，虽万姓纷纭，善难遍及，而一夫得咎，辄引为辜，其为人也，无复加矣。纵九州并列，惠有难周，而一地未沾恩，此心常抱痛。其与人也，何多让焉？故曰：既以为人，而己愈有其功；既以与人，而己愈多其德。亦犹镜光之物来则照，物去则已，初无成心于其间也。圣人之心亦如是焉耳。且夫圣人之心，即天之心也；圣人之道，即天之道也。夫天以默运为生成，虽有消长盈虚，总属生养之机，有利而无害。圣以无心为造化，虽有损益予夺，仍属仁慈之应，亦为而不争。假使天地有利有害，则天地亦私而不公，又焉能万年如一耶？圣人有为有争，则圣人亦积而不散，又安能至诚不息哉？呜呼！天地大矣，圣人大矣，虽有信言，亦因心作则，无假借也，无思为也。本诸身，征诸庶民，亦天德之良知，人心所同具。为人即为己，与人亦与己。所谓物我一致，天人一源者。是圣人与天合德，于此见其量焉。

此经注毕，呼群弟子而告之曰：目今大道，危如累卵。所赖尔学道诸人，以撑持天地，救正乾坤。纵说奸匪之徒，将有兵戈之动，然天有安排，总不至令尔等有不测之虞也。只怕尔等执德不宏，信道不笃，二意三心，或作或辍，斯亦自绝于天。

不能上与天通，天纵有十分仁爱，欲生尔等于休养安恬之天，而无如其不能承接天休何也？生等近已见道明，体道力，自家确有把持，惟有一言一动，息息与天相流通，天自爱之重之，保抱之而不置也。夫以道在即天在，重道即重天，爱道即爱天。如此默契潜孚，自臻休祥，天道原与人道通也。试观古往今来，只有悖道而为天厌者，未有遵道而不获天休也，生等可恍然悟矣。总之，各行其是，各尽其诚，那以外之是非祸福，概有天作主张，生等切勿作越俎代庖之忧可也。夫大道之要，不过神气二者而已；但有先后天之别，修士不可不知。古经云：先天元神，体也；后天识神，用也。无先天元神，大道无主；无后天识神，大道无用。尔等用工修炼，必要于混混沌沌、无知无觉时，养得先天元神以为主宰；然后一惊而醒，一觉而动，发为后天识神。此个识神，非朋从尔思，憧憧往来之私识，乃是正等正觉之元神，因其发动而有知觉，故曰识神。只怕此识一起，即纷纷扰扰，恶妄杂念纷至沓来而不已者，就堕于私、流于欲，而不可以炼丹也。惟有一心了照，矢志靡它。如此用志不纷，乃凝于神，神凝而息可调，息调即丹可结。故曰："一心只在丝纶上，不见芦花对岸红。"如此一心，虽曰识神，其实即元神也。所以古云"天心为主，元神为用。巧使盗机，返还造化"，何患不立跻圣神！尔等亦明之否？总要于天心发动之后，常常稳蓄，不许一念游移，一息杂妄，庶几天心常在，道心常凝，虽有识，亦比无识也。学者修真，下手之际，贵乎一心制服两眼，并口耳身意之妄识；于是集神于丹扃，调息于丹田，务使凡息断灭，然后元气始来归命。既得元气来归，氤氲活泼，宛转悠扬，如活龙动转，十分爽健。此元气之充壮，可以运行河车矣。苟气机大动，不行河车化精为气、化气为神之工，仍然凝聚丹鼎，奈未经火化，阴精难固，不能长留于后天鼎中。一霎时，凡火一起，必动淫根、生淫事而倾矣。即或强制死守，不使他动，奈后天精气皆属纯阴，未经煅炼，不强制他必泄，即强制它亦必泄也。夫以此诀一行，即可以夺天地鬼神之权，参造化阴阳之法，而自主自夺，"我命由我不由天"矣。实为长生不老之仙，所谓阎罗老子亦无奈我何者，此也。所以不许匪人得门而入，使天神无善恶报应之权。尔生属知道者，谅亦深明厥旨，切须稳口闭舌，莫妄泄天机密钥可也。既有元气于丹田，而行河车之法，尤须假后天凡气为阳火阴符，逼迫而催促之，使之上升下降，往来无穷，鼓舞而煅炼之，使之化凡成真，变化莫测。苟徒有元气之发生、活子之现象，而无后天凡气，则先天元气岂能自上自下、自煅自化？此金丹虽先天元气为本，然亦必需后天凡气为之功用也。至于金丹始终，全仗火候。古人临炉，十分慎重，惟恐一息偶乖，有干阴阳造化。故曰进火行符，犹之煮饭，火缓则生，故贵惺惺常存；火急则焦，故贵绵绵不绝。生于此二语，可知用火之微矣。到得地下雷鸣，火逼金行，此时若非武火，金气安能上升？然必善于用武，任他烈焰万丈，光芒四射，我则以一滴清凉水遍洒十方，足矣。此即气壮而心享之道也，亦即清净恬淡为本之妙术也。故曰："龙虎相逢上战场，霎时顷刻定兴亡。劝君逢恶须行善，若要争强必损伤。"诚哉以势可畏，其机至微，而其心不可不临炉审慎也。生既明得此旨，永无倾泄之患焉。虽然，此行河车之法当如是耳，若一概施之于守中，气机未畅，心神未宁，一以纯任自然之法行之，则神气安能打成一片，有何药物可采哉？此必于玄关初现之时，肾气上升，心液下降，用起数息之武火，不许一念走作、一息奔驰。如此紧催慢鼓，鼓动橐龠机关，然后凡息方停，真息始见，人心乃死，道心乃生。否则，漫说自然，必无自然也。故曰："虽有生知之圣人，亦必下困知勉行工夫始得。"古云："西山白虎正猖狂，东海青龙不可当。两手捉来令死斗，化成一块紫金霜。"又曰："降龙须要志如天，伏虎心雄气似烟。痴蠢愚人能会得，管教立地作神仙。"此种武火，施之于龙虎不交、水火不济之时，则可。若行河车，则已龙吟虎啸，夫唱妇随，于此仍用此个法则，又恐迫逐真气散乱，孟子云"如追放豚"。既入其苙，又从而招之，此大错矣。吾将全功毕露，生等须努力修持，以慰吾师之望焉。切勿妄泄，自干罪咎。

【拓展阅读】王弼《道德经注》

信言不美，〈实在质也。〉美言不信。〈本在朴也。〉善者不辩，辩者不善。知者不博，〈极在一也。〉博者不知。圣人不积，〈无私自有，唯善是与，任物而已。〉既以为人，己愈有；〈物所尊也。〉既以与人，己愈多。〈物所归也。〉天之道，利而不害；〈动常生成之也。〉圣人之道，为而不争。〈顺天之利，不相伤也。〉

学面书馆

出品人：许　永
责任编辑：范先鋆
特邀编辑：苏　珩
封面设计：海　云
内文排版：百　朗
印制总监：蒋　波
发行总监：田峰峥

投稿信箱：cmsdbj@163.com
发行：北京创美汇品图书有限公司
发行热线：010-59799930

创美工厂
官方微博

创美工厂
微信公众号